高校篮球课程教学优化与探索

王 翠 周 元◎著

中国水利水电出版社
www.waterpub.com.cn
·北京·

内 容 提 要

全书以高校篮球教学为研究对象，在阐述篮球课程教学基本理论的基础上，对篮球教学过程中各要素的优化进行了深入的探索与研究，涉及教学内容、教学方法、教学模式、教学评价、教学环境等诸多方面。

本书语言简练、结构清晰、内容丰富，系统性、时代性、创新性等特点显著，还具有非常高的参考和借鉴价值。

本书对于我国高校篮球教学的发展具有一定的指导意义。

图书在版编目(CIP)数据

高校篮球课程教学优化与探索/王翠，周元著. —北京：中国水利水电出版社，2018.11（2024.8重印）

ISBN 978-7-5170-7146-4

Ⅰ.①高… Ⅱ.①王… ②周… Ⅲ.①篮球运动—体育教学—教学研究—高等学校 Ⅳ.①G841.2

中国版本图书馆 CIP 数据核字(2018)第 262327 号

书　　名	高校篮球课程教学优化与探索 GAOXIAO LANQIU KECHENG JIAOXUE YOUHUA YU TANSUO
作　　者	王 翠　周 元　著
出版发行	中国水利水电出版社 （北京市海淀区玉渊潭南路 1 号 D 座 100038） 网址：www. waterpub. com. cn E-mail：sales@waterpub. com. cn 电话：(010)68367658（营销中心）
经　　售	北京科水图书销售中心（零售） 电话：(010)88383994、63202643、68545874 全国各地新华书店和相关出版物销售网点
排　　版	北京亚吉飞数码科技有限公司
印　　刷	三河市华晨印务有限公司
规　　格	170mm×240mm　16 开本　16.75 印张　217 千字
版　　次	2019 年 3 月第 1 版　2024 年 8 月第 2 次印刷
印　　数	0001—2000 册
定　　价	82.00 元

前　言

篮球运动自诞生之日起，经历了多年改进和完善，目前已经发展成为全球性运动项目，具有广泛的群众基础。随着现代教育的发展以及素质教育的贯彻落实，学校体育受到了越来越多的重视，篮球运动成为体育教学中的固定项目，更是高等院校体育教学中的重要内容。在高校中，大学生开展的重要运动项目就是篮球，并且高校学生的篮球体育社团也在发展壮大。教育部曾颁布的《全国普通高等学校体育课程教学指导纲要》中明确指出，为了更好地实现体育课程目标，要把课堂教学与课外、校外的体育活动结合起来，把学校和社会紧密联系起来，有目的、有计划地组织课外体育锻炼，将校外活动、运动训练等纳入体育课程。

篮球运动对学生有着非常重要的积极影响，篮球课程教学的相关知识已经成为专家学者研究的重要课题，篮球课程教学不仅可以让学生增进健康，锻炼身体，丰富课余生活，体验篮球运动带来的乐趣，也可以培养学生的集体主义、顽强拼搏、团结协作等优良品质，其中涉及的内容非常广泛，可以对学生产生潜移默化的影响。为此，特意撰写《高校篮球课程教学优化与探索》一书，旨在促进高校篮球课程教学的研究，形成良好的学校篮球运动发展体系，推动高校篮球运动更好地发展，促进系统科学理论在篮球课程教学中的应用。

本书共八章，第一章分析了高校篮球课程教学的开展与发展趋势；第二章阐述了高校篮球课程教学的基本理论，为篮球课程教学研究奠定理论基础；第三章重点研究了高校篮球课程教学要素的优化，包括教学内容、教学方法、教学模式和教学评价的优化；第四章探讨了高校篮球课程教学环境优化与保健；第五章在多元视角下研究了高校篮球课程的优化教学；第六章对高校篮球课程技术教学与发展进行探索;第七章针对高校篮球课程战术教学与发展进行探索;第八章对新时期高校篮球信息化教学提出了新思考,在信息技术支持下对于大学生篮球探究学习进行深入的研究。

本书力求做到以下几点。

(1)立意新颖。本书不仅对传统的篮球课程教学进行了分析研究,还特别对新时期下篮球信息化教学提出了新的研究思路和探索,对现代信息技术与信息化教学进行了研究,提出了现代信息技术在篮球教学中的应用以及信息技术支持下的大学生篮球学习与研究。研究内容新颖独特,与现代社会中的新兴事物有机结合在一起,是本书的亮点所在。

(2)内容丰富。本书理论与实践有机结合,所涉及的理论知识主要有高校篮球课程教学的基本理论、现代信息技术与信息化教学理论。在这些科学理论的指导下,重点对篮球课程教学要素、教学环境、篮球课程的优化进行研究,由此对篮球课程教学优化与探索形成更加全面和深入的认识。

(3)条理清晰。本书首先对高校篮球课程教学的现状和发展趋势进行了阐述,对篮球课程教学的基本理论基础进行了探析,对篮球课程优化方面的内容进行了研究,在此基础上对新时期篮球信息化教学提出了探索,由此能够使读者对本书的了解和认识层层递进。

本书在撰写过程中参考了多位学者的研究成果,他们为我国篮球教学的发展起到了积极的推动作用,在此表示感谢。由于笔者水平有限,书中观点可能有不当之处,恳请读者指正。

作　者

2018 年 7 月

目 录

第一章　高校篮球课程教学的开展与发展趋势

篮球是高校体育课程教学的重要内容，在高校开设篮球课程能够从各个方面促进大学生积极向上，使大学生各方面的素质得到全面与协调发展。调查与了解我国高校篮球课程建设的历史、课程教学现状，预测其未来发展趋势，能够为设计高校篮球课程教学的发展策略提供现实参考，从而提高高校篮球课程教学质量，优化篮球教学效果。本章就我国高校篮球课程教学的开展与发展趋势进行研究，主要包括我国高校篮球课程建设的历史回顾、高校篮球课对大学生全面健康的影响和我国高校篮球课程教学开展的现状与趋势。

第一节　我国高校篮球课程建设的历史回顾

在高校篮球课程建设过程中，首先要对篮球课程建设的发展过程进行梳理与分析，从而对篮球运动在高校的发展历史有清晰的认识，以便总结规律和经验，促进高校篮球不断发展。本节主要就我国高校篮球课程建设的五个重要时期进行分析。

一、探索与借鉴时期

我国高校篮球课程建设的探索与借鉴时期主要是指从中华人民共和国成立到“文化大革命”之前的这段时期，具体时间范围是 1949—1965 年。下面我们分两个阶段来探讨这一时期我国高校篮球课程建设的情况。

(一)1949—1951 年

新中国成立初期,党和政府发起了对社会的全面改造,如政治、经济、文化等。与此同时,我国教育部门着手对高等教育办学性质和管理体制进行变革。

1949 年,我国召开第一次全国教育会议;1950 年,教育部召开全国高等教育工作会议。会议初步对我国高等教育的改革和发展方向进行了探讨,并提出我国体育课程的改革要坚持“维护原校,逐步改造”的原则。

1949—1951 年,这三年时间我国高校篮球课程的开设不够普遍,只有部分高校开设了该课程,而且所采用的教学模式相对较为自由,一些高校自主探索教学模式,还有部分高校将美国、联邦德国、日本等国家的篮球教学模式借鉴过来,用于本校的篮球教学。这一时期篮球教材不统一,很多学者将国外篮球方面的书籍进行翻译后出版,这对我国篮球教学的发展具有积极的影响。

(二)1952—1965 年

1952 年,我国高校实施“院系调整”,各个学科的建设也逐步展开。我国在教育理念、教育体制等方面开始向苏联学习,并且有计划地培养不同专业的人才。这一阶段,我国先后成立了多所体育学校,如华东体育学院、中央体育学院、西南体育学院和中南体育学院,也就是现在的上海体育学院、北京体育大学、成都体育学院和武汉体育学院。这些体育学院在成立之初都相应开设了篮球普修课和专修课。

我国在高校篮球课程建设的探索与借鉴时期,向苏联模式全面学习,将培养篮球运动员、教练员和篮球教师确定为篮球课程的主要目标,强调篮球技术动作训练的重要性,并设定了篮球运动员等级动作。当时课时相对较多,并且规定性较强。1952 年院系调整之后,我国篮球教学大纲逐渐统一,教学规格和质量也得到了一定的保证。

1957 年，我国在整理苏联专家有关篮球方面的讲义后，出版了《篮球讲义》，内容较为系统，强调篮球训练。1961 年，我国第一部体育院系通用的篮球教材出版，这打破了我国一直没有篮球通用教科书的尴尬局面，对我国后来篮球教材的编写具有重要的指导意义。

高校篮球课程建设初期，我国篮球教师相对较为短缺，体育学院的篮球教师主要来源于两个方面：一是从师范学校体育系抽调而来；二是对具有一定体育基础，并且热爱篮球运动的教师进行专门培训，合格者则成为篮球教师。20 世纪 50 年代末期，各体育院校培养篮球人才，使篮球师资队伍不断壮大。

在这一时期，我国篮球教学程序大致为“讲解→示范→练习→纠正错误→巩固练习→实践运动”，在教学评价中以终结性评价为主，保证人才培养的规格。

二、停滞与迷茫时期

我国高校篮球课程建设的停滞与迷茫时期是在“文化大革命”时期，时间为 1966—1976 年。在这一时期，社会各方面都被严重打击与破坏，教育事业也没能免遭此难。尤其是 1971 年，有关部门否定了我国十几年的教育工作成绩，从而使我国教育事业停滞不前。

在特殊的社会环境下，我国高校篮球教学基本处于停滞不前的状态，大部分院校被合并、裁撤。篮球课程、篮球教材等遭到了严重破坏，一些篮球专家与学者也遭到迫害。总之在这一时期，我国高校篮球课程建设情况极其糟糕。

三、调整与恢复时期

高校篮球课程建设的调整与恢复时期具体是 1977—1984 年

这个时间段。这一时期，我国教育秩序逐渐恢复正常。1977年，我国恢复了高考制度。1978年，我国制定并下发了《关于颁发体育学院的意见》。十一届三中全会后，我国教育事业迎来了新的发展机遇。1982年，我国体育院校逐一恢复，并建立了新的院校，综合性体育院系也逐步恢复。

改革开放时期，我国各体育院校的篮球课程教学逐渐恢复正常状态，篮球课程被确立为体育专业的主干课程，并延续至今。其主要目标是培养中等以上体育师资，促进篮球专项水平的提高。这一时期体育院校对篮球竞赛组织管理、裁判等方面的工作提出了具体要求。

1979年，体育院校教材编审委员会编写了体育系通用教材——《篮球》，这是在原有教材的基础上对国内外先进理论、技术和方法进行参考后创造的成果，该教材的出版对我国篮球课程教学的开展起到了基础保障作用。

高校篮球课程建设的调整与恢复时期，篮球教学主要采用传统的经验式训练方法，在现代教学理念的影响下，很多教师展开了对篮球教学方法的新探索，并且取得了一定的成果。随着篮球教学理论研究的不断深入，高校篮球课程教学水平也显著提高。

四、发展与提高时期

我国高校篮球课程建设的发展与提高时期是1985—1998年这一时间段。1985年开始，我国教育体制改革越来越全面、深入。1993年，我国颁布《中国教育改革和发展纲要》，这一纲领性文件对当时及后来教育工作的开展起到了积极的指导作用。这一阶段我国的教育理念开始摆脱苏联的影响，并尝试对西方教育思想及方法的吸收与借鉴，同时从我国具体情况出发对具有中国特色的教育制度进行探索。

在这一时期，我国开设篮球课程的高校不断增多，篮球教学目标也在不断调整：20世纪80年代注重体育教师的培养；20世纪90年代前期注重科研能力的培养;20世纪90年代后期则强调“专门性”人才的培养,特长与全面能力兼具。篮球课程的知识体系不断丰富与完善,学生综合素质也不断提高。

1985年,为了适应社会发展的需求,我国出版第三个版本的高校体育系通用篮球教材,这一教材中对我国篮球教学的经验教训作了总结,并对国外先进经验加以借鉴。参加这一教材编写的人数较多,教材内容相对较为保守,在这之后又有两本体育学院的篮球教材在人民体育出版社出版。

高等师范院校、综合性大学与体育院校的篮球教学有所不同,首先体现在教学目标的区别上。因此在教学中需要采用不同的教材。1988年,《球类运动——篮球》出版,1995年出版了这本教材的修订版本,从而使体育院校与专业院校自成体系。这一阶段高校篮球课程教学注重技战术教学和裁判法教学,同时强调对大学生实践应用能力的培养。

随着我国教育水平的提高,篮球教师的学历结构也在不断优化,主要表现为研究生学历的篮球教师在师资队伍中的比例有所提升。此外,这一时期关于高校篮球教学方法的研究也取得了较大成果,广大篮球教师在教学实践中探索了很多专项篮球教学方法,而且对于教育技术手段的运用也逐渐增多,如录像、幻灯片等。

在提高阶段,高校篮球课程教学评价开始注重对大学生能力的评价,大学生平时的上课表现也被纳入考核成绩中。

五、振兴与完善时期

(一)1999—2002年

20世纪末,互联网、信息技术的快速发展对我国经济、社会产生了重大影响。1999年,我国继续推动体育教学改革,全面推进素质教育改革成为教学改革的一项重要工作。这一时期,国家体育总局直属的院校，除了北京体育大学外，其他院校的主管权都下放到地方，体育院校培养与社会发展需要相符的人才的本位意识因此而不断增强，高校不断深化体育教学改革。从 1999 年开始，高等教育的大众化发展趋势慢慢呈现出来。

20 世纪末，我国高校篮球课程教学既注重知识的系统性，又注重对大学生个性、实践能力的培养，人才的培养目标向“复合型”方向转变。2000 年前后，孙民治教授分别编写了教材《篮球运动高级教程》的专修版和普修版以及《球类运动——篮球》第三版，这些教材中涉及的篮球教学内容全面而系统，将当时最新篮球的教学理念充分体现出来。

随着高校大众化的发展，各高校不断扩大招生数量与范围，因此也加强了对教师的招聘与培养，高校篮球教师队伍趋于年轻化。

在高校篮球课程建设的振兴时期，篮球教学方法呈多元化、综合化发展，多媒体教学手段在篮球课堂上的运用越来越普遍，新式教学方法在篮球教学中发挥了重要作用。这一阶段的篮球教学评价以终结性评价为主，标准相对单一，在评价中忽视了学生的个体差异。

（二）2003 年至今

2003 年以来，我国教育现代化建设进程不断加快，尤其是 2010 年，我国颁布了《国家中长期教育改革和发展规划纲要(2010—2020 年)》，以全面推动我国教学质量的提高。

在新时期，我国高校篮球课程教学目标在专项上强调对大学生基础能力和多种能力的培养。篮球课程教学在“健康第一”“终身体育”“素质教育”等教学理念的指导下进行，这些教学理念与思想还被写入篮球课程标准。

孙民治教授主编的篮球专修版和普修版教材再次修订、出版。专修教材对篮球运动的研究已提高到体育学科和社会文化现象的高度，对篮球基本规律进行了阐述，强调篮球运动在各方面的积极影响。随着篮球教学的发展,出现了更多新的篮球教材,从而在一定程度上使不同院校篮球人才的培养需求得到了满足。

现在,我国篮球课程教学中采用的教学方法丰富而新颖,多媒体教学手段在各院校逐渐普及,新的教学程序和教学软件被大量开发和应用。篮球教学的信息化水平不断提高,大大提高了篮球教学效率与质量。

目前,我国高校篮球课程教学中依然存在教师数量不足的问题。在篮球课程教学评价方面,虽然多种评价方式并存,但是终结性评价方式依然占主导地位,从而制约了对大学生个性的培养与大学生的全面发展。

第二节 高校篮球课对大学生全面健康的影响

篮球运动对人的健康具有重要的影响,而且这个影响较为全面,主要体现在对个体身体健康、心理健康、道德健康及社会适应性等方面的影响中。高校篮球课对大学生健康的影响也体现在这几个方面,具体分析如下。

一、高校篮球课对大学生身体健康的影响

高校篮球课对大学生身体健康的影响主要体现在身体形态、身体机能及身体素质等方面,这里主要分析对大学生身体机能健康的影响。

(一)对呼吸系统机能的影响

1. 促进呼吸肌发达

在篮球课上,尤其是篮球实践课上,大量的跑、跳、投等动作对大学生来说是不可避免的,这时人体肌肉需要大量的氧气供

应，而且需求量比静止时的需求量大很多。篮球的这些动作与人体的呼吸节奏相互配合，呼吸肌随着动作而有节奏地配合运动，这能够充分锻炼其内部的腹肌、肋间肌及膈肌肌肉，促进肌肉力量的强壮，从而促进呼吸肌的壮大。同时，肌肉舒张力收缩力量也会随着呼吸肌的壮大而增强，呼吸时会伴随一定的肌肉运动，肌肉运动的幅度会随着呼吸肌的增强而不断增大。通常用呼吸差来对呼吸运动幅度的大小进行衡量，呼吸差是指尽力吸气和尽力呼气的胸围大小变化的差额。经常参与篮球运动的人呼吸差能达到 8～16 厘米，与没有参加篮球运动时相比高出 1 倍多。呼吸时吸入与排出的气体都很多，气体频繁交换，能够使人体组织细胞对氧气的需求得到满足。

2. 增强肺活量

人体肺部能够容纳空气量的最高限度就是肺活量，人体呼吸系统的工作能力水平通过呼吸系统可反映出来。所以，高校在体质测试中经常采用肺活量指标对大学生的体质状况进行衡量与评价。性别、年龄以及运动程度等都会影响人体肺活量的大小。通常而言，大学男生正常的肺活量平均值是 3500～4000 毫升，女生正常的肺活量平均值是 2500～3000 毫升。大学生在篮球课上及课余时间有规律地参与篮球运动，能够明显促进肺活量的增强。

3. 降低呼吸频率

人体每分钟呼吸的次数就是呼吸频率。通常来说，正常情况下大学男生的呼吸频率是 12～18 次/分钟，与男生相比，女大学生的呼吸频率要快一些。篮球运动能够使参与者的呼吸肌变得强壮，从而也会增加人体每次正常呼吸的气体量，加大呼吸深度，从而使呼吸频率不断降低。人体的呼吸系统是否有较强的功能，主要从呼吸频率的快慢中反映出来。

（二）对神经系统机能的影响

神经系统对人体的各个器官系统具有主导作用，对人体的活动进行调节与控制。篮球教学中，篮球运动主要从以下两方面影响大学生的神经系统机能。

1. 使神经系统反应更灵敏、准确

脑、脊髓和周围神经是构成神经系统的主要成分，在篮球运动中，大学生完成各种篮球技术动作都是通过神经系统支配其骨骼、肌肉和关节而实现的。神经系统不仅能够对篮球运动过程进行调节与控制，而且对篮球技术动作的完成是否正确有直接的感受，在神经系统的支配作用下，科学地参与篮球运动的大学生其神经系统反应会更加灵敏。

2. 提高神经系统的调节作用

篮球运动技术如运球、投篮、传球等都需要身体的左右侧相互配合才能完成，身体的配合有利于均衡地发育大学生的左右脑。大学生在篮球运动过程中遇到的一些刺激有利于促进其神经系统反应能力的增强与提高，使其神经系统能够快速、准确地判断外界环境的变化，并做出一些支配或调整动作来适应外界变化。例如，大学生在篮球课上练习篮球技术，当自身体内积累的热量达到一定程度时，或面对极高的外界气温时，神经系统会及时准确地做出一些反应，并向相应的器官传达相关命令，增加皮肤的血流量，使皮肤表面的毛孔扩张，汗液从毛孔中排出，达到消热的效果。同样的道理，当大学生冬天在户外上篮球课时，面临天气寒冷的刺激，神经系统会及时做出正确的反应，从而使肌肉变得紧张，同时收缩皮肤血管和毛孔，减少血流量，达到积热的效果。

（三）对心血管系统机能的影响

1. 改善心血管系统

篮球运动对心血管系统功能的改善有着举足轻重的作用。

这主要是由于参与篮球运动能够增加人体血管的收缩度与舒张度，同时会增加毛细血管量，从而使血液流通更加通畅，血液能够在短时间内向身体不同部位的组织细胞流通，同时身体不同组织的细胞也能够更加充分地获取氧气和营养物质。与此同时，经过身体各个组织细胞代谢所产生的物质向排泄系统各个器官运输的进程也会更加顺利。这一过程有利于肌肉耐力的增强，也有利于肌肉疲劳的延缓。

2. 提高心脏的动力

篮球运动有利于增强心脏的跳动力，也有利于增加每搏出血量。这主要是由于有规律地、科学地参与篮球运动会使心脏体积变大。此外，经常参与篮球运动，心脏的容积与心脏壁的厚度也会变大、增厚。与运动基础差的学生相比，经常参与篮球运动的大学生每次心脏收缩的每搏出血量要高10%左右，这就使其心脏跳动的次数随着每搏出量的增多而减少。例如，不运动的大学生每搏出量如果是70毫升，其心脏跳动的次数每分钟需要达到70次才可以使身体各器官代谢的需求得到满足。经常参加篮球运动，每搏出血量如果达到80毫升，那么心脏跳动的次数每分钟只要62次就可以使各器官的需求得到满足了。人体心脏每分钟的跳动频率变得缓慢之后，就会延长心脏舒张的时间，使心脏有充分的时间休息，如此一来，心脏便会更加健康。

除此之外，大学生参与篮球运动学练，因为要完成较为剧烈的技术动作，所以身体需要大量的能量，能量需求量要远远大于静止时的需求，为了使内脏与肌肉的能量需求得到保证，心脏就会以高频率跳动，从而增加跳动的搏出血量。体内血液循环的频率也会因血管舒张而加快。当心跳的频率为100次/分钟左右时，并且持续10分钟以上一直保持这样的频率时，则能够使心脏得到很好的锻炼，促进心肌的大幅增强，也有利于血管韧度和强度的加强，从而预防各种心脏病的发生。

据研究与实践可知，篮球运动能够促进个体血液循环质量的提高，有效避免血液供应不足的现象，而且能够促进血管舒张能力和收缩能力的加强，保证血液畅通循环。

3. 加快人体新陈代谢转化

生理功能要维持在正常状态，就需要及时将体内的代谢物向外界排出，排出的同时从外界获取细胞所需的营养物质，这是使机体顺利新陈代谢的基础保障。因为代谢物质向排泄系统各个器官的输送离不开血液循环，因此说篮球运动在促进心血管系统功能改善的同时，也促进了个体新陈代谢能力的增强。

4. 增强组织和细胞的活力

大学生参与篮球运动学练有利于增加体内血液中的白细胞与红细胞。白细胞具有很好的免疫能力，能够产生抗体，并能够有效消灭侵入人体内部的细菌或病毒，从而使身体保持健康的状态。大量的血红蛋白包含在红细胞中，血红蛋白的携氧能力很好。有更多的红细胞，就说明在血液循环中血液能够携带越多的氧气。当有了充分的氧气供应时，身体就能够在较为轻松的状态中运动，否则大学生在篮球运动练习中很容易感到疲劳。参加篮球运动，能够不断增强大学生机体组织和细胞的活力，使运动疲劳有效缓解，并且可促进免疫力的提高。

（四）对运动系统机能的影响

1. 篮球运动对骨骼的影响

骨头的增长程度与骨头周围的肌肉活动频率成正比，即周围肌肉如果经常活动，骨头就会有明显的增长变化。也就是说，个体参与比较剧烈的篮球运动，而且运动时间较长，就会促进骨密质的不断增厚，骨径也会因此而变得更粗，附着在骨头上的肌肉就会突起，这是显而易见的效果。而且，外界的压力或张力变化也会引起骨小梁排列的相应变化。

研究表明，篮球运动在很大程度上影响骨小梁，长期系统地进行篮球运动练习，能够使骨小梁变宽、变粗、变清晰。

与此同时，科学地进行篮球运动会使骨头的新陈代谢不断加强，对血液循环具有良好的改善作用。因此在形态结构方面，骨头也会发生一定的适应性变化。骨头的形态结构因为运动而发生变化后，骨头会变得越来越坚固、粗壮。在受到外界的压力后，骨头也不会轻易变弯、变折。如此就能提高身体的健康水平和运动成绩。

大学生参与篮球运动学练时，一定要注意循序渐进、持之以恒，注重一般素质与专项技术的全面训练，遵循全面训练与专项训练相结合的原则。如果只是做一些单一的简单技术练习，而且方法不科学，即使骨头有了很好的发展，也会在一段时间后恢复到之前的状态。只有长期、循序渐进地参与篮球运动练习，才能使骨头的弹性长期保持在良好且稳定的状态。

2. 篮球运动对关节的影响

(1)提高关节的稳固性。当人体处于运动状态时，骨关节面的骨密质会变厚，这时骨关节能够承受更大的外界作用力。大学生长时间参与篮球运动学练对于关节面软骨变厚是有利的，能够使关节的缓冲能力增强。如果参与篮球运动的时间较短，关节软骨就会变得肿胀，运动结束后，关节软骨就会恢复到之前状态的。通常关节软骨的这种变化在大学生群体中更为常见，年龄越大，出现这一现象的可能性就越小。篮球运动会促使关节囊和韧带不断加厚，也会增加肌肉的力量，这有利于关节更加稳固。

(2)增加关节的灵活度。关节具有灵活性特征，当大学生在篮球课上练习拉伸的时候，关节周围的肌腱、韧带和关节囊就会得到充分的伸展，从而提高关节运动的幅度，促进关节灵活性的增强。关节不会处于绝对的灵活状态，一定程度上而言，稳固性与灵活性是相对的，二者可以同时在关节中体现出来。大学生在参与篮球运动学练时，不仅要注意提升身体的力量，而且要多练习一些伸展性的动作，以此来促进关节灵活性、稳固性的增强，既稳固又灵活的关节有助于大学生篮球运动成绩的提高与身体健康的保持。

3. 篮球运动对肌肉的影响

骨骼肌是人体运动得以实现的重要器官。研究证明，科学参与篮球运动可使骨骼肌的形态、结构及功能发生一系列适应性变化，具体表现在使肌肉体积增加；促使肌腱和韧带中的细胞增生；使肌外膜、肌束膜和肌内膜增厚，肌肉变得结实；有效提高抗牵拉强度，使肌肉抗断能力得到有效增强等方面。

作为一项集力量、爆发力、耐力、速度、灵敏性和柔韧性于一体的运动项目，篮球运动可使人体肌纤维得到最大限度的发展，而且快肌纤维增粗明显。篮球运动还可以增强肌肉的收缩能力，改善和提高肌群的协调性，使肌肉收缩能以最有效、最经济的方式来完成某一动作。

二、高校篮球课对大学生心理健康的影响

篮球课教学对大学生心理健康的影响主要体现在以下几方面。

（一）愉悦身心

篮球运动具有非常重要的娱乐功能，大学生很容易被精彩的篮球比赛所吸引，在篮球课上组织篮球比赛，不仅能够使大学生从中获得美的享受，同时还能够获得很大的心理满足。篮球运动以其愉悦身心的强大功能而得到了大学生的欢迎与喜爱，这也是大学生喜欢上篮球课的一个主要原因。

（二）培养积极向上的个性

高校篮球课为大学生张扬个性提供了很好的方式与平台，大

学生在篮球课上参与篮球运动学练，其个性可得到更为自由的发展。篮球运动为大学生的个性发展和个性的张扬提供了更为广阔的演练空间，大学生可以选择性地表现自己的个性，如塑造拼搏进取的人格精神、品尝胜利欲望的满足、追求内心的自我超越，或表现健康向上的生命力。可见，篮球运动在使大学生个性得到张扬的过程中，还能使其性格趋于完善。

（三）培养良好的意志品质

由于篮球运动是在激烈的直接对抗中进行的，这就要求参与这项运动的大学生除了要具备必要的技术基础和良好的身体素质外，还要有坚强的意志品质，这样才能应对对方身体或手臂带来的阻碍，克服体能下降的影响，在比分交替时控制好情绪，以免情绪波动太大而影响成绩等。大学生参加篮球运动就是克服各种困难来实现预期目标的一种意志过程，是考验大学生勇敢、果断、顽强等意志品质的过程，篮球比赛也可以说是意志的较量，因此有顽强意志品质的大学生更容易取得好成绩。

篮球运动可以培养大学生坚韧不拔、勇敢顽强、吃苦耐劳的意志品质，同能也能培养其独立的学习与生活能力，培养其自制力，从而更好地克服不良环境因素的影响。

三、高校篮球课对大学生道德健康的影响

在篮球运动中，个体的行为受到了一定的规则约束，每一个参与篮球运动的人都必须遵守篮球运动规则，这就是篮球运动的教育启示功能，在篮球课上发挥篮球运动的这一功能，可促进大学生道德健康与道德水平的提高。

首先，在激烈的篮球运动中，身体的直接对抗难免会造成碰撞的发生，在合理碰撞的前提下，大学生要以争占有利位置或力争球权为目的，而不能通过伤人害人、投机取巧来达到目的，这是规则所不允许的，也是与体育道德精神相违背的。篮球运动可以

让大学生学会平等竞争和尊重他人。

其次，篮球运动还具有人文功能，人文篮球的观点已经得到了越来越多人的认可，在篮球运动教学和训练中，这一理念也逐渐渗透其中。在高校篮球运动课程教学与训练中，可以使大学生学会如何做人、如何做事，并促进其健康人格的塑造与完善，这就是人性化篮球运动的人文功能。人文教育有助于人的全面教育，有助于抵制竞技异化，促进竞技人性化。

最后，篮球运动是集体运动项目，在高校篮球比赛课中，每位参与其中的大学生在场上都有不同的分工和任务，这有助于培养大学生强烈的责任感和敬业精神，培养其全力以赴的精神风范，这些都是社会规范的要求，同时也有助于大学生的社会化发展。

总之，高校开设篮球课程，可以使大学生在做人、做事方面获得良好的人文教育，从而对其道德精神、人格修养等素质的提高起到积极的促进作用，这对于大学生社会交往能力和社会综合素质的提高也具有重要意义。

四、高校篮球课对大学生社会适应能力的影响

篮球运动是一项充满激烈对抗的集体性运动项目。在高校篮球运动训练和比赛过程中，激烈紧张、瞬息万变的场面会对大学生产生教育和启示的作用。集体协同、集约多变的篮球运动对于培养大学生齐心协力、团结协作的集体主义精神有着积极的促进作用。篮球比赛可以使大学生运动员齐心协力、团结配合。在篮球比赛中，突分、传切、策应和掩护等战术组合均需要由两三人的协同配合才能完成。在篮球比赛过程中，大学生运动员之间的合作互补能够把较为松散的个体有机组合成协同作战的集体，并使个体之间树立统一的目标、统一的思想，通过相互沟通理解的战术形式，与对手顽强抗衡并争取比赛主动。只有通过群体内的协同与合作，才能达到良好的攻击效果。而在防守方面，要想完成成功的防守，必须在同伴的配合下协同完成各种技战术的配合。

现代社会竞争激烈，但是一个人的竞争力始终有限，只有通过团队协作才能更顺利地在残酷的社会竞争中取得胜利，在现代社会中，集体精神和团队合作具有普遍的社会意义，大学生必须要学会在竞争中寻求合作，这对于其以后在社会上的立足与发展具有非常重要的影响。

第三节　我国高校篮球课程教学开展的现状分析

本节对我国高校篮球课程教学开展现状的分析主要从两方面进行：一是我国高校篮球课程教学开展面临的社会大环境；二是当前我国高校篮球课程教学开展中存在的问题。对这两方面的分析有助于高校体育教育相关工作者立足当前的现实环境与问题而更有针对性、目的性地制定教学战略，从而推动我国高校篮球课程教学的优化发展。

一、我国高校篮球课程教学开展的环境分析

（一）社会进步推动高校篮球课程教学发展

篮球运动是世界上最引人注目的竞赛项目之一，在我国有着非常广泛的群众基础，它以独特的运动魅力吸引了我国广大人民群众的积极参与。我国许多机关、企业、学校、工厂中都有大量的篮球运动爱好者，这些单位也组建了篮球队，篮球运动成为人们喜闻乐见的文化娱乐健身活动。这些都为中国篮球运动的发展奠定了良好的社会基础。

近年来，我国体育事业的发展取得了可喜的成就，篮球教学同样如此。国家对大众篮球运动的发展非常重视，不断加强社会大众篮球基础设施建设，积极吸引社会对篮球运动的投资，在社会上为全民参与篮球运动营造了良好的发展环境和活动氛围，尤

其加强了篮球运动在高校中的推广。总体来说，当前的社会大环境为我国高校篮球课程教学的开展提供了良好的社会基础与条件。

（二）教育改革促进高校篮球课程教学不断完善

篮球运动具有鲜明的健身、文化、人文等特征，而且教育功能和价值突出。因此，我国高校已将篮球运动确立为体育教学的重要内容，并列入体育教学大纲。高校篮球运动的本质功能是提高学生健康水平，丰富学生的课余文化生活。近几年，我国高校篮球运动教学取得了可观的成绩，为我国高校篮球运动的发展注入了新鲜的血液与无限的活力，促进了我国篮球运动的发展和篮球运动员招生空间的不断拓展。目前，我国高校篮球运动发展迅速，参与篮球运动的大学生不断增加，并养成了良好的篮球锻炼习惯。

篮球运动不仅是高校体育教育的重要内容，还是高校球类运动俱乐部的重要项目之一，同时也是校际运动比赛的一个重要项目。这些篮球基层组织的活跃为高校篮球运动的发展提供了良好的环境与条件，并且对我国篮球后备人才的培养产生了积极影响。

二、当前我国高校篮球课程教学开展的问题分析

我国高校篮球课程教学的开展并不是一帆风顺的，从高校篮球课程建设的历史中也可以看出，不管在哪个阶段，总会遇到这样或那样的问题与障碍，而且有些问题在不同的发展时期都会存在，而了解这些问题，有利于对症下药，扫除障碍，切实推动高校篮球课程教学的顺利开展。下面主要对现阶段我国篮球课程教学开展中面临的问题展开分析。

（一）未深入贯彻篮球课程教学指导思想

高校体育教育的目的在于增强学生体质，培养学生“终身体

育”的意识，使其成为身心全面发展，符合社会发展需求的人才。

对我国高校篮球课程教学的开展情况进行调查后发现，目前我国高校篮球教学中存在不少问题。这主要体现在篮球教学思想方面，“以人为本”“健康第一”“终身体育”等教学指导思想虽然得到了一定的贯彻，但还不够深入。篮球教学实践中这些思想的体现不够明显。现阶段，大多数高校的大学生只在篮球教学课堂上学习一些篮球知识，课后不再继续深入学习，因此对篮球运动缺乏全面的、系统的认识，更不要说将篮球运动作为终身体育锻炼的一个选择了。这样，促进学生身心健康的高校篮球教学目标就很难实现。

目前，我国高校体育教学中仍以传统的以技术教学为中心的体育教学理念为主，在教学实践中，篮球运动的娱乐性、知识性很难体现出来，在篮球学习中，学生体会不到篮球的真正内涵，无法领会篮球运动中团结、坚强的体育精神，这不利于体育教育目标的实现，也无法通过篮球教学的开展促进学生身心健康发展和其社会适应能力的提高。

（二）篮球课程教学目标不够明确

一直以来，我国竞技体育的发展速度远远超过了大众体育健身和体育教育的发展速度，竞技体育之所以能取得较快的发展，主要原因在于竞技体育的管理体制与运营机制与我国的国情基本相符。

与竞技体育的发展相比而言，我国体育教学存在的问题比较多。在高校篮球课程教学的开展过程中，教学训练和接受教育的良好共存并没有真正实现。一方面，学生自身和学校都更注重文化课程的学习；另一方面，通过篮球教学要完成的任务和要实现的目的并没有具体的规定。可见篮球教学目标是不明确的，这就使高校篮球课程教学的开展失去了明确的方向和前进的动力。

（三）经费不足

经济条件是体育运动发展的“血液”，也是体育运动人才培养的基础。从当前我国篮球运动发展面临的社会环境与条件来看，经济条件是影响篮球运动生存和持续发展的重要因素之一。可以说，我国的经济发展水平对高校篮球教学的规模、目标、设施及人才培养等方面都有非常重要的影响。

调查发现，目前我国大部分高校的篮球教学工作都因为经费不足的问题而无法顺利开展，高校的资金来源比较单一，大部分源于学校和上级行政部门的拨款，在训学生没有训练补贴和伙食补贴，后勤保障和支持不足，篮球人才的培养因为得不到经济保障而无法继续。同时，由于经费缺乏，大部分高校在篮球教学中还不具备基本的篮球基础设施条件，这对篮球课程教学的顺利开展造成了很大的制约。同时，因为经费不足，高校篮球课程教学中缺乏相关的医务指导，学生运动伤病的治疗无法及时落实，这大大影响了学生对篮球课的兴趣。

（四）现有篮球课程教学内容无法满足学生发展的需要

据调查发现，我国高校中有超过90%的大学生普遍认为，当前高校篮球课程的教学内容与中学时期的篮球教学内容相差无几，没有实质性的变化，基本上是对中学篮球教学内容的完全复制，新的篮球内容补充和创新严重不足。

当前，我国高校篮球教学中，陈旧的、一成不变的教学内容难以满足大学生发展的需求，这主要表现在以下三个方面。

第一个方面，高校篮球课程教学中较少安排理论教学，教师在课堂上对篮球运动理论知识的讲解要么一带而过，要么根本不作解释，而是直接从篮球运动技术训练开始。这样的教学安排与学生对事物（篮球运动）认识和理解的基本规律不符，篮球理论知识（历史文化、技战术知识、竞赛及裁判知识）的教学没有得到应有的重视，理论与实践教学比例不协调。

第二个方面，随着社会的发展，大学生需要通过篮球理论课与技术实践教学相结合，篮球技战术教学与自身兴趣爱好相结合来不断提高自身的篮球运动水平。大学生迫切希望能够在篮球教学中适当添加篮球游戏、篮球赛事欣赏等多元化元素的教学理念和实践内容。而从我国目前高校篮球教学的开展现状来看，这一需求并没有得到满足。现行教学内容严重滞后于学生的发展需求。

第三个方面，受教学方法落后、教学模式单一等诸多条件的限制，我国高校篮球运动教学缺乏创新，不能满足当前高校大学生学习篮球运动的多元化需要，难以调动大学生继续参与篮球运动的积极性和主动性。而且在高校篮球课堂教学中，教师对学生的主体性不够重视，严重制约了大学生的运动思维和想象力的发展，也不利于学生通过参与篮球运动养成良好的性格特征，这对未来高校篮球的持续发展非常不利。因此，丰富篮球教学内容，挖掘新的篮球教学资源，使篮球教学实践符合时代发展潮流并体现时代特征是当前对高校篮球教学内容改革的一个重点。

（五）篮球课程教学模式传统、单一

当前，我国高校篮球课程教学中运动训练理念和教学理念混淆的问题普遍存在，主要表现在以下几方面。

第一，由于认识上的偏差，我国高校篮球教学几乎完全就是篮球训练，篮球教学过程实际上就是篮球教师对大学生进行篮球基本功训练的过程。

第二，在篮球教学程序的安排方面，对篮球一般训练课的内容完全照搬，也就是篮球教师先将篮球教学分成运球、传球、投篮、比赛等几个环节，然后逐一进行讲解并对篮球技术动作进行示范，最后组织学生练习。

第三，整个篮球教学程序单一，变化和创新不足，无法将学生的学习积极性充分调动起来。

事实上，以上几方面反映的是我国高校篮球教学模式单调的问题，这是当前制约篮球教学的主要问题之一。单一的教学模式难以使学生在轻松自在的状态中完成学习任务，学生无法在娱乐身心的体验中对篮球教学的内容加以掌握。这样，大学生虽然掌

握了篮球运动技能，但是由于缺乏篮球意识，所以在篮球运动实践中对篮球技术的应用仍然缺乏灵活性，这不利于通过篮球课程培养大学生的独立性和创造性思维，实际教学过程中学生学习的主动性和积极性不高，教学效果也无法达到预期。因此，现阶段在高校篮球教学中探索新的教学模式非常必要。

（六）篮球课程教学管理体系不完善

我国高校篮球教学工作者和相关部门领导的教学管理经验普遍不足，篮球教学管理及篮球人才的培养管理主要是通过各省（市）教育部门体卫艺处或体育协会来指导的，同时这些体育组织还对学校的课余体育训练进行监管。

目前我国高校篮球教学工作的主要开展路径是，在校长的领导下，体育教研组长实施具体工作内容，而学校、教师作为不同的行为主体，担任不同的工作，为共同的教学目标而努力，学生则为学习任务而努力，彼此之间较为分化，缺乏密切的配合与联系，相关方面没有形成为实现共同目标而奋斗的统一体。

专业体校的篮球专业大学生大多都想在升学和未来发展上享有一定的优惠政策。然而，目前大多数高校在篮球后备力量升学与未来发展环节上的衔接无法真正落实，一些教练员在训练中不尊重学生的成长发展规律，只顾眼前的学业成绩和科研成绩，忽视了篮球后备人才的输送。这不仅对学校的形象和知名度造成了严重影响，还在一定程度上对学校篮球后备人才的招生数量和培养水平形成了制约。

在综合类高等院校内，由于各个系别相对而言对文化课教学更重视，对于包括篮球运动在内的体育运动项目的教学没有予以足够的重视，在教学管理方面也存在着诸多漏洞，很多大学生在体育课中都是自由活动状态，篮球教学缺乏系统的管理制度和措施。此外，校篮球运动队的管理涉及学校的许多部门，因此工作协调起来难度较大，部分领导和教员对篮球运动人才培养的目的和意义认识不清，学校对篮球运动管理机制不予重视等问题十分突出，这些因素都阻碍了高校篮球教学的顺利开展与篮球教学水平的提高。

（七）篮球课程教学评价体系不健全

在传统体育教学理念下，片面化的教学评定严重挫伤了学生学习的热情和积极性，学生无法在一个公平的环境中学习，这在很大程度上影响了高校篮球课的开展。

当前，我国新的课程标准没有对具体的体育教学内容做出特殊且细致的规定，这在很大程度上使体育教师在教学组织方面具有充分的自主性。体育教师在培养学生体育素养的基础上要促进学生整体运动能力的提高。但目前在高校篮球教学中，很多教师面对新课程时，难以系统地认识和把握新课程标准的体育教学理念，导致其在篮球教学内容选编方面缺乏务实精神，盲目求新。而且，目前大多数高校的篮球教学评价仍以终结性评价为主，这种评价形式难以激励学生学习主体性的充分发挥。具体而言，现有的评价方式存在以下不足。

第一，篮球教学终结性评价只重视对学生达标结果的考核，忽视了对学生的情意表现、学习态度和进步幅度等方面的评价。这就导致有些学生虽然认真学习篮球技战术和基本知识，但在最终的考试中仍无法取得理想的成绩，而另外一些学生因为篮球基础好，所以即使无需努力学习与训练也能够在考试中轻而易举地拿高分。因此，运用这一评价体系无法客观评价学生的真实学习情况。

第二，终结性评价的方式使教师在篮球教学课的考核上过分重视学生掌握教学内容的结果，忽视学生的自主学习和主观努力过程，这对于调动学生学习的积极性和主动性非常不利。

第三，以终结性评价为主的篮球教学评价体系不利于提高学生的创新能力，不利于体育人文价值观的形成，也不利于大学生终身体育习惯的养成和全面健康的发展。

（八）篮球师资队伍专业素养不高

在高校篮球课程教学的开展中，作为教学活动主导的篮球教师，其地位与发挥的作用都是举足轻重的。但目前，我国高校中多数篮球教练员直接由体育教师担任，他们多数毕业于体育院校，虽然具备了良好的篮球理论素养，但因为不是职业篮球运动员，参加的比赛有限，所以实战经验严重不足，而且他们对于高水平的篮球训练也没有太多的接触与了解。因此，在指导大学生篮球运动训练和比赛方面缺乏基本能力。

部分高校针对篮球师资专业素养差的问题采取了相应的对策，其中一个非常重要的对策是在高校篮球课程教学中引入专业的篮球运动员，使其从事指导篮球训练与带队比赛的工作，但事实上这一措施并没有真正落到实处，原因在于这些运动员虽然实战经验丰富，但缺乏教师的专业理论素养。实践也证实，尽管有部分专业篮球教练员进入高校任职，但这仍然无法实现全面提升高校篮球教练员整体执教与执训水平的目标。

因为当前我国高校篮球师资队伍薄弱，而篮球课程教学又是理论与实践并重的教学过程，大学生的篮球理论知识学习和运动训练实践在很大程度上还需要依赖教师或教练员的指导，所以高校篮球教学与训练水平难以提高。

三、改善我国高校篮球课程教学现状的总体构想

为促进我国高校篮球课程教学的进一步开展，有关学者以我国篮球运动事业的发展重点为依据，并结合当前我国高校篮球课程教学的现状提出了以下几点优化改革的建议。

（一）明确篮球课程教学目标

针对我国高校篮球课程教学面临的种种问题与困境，篮球教学改革中对教学目标提出了更加详细的要求，使篮球教学目标更

加科学、细化。目前，大部分高校的篮球课程都强调大学生的全面发展、整体实力的提高，但对学生良好个性及创造力的培养没有予以足够的重视，因此在高校篮球课程教学中应树立“以我为主，自我发展”的教学理念，并以此为指导促进学生个性特长的强化和发挥。

我国广大人民群众受传统文化的影响颇深，因此在日常生活、学习和工作中都自觉推崇礼让、宽厚、仁慈的道德规范。我国高校篮球课程教学同样受到儒家文化的深刻影响，遵循“平衡、封闭、守常”，即讲求学生德、智、体、美的均衡发展，而将学生特长和个性培养忽视了。鉴于此，在高度开放，竞争激烈的社会环境下，高校篮球课程教学的开展也应与时俱进，打破传统的教育教学理念与方式方法、重视理论创新，借鉴国内外优秀的教学理念，去粗取精，促进篮球课程品质的提升和学生的全面发展。

（二）增加经费投入

经费不足是制约高校篮球课程教学开展的重要瓶颈之一。在普通高校的篮球课程教学中，因为篮球科研、教学、场地建设等方面的经费有限，所以现有的篮球软件设施和硬件设施都无法满足篮球课程教学训练及学生数量不断增长的需要，篮球在高校的开展受到严重的影响。

现阶段，要解决高校篮球教学经费不足的问题，需重点从以下两方面入手。

首先，要改变以往单靠学费或教育管理部门、体育管理部门投资以及社会赞助等单一的资金投入方式，开辟新的多元化的投资渠道。

其次，政府部门应该在政策上给予大力支持，同时学校要积极转变观念、扩大渠道，以不断改善篮球教学的经济条件，为篮球教学、科研、训练提供基本的经费保障。

(三)构建篮球课程创新教学体系

1. 树立以学生为核心的全新教学理念

树立以学生为核心的全新教学理念是高校篮球课程教学创新体系构建的基础,根据《中共中央国务院关于深化教育改革全面推进素质教育的决定》,现代篮球教学推崇“以人为本”的先进教学思想,学生在篮球教学活动中处于主体地位。因此,篮球教师应重视学生的发展,教学活动应以学生为中心,围绕学生的全面发展展开篮球教学活动,并将这一教学理念贯彻到篮球教学的各个方面。

在高校篮球课程教学中,以学生为核心的全新教学理念要求篮球教师在教学中做好以下工作:

(1)篮球运动不单单是一项竞技体育运动,还具有趣味性和实践性,因此篮球教师应突破单调、刻板的教学模式,尝试趣味式教学、开放式教学。

(2)在篮球教学中,教学内容和形式应紧紧围绕学生的兴趣爱好来安排,切忌进行灌输式、填鸭式的教学。

(3)“以学生为核心”要求篮球教师应对学生的篮球学习需求进行深入了解,明确学生希望从篮球教学活动中学到什么,希望通过篮球课程掌握哪些知识和技能,并以学生的需求为依据有针对性地开展篮球教学工作。

(4)高校篮球课程教学开展中,教师应重视与学生之间的积极互动,及时交流与沟通,这对于教学效果的评估和教学计划的调整具有积极的影响。

2. 加强CAI技术在篮球教学中的运用

CAI技术就是多媒体教学辅助技术。在我国,CAI技术应用于体育教学已有一段时间了,且因其可嵌入度高并具有良好的交互性能,能使体育教学更加形象和生动,所以取得了良好的教学效果，与传统的教学形式相比更有优势。

将 CAI 系统引入高校篮球课程教学中，通过对篮球录像、图片、flash 等的运用，能够使篮球课程的教学更加生动、形象，从而提高学生的学习积极性，提高课堂教学效果。

CAI 技术不但能够使篮球课堂教学更加生动和形象，还可用于校园学习网络的建立。例如，构建 CAI 篮球教学平台，在该平台中，教师可以实现教学资源和教学计划的共享，以便学生预习、查阅和复习。更重要的是，在交互平台上，师生间、生生间可以利用在线交流、邮件、留言等多种形式进行互动，这不仅有助于突破教学时间与空间限制，还能促进教学维度的提高和教学效果的优化。

3. 拓宽教学思维，丰富篮球教学

篮球教学是严肃的，但采用的教学手段、方式、方法可以是丰富多彩的。拓宽教学思维，不断丰富篮球教学内容、手段和方式方法是现阶段构建高校篮球创新教学体系的基本要求，具体从以下几个方面展开。

(1)篮球教学不是教师讲授和学生被动接受的单向活动过程，而是学生积极参与其中，师生进行交流与互动的双向活动过程。因此篮球教师要适当地将篮球游戏、比赛引入篮球教学中，组织学生自由结合成学习小组或篮球队，从而提高学生学习和参赛的自主性，并与学生进行密切的沟通与交流。当各个小组完成篮球游戏、比赛之后，教师组织学生进行讨论，引导学生思考、发现、讨论、实践、解决问题，以此来激发学生主观能动性的发挥。此外，篮球教师还可以在教学中组织学生通过角色扮演(运动员、教练、观众等)来参与篮球活动，使其对篮球运动知识、技能、竞赛规则与裁判法加以学习，提高学生的责任心。

(2)大学生自主意识明显、表现欲强，在高校篮球教学中，教师可以鼓励学生自学篮球知识和技能，培养其自学能力，让学生自己反复查阅与准备，从而使其对相关知识点的理解进一步加

深。此外，通过学生讲解，教师可以了解学生对篮球运动知识和技能的掌握情况，发现学生的兴趣、爱好、不足和误区，这有助于教师针对性地调整教学计划和更有效地组织篮球教学活动，进而提高教学质量和效果。

(3)在篮球教学中将多种教学方法综合运用起来，将感知、思维和练习三个环节紧密结合，充分反映篮球教学过程的认识与实践、心理与身体有机结合的特点，使篮球课程教学更加立体化。

现阶段，我国高校篮球课程教学创新体系的构建还需要进一步的探索和实践验证，但只要在教学中始终以学生的健康发展为出发点和根本目标，调整教学指导思想，突出教学重点，就能够不断促进篮球课程教学效果的优化。

(四)建立健全篮球教学管理制度

目前，优化高校篮球课程教学需要引进新的管理理念，建立健全篮球教学管理体系。在高校篮球教学管理过程中，要对国外的先进管理经验积极借鉴和学习。例如，美国大学生体育联合会有着完善的组织机构和科学的管理理念，这种先进的管理理念对我国篮球教学和篮球人才培养管理机制的完善建设具有重要的启示作用，我们重点需要从以下几方面来学习和借鉴。

(1)提升管理理念，改变传统的完全依赖学校的管理模式，充分发挥篮球教师和学生干部的作用，使其积极参与其中，成为管理的主体。

(2)完善大学生篮球协会的组织机构和职能，重视对大学生篮球课外活动和比赛的管理，建立有利于大学生运动和训练的教练员轮流管理制度。

(3)对篮球训练管理和篮球教学管理间的矛盾妥善进行处理，为普通大学生提供与篮球运动员交流和互动的机会，运用统一管理等方式促进篮球教学管理水平的提高。

(4)高校相关管理部门之间积极配合，充分协调，建立灵活多样且操作性强的调控机制。

（五）构建科学的篮球教学评价体系

当前，我国高校篮球课程教学评价体系还不健全，篮球课程教学的开展缺乏一定的科学性和系统性，因此迫切需要构建一套完整的教学评价体系来科学指导篮球教学评价工作的开展。

构建高校篮球课程教学评价体系应从以下几方面入手。

（1）在国家体育教育教学的相关基金项目中，增设有关篮球运动项目教学评价体系的研究项目。

（2）通过校级课题立项形式，加强对本校篮球教学评价体系建设的研究。

（3）鼓励篮球教师和学生发表自己关于教学评价的意见和建议，鼓励个别篮球教师积极参与教学实践和实证研究，从理论与实践两方面展开对篮球教学评价体系的全面深入探索。

（六）优化篮球教学团队

建设并优化篮球教学团队，主要包括对篮球教师队伍的建设和篮球教练员队伍的建设。

1. 篮球教师队伍的优化建设

对高校篮球教学队伍的优化建设主要从以下几方面展开。

（1）转变观念，重视篮球师资队伍建设。

（2）注重对篮球教师科研能力的培养。

（3）提高教师收入，改善教师待遇，促进教师队伍的稳定和教师价值的发挥。

2. 篮球教练员队伍的优化建设

优化建设篮球教练员队伍，首先要完善教练员培训系统，创新良好的培训环境、制定相应的培训政策、建立科学的培训制度；其次要大力推行激励机制，如物质激励、环境激励、制度激励等。

第四节　我国高校篮球课程教学的趋势探讨

现阶段，随着教育改革的不断深入及社会环境的日益变化，我国高校篮球课程教学的开展也呈现出新的趋势，下面重点分析几个较为显著的趋势。

一、对素质教育及终身教育理念的贯彻不断深入

在高校篮球课程教学的开展中，坚持素质教育教学理念的指导有利于对大学生理念联系实际的素质能力进行培养，能够使大学生在篮球技战术等技能学习中获得综合素质能力的全面发展。例如，在篮球实践教学和篮球比赛中，贯彻素质教育理念可以对学生的团体合作能力、组织能力、反应能力、观察能力等综合能力进行积极的培养。学生综合能力得到提高后，才有可能更好地适应社会发展的需求和社会环境的变化。鉴于贯彻素质教育理念的作用与意义，部分高校在篮球教学中积极推行素质教育，推动学生的全面发展。

在学校体育系统中，高校体育教育居于最后阶段，其与社会体育相互衔接。在高校篮球课程教学的开展中贯彻终身体育理念，对大学生良好体育锻炼习惯的养成和“终身体育”意识的形成具有重要的促进作用，可使大学生终身受益。所以很多高校都在坚持用这一教学理念来培养学生，以运到使学生受益终身的目标。

二、“轻理论、重实践”的传统教学形式逐渐改善

在传统篮球教学中，篮球教师和学校领导对篮球理论知识的教学都不重视，只关注培养学生的篮球实践技能，这种重实践、轻

理论的教学方式不科学。对篮球理论知识的系统学习，对篮球竞赛规则的了解，对著名球星信息的获取，对篮球常见运动损伤与疾病的防治知识的掌握，等等，对于促进大学生学习兴趣的提高和实践技能的增强都有重要的现实意义。因此高校在认识到理论学习的重要性后，积极改变传统的教学形式，将理论与实践融合起来进行教学，以全面提高学生的篮球素养。

三、考核方式日趋灵活、多元

随着“以人为本”“以学生为主体”教学理念在高校篮球课程教学中的不断渗透，高校篮球教学的考核方式也日趋多元、灵活化，改变了以往单一的终结性评价方式，开始以学生的实际情况为根据对与学生特点相适应的考核标准进行制定，通过分层考核的方法全面评价学生的篮球学习情况。例如，在考核身体素质水平较高、有良好篮球基础的学生时，采取严格的标准；考核身体素质与篮球基础均较差的学生时，采取相对宽松的标准，而重点考核这部分学生的学习态度与进步程度，以促进其学习积极性的提高，使其树立自信，这样的分层考核取得了良好的评价效果。

四、大众健身与竞技体育融合趋势

目前，随着大学生篮球联赛的盛行，各大高校都积极组建自己的篮球队，使大学生能够在一个良好的平台上参加篮球比赛，篮球联赛的开展对高校篮球教学活动的发展也起到了积极的促进作用。所以，在高校篮球教学与训练中，不但要从专业方面训练篮球运动员，还要科学指导篮球运动爱好者；不但要对优秀的篮球运动员进行专业培养，还要合理安排训练时间，为普通爱好篮球运动的学生提供训练与锻炼机会。所以说，高校篮球课程教学正在向大众健身与竞技体育相互融合的方向发展。

五、娱乐化趋势

随着社会经济与科学的不断发展，人们的生活水平大大提高，开始追求更高的生活质量和健康水平，因此选择参与一些健身项目来满足这一需求。在这样的背景下，全民健身、大众体育、休闲体育之类的概念不断出现在人们的日常生活中，而且人们对这些词汇的认可度也不断提高。

对大学生而言，其健身锻炼的积极性能够在参与休闲娱乐性体育活动的过程中得到提高。学生在课余时间参与娱乐休闲项目不仅可以锻炼身体，而且能够愉悦身心。作为高校体育教学的重要内容之一，篮球运动在高校的普及性很高，深受广大学生欢迎。但喜欢篮球运动却不喜欢上篮球课的大学生也有很多，主要原因在于篮球教学对技术教学特别重视，长期的技术教学使学生感到枯燥乏味，难以继续吸引学生的注意力和激发学生的兴趣。所以，在高校篮球课程教学改革与发展中，将娱乐性活动融入篮球课程受到了一定的重视，如篮球游戏教学、街头篮球教学等，这不仅有利于促进大学生学习兴趣的提高，而且有利于促进篮球教学效果与质量的优化改善。高校篮球课程教学开展的娱乐化倾向也是适应社会发展及满足学生需要的必然选择。

第二章　高校篮球课程教学的基本理论

在高校体育教学中，篮球受到广大学生的欢迎和喜爱，已经成为高校体育课程教学中的重要内容。篮球教学同其他运动项目教学一样，需要有一定的基本理论作为基础和指导，才能取得目前理想的发展成果，篮球课程教学是以身体练习作为基础，与其他学科教学有着很大的区别。为此，本章深入研究了高校篮球课程教学的内容和原则、方法与模式、组织与实施，考核与评价，分析了高校篮球课堂教学的拓展——组织篮球社团赛事，为高校篮球课程教学优化与探索奠定理论基础。

第一节　高校篮球课程教学的内容与原则

一、高校篮球课程教学内容

高校篮球课程教学的内容包含很多方面，对于不同的教学目标，不同层次的教学对象，采用不同的教学内容。篮球课程教学更注重让学生掌握基本理论知识、技术动作以及战术配合等方面，是一个由不会到会的过程。篮球过程教学的主要内容包括以下三个方面。

（一）篮球理论知识

篮球理论知识构成了篮球运动的学科体系。只有在篮球理论的指导下，才能正确地从事篮球运动。篮球运动理论包括：技术、战术、规则裁判、竞赛组织和教学训练理论等。在篮球运动技能学习以及篮球活动的相关实践方面，篮球课程理论知识都能够发挥出良好的指导作用。

目前，我国篮球运动在理论和知识体系方面已经发展得比较完善，其内容主要有篮球教学理论、篮球训练理论、篮球技术和战术分析、篮球竞赛规则、篮球竞赛组织以及篮球竞赛裁判法等，以上这些都是篮球课程教学的最为基本的理论内容。

（二）篮球技术动作

在篮球运动技能方面，篮球基本技术动作是其中最为基础的内容，而篮球运动技术动作主要包括动作方法、动作技术规格以及动作技术的运用等。在开展篮球运动技术动作教学时，对于动作示范的规范性，教师要给予高度重视。教学中要强调动作的规范，为学生进一步提高篮球技能打下基础。

（三）篮球战术配合

篮球运动集体对抗的特点决定了队员之间的协调配合是篮球竞赛的重要手段，在篮球课程教学中，战术配合教学也是其中重要的内容之一。这是因为特定的战术布阵是由篮球运动集体对抗中所形成的主要形式，战术配合和战术阵式是篮球运动比赛最为重要的特征之一。

在篮球课程战术配合教学中，其主要内容包括两三人的战术基础配合和整体战术配合。在战术配合教学中要使学生了解人与球移动的路线、攻击点、运用时机及其变化，教师要通过采用一些行之有效的合理的教学方法来促使学生形成正确的认识和了解。对于学生战术协作意识和战术配合的培养，教师也要予以充分的重视，以保证学生能够在篮球运动比赛中对相关战术配合加以灵活运用。

二、高校篮球课程教学原则

(一)专项教学原则

1. 知觉优先发展

篮球运动以球为工具,同伴、场地、器材等要素构成了特有的运动环境。对环境和器材的感知是知觉优先发展的过程,其中手指、手腕对球的控制能力对篮球教学来说至关重要,教学中通常采用大量熟悉"球性"的练习来优先发展这种能力,确保技术动作的学习。因此,知觉优先发展是篮球运动所特有的教学原则,应该严格遵循这一重要的教学原则。

2. 技术个体化

规格和规范是指动作的基本结构符合人体运动学特征,达到节省和实效的目的,篮球教学普遍追求的目标是技术动作的规范性。但是,由于学生的很多方面都存在着一定的差异性,比如,身体形态、身体素质、行为习惯、智力和篮球运动经历等方面,这就使得"技术的规范化"的个体表现的差别也较大。

初学者通过练习,形成符合自身条件的动作完成方式,是篮球教学的目的所在。因此,篮球教学要在规范化的基础上遵循技术的个体化原则,允许学生之间存在技术动作上的细微差别。另外,在篮球教学中也必须以不同的对象为依据有针对性地选择想用的教学方法,贯彻区别对待,从而取得理想的教学效果。

3. 实效性

抓住篮球教学中的主要矛盾,组织教法尽量简单易行,不断提高教学的实效性,不仅要抓好篮球基本功和主要技术的教学,突出教学重点,在使学生掌握好篮球运动基本技术的基础上提高运用技术的能力;还要做到以练为主,精讲多练。

教师的讲解要简明扼要，尽量让学生多进行实践练习。除此之外，还要设置教学目标，讲求教学效果。教学中要有具体的教学目标，同时重视对教学效果的检查和评估，及时改进教学方法，提高教学质量。

4. 学习技术动作与实战对抗运用结合

篮球教学非常重视实战对抗能力的提高，这是由篮球技术对抗性和开放性的特点决定的，从认知策略上来说，技术动作的学习与实战运用结合发展，与开放性运动技能教学的规律是相符的。学生在学习篮球技能时，应该首先将对抗的概念和技术实效的概念建立起来。

从某种意义上来说，在适应中学和从实战中学是篮球技能形成与发展的普遍规律，因此，要想取得理想的教学效果，就要求篮球教学必须把技术动作的学习与实战运用的能力培养发展有机结合起来。

（二）普遍教学原则

1. 渐进性原则

渐进性原则是指篮球教学要以学科的逻辑系统和学生的认知规律为基本依据，从单一到综合，从低级向高级逐步发展，使学生能够对篮球的基本知识、基本技战术和基本技能有一个逐步掌握的过程，形成严密的逻辑思维体系。由于篮球知识技能的学习是一个渐进的过程，这就要求学生在掌握技术技能时要由浅入深地进行。

(1)注意教学方法的系统性。篮球教学中要贯彻循序渐进的原则，要注意教学方法的系统性，根据动作技能形成的规律，从认知定向阶段、巩固提高阶段到熟练阶段，都要依据动作技能形成的阶段性特点来组织教学。

如在技术的初学阶段，要通过讲解、示范和试做，使学生建立动作概念、视觉表象和初步的运动感觉，通过不断练习使正确技术动作巩固下来，然后加大练习难度，使动作达到熟练并能在实战中运用。

（2）合理安排教学进度。篮球教学中要贯彻循序渐进的原则，根据教学内容的难易程度安排教学顺序，要注意教学内容的系统性。根据教学大纲的要求，安排好教学进度和课时计划，使教学进度符合篮球运动教学的规律，使课时计划既系统又综合，由易到难、由简到繁、从无对抗到有对抗，运动量逐渐增加。

（3）合理安排运动负荷。疲劳是运动过程中必然要出现的，疲劳在技术教学和训练中有其积极的意义，没有疲劳就没有超量恢复。没有超量恢复就不能提高健康水平和身体素质水平，也难以提高技术水平。

但是，过度疲劳同样不能达到促进健康、提高身体素质和技术水平的目的。因此，根据学生的身体状况、教学内容、场地、气候等综合因素来合理安排运动负荷，是完成篮球教学任务所必须注意的。

2. 直观性原则

利用学生的感官和已有的经验，通过视觉、听觉和肌肉本体感觉，获得对篮球技术战术的生动表象和感觉，并使之与积极的思维相结合，从而掌握篮球技术、战术和技能，发展思维能力，就是所谓的直观性原则。由于感觉是认识的基础，所以在篮球教学中正确运用直观性原则，对于提高教学效果有重要的意义。

直观教学的方式有很多，其中，较为常用的主要有动作示范、录像、电影、沙盘演示、技战术图片等。

（1）明确目的和要求。教师根据教学的任务和教材的特点以及学生的情况，有目的地使用直观教学方法。如对低年级学生进行技术教学时，宜多使用动作示范、技术图片等。可以把学生的动作录像重放，与正确技术进行比较，以纠正学生的错误动作。

对高年级学生进行战术教学时，宜用沙盘演示，或用生动形象的语言进行讲解。

(2)形成正确的表象。在教学中，教师要充分利用学生的视觉、听觉和肌肉本体感觉，通过示范、电影、录像、图片等，使学生产生明晰的技术战术表象，激发学生的学习积极性。

直观有助于使学生形成正确的表象。这种表象只有与积极的思维相结合，与实践相结合，才能得到好的教学效果。因此，直观性教学要善于启发学生思维，并与技战术练习活动紧密结合起来。直观性教学要想使所有的学生听得见、看得清、摸得着，就必须设计好直观教学的具体方式、方向、位置等。

3. 对抗性原则

对抗性原则指篮球运动的教学训练过程要符合其独特的空间与地面交叉的立体型攻守对抗规律。在篮球教学中贯彻对抗性原则，是由篮球运动的攻守对抗规律决定的。

在篮球运动中，进攻与防守的对抗贯穿始终，攻守对抗和攻守转化构成了篮球运动的核心。正是由于攻守的直接对抗才演化出一幅幅惊心动魄的竞争场面，才推动篮球运动向着快速、激烈的方向发展。

在教学中贯彻对抗性原则，须深入研究攻守对抗和转化的规律，这主要是因为：进攻和防守是一对矛盾体。没有进攻也就无所谓防守，没有防守也就无所谓进攻。进攻和防守相互制约，处在一个统一体中，二者是辩证的统一。

4. 自觉性原则

在篮球教学过程中，要想有效提高教学质量，需要同时具备两个条件，并将两者有机结合起来。这两个条件是：教师的主导作用的发挥，学生学习的自觉积极性的调动。

(1)树立正确的学习动机。学习的效果与动机是紧密相连的。如果学生的学习目的不明确，学习动机不正确，就很难自觉积极地学习，也不可能将自觉积极的学习状态长期保持下去。因此，解决为什么学习的问题，是调动学生学习主动性的关键问题。

(2)提高学生的学习兴趣。教师是教学的主导，启发和引导学生生动活泼地学习是教师的重要职责。篮球运动是一项对动作操作思维、战术思维和快速反应能力要求很高的运动，因此在教学中要以提高学生的运动能力和思维能力为核心。教师通过对技术动作的生物力学和运动学分析，使学生掌握正确技术动作的概念和动作方法；根据篮球攻守对抗规律，使学生掌握技术运用和战术方法；通过比赛、裁判工作和组织竞赛等实践活动，调动学生的学习积极性，从而最大限度地发展他们的能力。

第二节　高校篮球课程教学的方法与模式

一、高校篮球课程教学方法

(一)高校篮球课程教学常规方法

篮球运动常规教学方法的特点是注重教学活动中教师教授知识技能的方法，其教学方法的程式比较简单，各种方法相互配合，构成了以“教”为核心的教学方法体系。

1. 讲解法

在教学过程中，为了使学生通过听来感知教学内容，采用简练准确的语言对相关教学内容进行分析的方法，就是所谓的讲解法。技术动作的方法和要领、战术配合的方法和要求，以及运用过程中的注意事项等都是讲解法的主要内容。

在教学实践中，要注意掌握好讲解的时机，突出重点，讲解的内容要与学生的知识程度相符。讲解的内容要与学生的接受程度相适应，要掌握好讲解的时机，突出重点，避免冗长枯燥。

2. 练习法

在讲解与示范的基础上，通过组织学生进行身体练习而达到掌握篮球技能的目的的方法，就是所谓的练习法。以练习的形式为主要依据，可以将其大致分为分解练习、完整练习、简单条件下的练习和复杂条件下的练习几种。

以篮球运动特点为依据，则可将其分为个人技术练习、配合性练习和对抗性练习等。需要强调的是，在篮球教学中运用练习法时，练习强度、练习密度、运动量的安排要科学、合理，注重实效性。

3. 演示法

在教学过程中适时地示范技术动作和战术配合方法，通过投影、幻灯、挂图、录像等电化媒体手段，使学生通过观看直观感知教学内容的目的的方法，适时地进行技术动作的示范和战术配合方法的示范，就是演示法。实践中示范要与讲解相互配合，要正确选择示范的队形和示范的面，示范的动作要正确。

4. 纠正法

教师对学生在教学过程中出现的错误及时进行纠正的方法，就是纠正法。在篮球教学实践中，常用的纠正法有两种，一种是诱导法，另一种是条件限制法。上述几种教学方法是一个统一的体系，应该在篮球教学中相互配合使用，单一地使用某种方法是无法实现篮球教学的整体功能的。

（二）高校篮球课程教学现代方法

1. 案例教学方法

(1)概念。篮球案例教学方法就是指通过教师精心策划和指导，以新课程标准的理念作为基础，根据篮球教学目的及内容，充分分析教学内容与实际教学情况，运用经典案例教学的过程。

(2)优点。教师在采用案例教学法进行教学时，一般会先制造一个特定的事件“现场”，并将学生带入其中，使其深入到特定的角色中，然后分析经典案例，在此基础上对学生的自主探究性学习进行引导，从而促进学生分析问题及解决问题的能力的充分提升。

与传统的篮球教学方法相比而言，篮球案例教学方式具有鲜明的特色和突出的优势（见表 2-1）。

表 2-1　篮球案例教学法与传统教学法的对比分析

对比因素	传统教学法	案例教学法
课堂中心	教师	学生
教师角色	主宰者，传授者，控制者	组织者，指导者，咨询者
教学目标	对理论知识进行传授	促进学生发现问题、分析问题及解决问题的能力的提高
教学形式	讲解—接受	课堂讨论
学习内容	确定的理论知识	以教学目标为根据，以案例为载体，创设相应的问题情境，使理论与实践互相渗透
学习方式	独立学习、被动学习	主动学习、探究与合作式学习
教学媒体	单一媒体	多媒体、录像等设备
教学情境	抽象的人工情境	仿真的实践教学情境
教学互动	单向传递	立体互动
教学评价	结果性评价（师评为主）	综合性评价（自评、互评与师评相结合）

（3）应用。篮球案例教学方法实施的基础是选择案例，在具体的选择过程中，教师必须参考大量的素材，并掌握丰富的案例编写知识，同时还要在遵循科学原则的基础上对案例进行有序的编写。选择课题、搜集资料、编写案例与设计讨论等是案例编写的一般程序。

教师在运用案例的过程中，一定要将案例中所包含的基础知识详细地描述出来，并且充分引导学生积极主动地分析案例，从而促进学生篮球学习兴趣的提高，促进学生篮球理论知识的丰富及实践能力的提高。

篮球案例教学方法比较开放，师生间的互动程度直接影响着案例教学的成功与失败，因此教师应促进学生主体地位的充分发挥，并且将案例与理论之间的关系有机联系起来，从而引导学生们积极讨论案例的变化规律。

2. 趣味教学方法

（1）概念。篮球趣味教学方法指通过采用影像、游戏、观摩、模仿等手段对激发学生学习篮球的兴趣，促进学生提高篮球参与的积极性，培养学生终身体育意识与习惯的一种教学方法。

（2）优点。增强学生体质是学校开展篮球教学活动的根本目的，因此必须围绕这一根本目标来选择篮球教学方法。篮球趣味教学方法能够将学生的学习兴趣激发出来，将学生参加篮球活动的积极性和热情调动起来，在此基础上，通过增加运动负荷、锻炼时间和频率来促进学生体质的增强。锻炼频次的增加、运动时间的延长、安静时平均心率的降低、技能成绩的提高等都是趣味篮球教学方法，有利于提高学生身体素质水平的直观反映。这表明，对篮球趣味教学法进行广泛的宣传与推广非常有必要。

趣味教学方法的手段多样，形式丰富，而且各具特色，可以对学生造成不同角度的刺激，对学生形成不同层面的影响，使学生神经系统的兴奋性提高，从而成功调动学生的学习积极性，只有学生的学习积极性提高了，其运动量和运动强度才会相应的增加，教学效果也才会更加明显。

篮球课的开设能够对学生的直接性的体育兴趣进行培养，直接性的体育兴趣会渐渐向永久性的体育兴趣转变，这为学生终身体育锻炼习惯的形成奠定了坚实的基础。所以，篮球课程教学中所选的教学方法必须能够有利于培养学生的篮球学习兴趣，这样才能将学生参与篮球活动的热情调动起来。

采用趣味教学方法进行教学时，可以使学生的练习频次和运动时间增加，这主要就是因为学生对篮球有了兴趣，所以才乐意长时间地参与其中，可见学生的篮球兴趣与其练习频次和练习时间之间存在着正相关的关系。

篮球趣味教学方法可以使学生自觉参与篮球活动，主动延长运动时间，增加运动频次的教学方法都是可以有效培养学生终身体育意识的好方法，趣味教学法正因为体现了这一点，所以才会受到各级学校体育教师和学生的欢迎和喜爱。

(3)应用。在篮球实践课教学中，教师往往会让学生先做一些准备活动，最常见的活动就是绕篮球场地慢跑或做定位操，这些活动比较乏味，很难激发学生的兴趣。所以，教师可以在篮球教学的准备活动阶段组织一些篮球游戏活动，以此来对学生参与学习的积极性进行激发，并促进准备活动效率与质量的提高，为学生之后技战术的学习提供良好的基础。

为了促进篮球教学实效性的进一步提升，教师应该将体能训练安排到篮球实践课的教学中，并通过游戏的方式来培养学生的体能素质，为学生学练篮球技战术提供良好的身体条件。

篮球战术是篮球教学体系中的重难点内容，对学生团结合作的集体主义精神进行培养是进行篮球战术教学的主要目的，通过战术教学，不但要使学生对篮球配合方法进行掌握，还要使学生在篮球战术实施中充分发挥自己的主观能动效能。为了促进篮球战术教学效果的进一步提升，教师需适当地开展能够吸引学生注意力的篮球游戏。

3. 程序教学法

(1)概念。以认知规律和技能形成的规律为主要依据，将篮球技战术教学内容分解成为若干个相互联系的小步子，使之成为便于学习的逻辑序列，并在教学过程中，建立起有针对性的、适宜的评价信息反馈系统的教学方法，就是所谓的程序教学法，其也被称为学导式教学法或小步子教学法。

(2)应用。程序教学法的具体步骤为：首先教学开始，学生依据小步子进行学习，学习后及时进行评价；其次教师依据评价结果对学习效果进行即时反馈。如达到了预定的标准，则进行下一步学习；如没有达到标准，则返回去重新学习，并配以相应的校正措施。

4. 合作学习教学法

(1)概念。高校篮球教学组织是一个师生共同参与的社会活动的过程,在教学过程中,离不开教师与学生、学生与学生的相互配合。充分调动教、学双方积极性和主动性的教学方法,就是所谓的合作学习教学法。

(2)应用。合作学习法的教学步骤为:依据教学中自愿的原则把学生分成人数不等的若干个小组,练习时要以小组为单位结成“伙伴对子”。小组内发挥技术骨干的作用,优生帮助差生。教学过程中多运用小组练习、小组竞赛和小组评价等方法进行活动,在小组和伙伴的合作活动中学习掌握篮球教学的内容,使学习成为学生之间合作的活动,在和谐的人际关系和愉快的合作学习环境中完成学习任务。

二、高校篮球课程教学模式

(一)篮球俱乐部教学模式

1. 概念

篮球俱乐部型教学是一种新型的教学模式,根据现代学校人才培养的目标,结合学生对篮球教学的需求,根据学生的兴趣爱好与特长,组织篮球教学与课外活动的团队,定期开展篮球教学与竞赛活动。目的是使学生掌握篮球技能和方法,培养和建立学生的终身体育意识,充分发挥学生个人能力,培养学生对篮球运动的兴趣与爱好,为终身体育奠定基础的一种篮球教学模式。

2. 组织步骤

(1)明确职责。构建篮球俱乐部教学模式的前提是对切实可行的篮球俱乐部的相关制度进行制定。在篮球课程教学改革的背景下,只有以本校发展实际为基础,对具有可操作性的篮球俱乐部教学模式相应的制度和职责进行制定,才能使俱乐部教学模式的顺利实施得到保障。

在制度与职责的构建中，需要明确篮球俱乐部的性质、篮球俱乐部的宗旨，并严格规定篮球俱乐部会员的资格要求。

(2)组织机构。在学校条件和活动经费允许的情况下，为了使篮球俱乐部可以高效运行，需要设立策划部、秘书部、财务部、教练部等相关组织机构。在设立上述机构后，需要对相关人员进行安排。下面重点分析一下教练部的人员安排及职责。

助理教练可以由学生担任，很多学校将此纳入了学生勤工助学的范畴。主教练的职责主要是对篮球俱乐部的成员提供技术指导，安排俱乐部教学，对俱乐部教学时间进行确定，对参加的人数进行统计等。助理教练一般听主教练的指示来履行工作职责，最主要的职责是为俱乐部成员服务，在俱乐部成员参加篮球活动的过程中，为其提供有效的技术指导。

3. 课程体系

篮球俱乐部课程体系构建主要从两方面进行，即理论教学体系构建和实践教学体系构建(见图 2-1)。

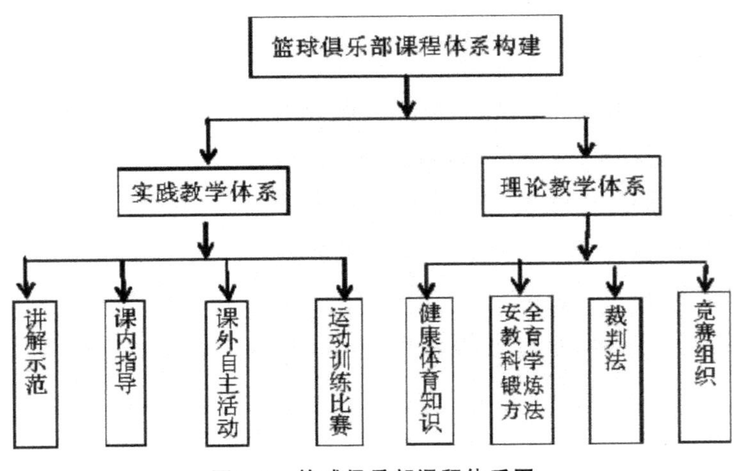

图 2-1 篮球俱乐部课程体系图

4. 会员积分制

篮球俱乐部成员的积分指标也就是篮球成绩指标，包括考勤指标、体测成绩指标、诚信慢跑数指标、篮球专项成绩指标、俱乐部比赛成绩指标等几方面的内容。

篮球俱乐部实施会员积分制，主要是为了考核俱乐部成员一学期以来的学习情况，以积分数为依据来对俱乐部学员一学期的篮球总成绩进行考核和评定。俱乐部学员篮球成绩指标的构成及比例(见表 2-2)。

表 2-2 篮球成绩指标(俱乐部会员积分指标)

成绩构成	%
出勤	10
体测成绩	30
诚信慢跑数	25+5
篮球专项成绩	35

注 慢跑超者可加分。

(二)即兴示范教学模式

1. 概念

即兴示范教学模式是以学生全面发展、提高学生在教学情景中自我表现与创新能力，提高教学效率为目标，以教材对学生年龄特征的“适切性”、教学科学性与艺术性的统一为追求，注重营造师生互动、自我展现的良好课堂情境和和谐气氛的篮球新型教学模式。学生自主发挥表现力和创造力是即兴示范教学模式的核心。

2. 作用

在篮球教学中实施即兴示范教学模式，可以将教学中心转向学生，突破以教师为中心的传统课堂模式，这样学生的主体作用才能得到充分发挥，也才能获得良好的学习成果。此外，在这一模式的实施过程中，篮球教学已不再是传统的传习与说教了，学生是在仿真的现实情景中潜移默化地、自觉主动地接受篮球知识与技能教育。

3. 应用

构建即兴示范篮球教学模式需要融合多种要素，做多方面的工作，如对课程的结构进行改造、对良好的课堂教学环境与气氛进行营造、对即兴自我展现的内容进行开发与设计、对即兴自我展现的评价方式进行实施等。

以改革课的结构这一环节来说，“集合—整队—准备—讲教材—下课”的传统篮球课结构将会被“动起来—乐起来—想起来—自我展现起来”的新型结构替代，这样更有利于增加教学的趣味，提高学生的学习兴趣与积极性。

篮球教学中，即兴示范教学模式的实施程序（见图 2-2）。

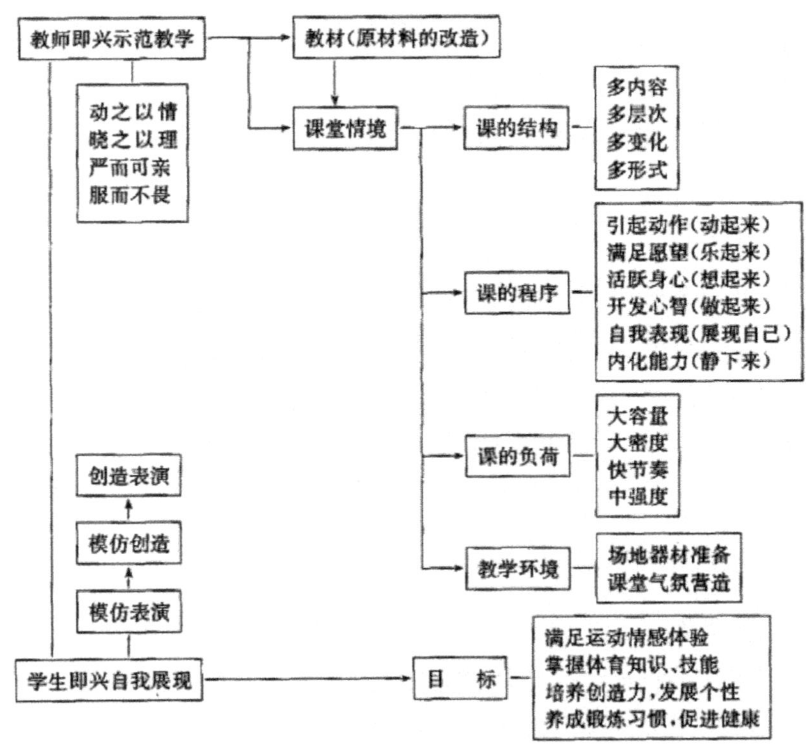

图 2-2　即兴示范教学模式实施程序图

（三）多元智能教学模式

1. 概念

多元智能篮球教学模式指的是为了更好地提升篮球教学效果，顺应学生发展与篮球教学规律的特征，通过将多元智能教学的精髓贯穿到篮球教学过程中，构建出具有多元化的篮球教学方式、篮球教学内容、篮球教学方法、篮球教学评价等为特征的篮球教学模式。

构建多元智能教学模式后，需要在教学实践中检验其科学性与合理性。如果要在篮球教学过程中对这一模式进行运用与检验，教师需要先向学生讲解与示范篮球技战术的动作和要领，让学生对篮球技战术有一个基本的掌握，以利于促进学生独立解决问题的能力的有效提升。

2. 作用

在篮球实践课的教学中，教师使用频率最高的教学方法是语言法和口令法，这些方法不但可以使学生从思维上对教学内容形成清晰的认知，还能够使学生对所学内容有深入的理解，并通过自己的身体语言将接收到的知识信息表现出来。

多元智能模式下的篮球教学形式有很多，如分组教学、问题情境教学等，这些形式有利于促进学生之间的交流，使学生主动探讨一些学习中的问题，从而使学生对篮球知识和技能的认知进一步加深，进而获得良好的篮球学习效果。

通过向学生展示篮球技能，组织学生观看篮球视频等手段让学生对篮球动作的结构有更为清晰的了解，帮助学生深入理解篮球的重点技术环节，并结合学生自身的特征为其获得有效的学习效果而创造良好的条件。

3. 应用

教师在组织篮球教学的过程中，要以高度的责任心将每个学生的智能优势重视起来，使学生在篮球课堂中学会对篮球中的快乐因素进行体验，并学会通过一些技巧来掌握篮球运动技能。教师要善于挖掘与激发学生的各种智能，以此来提高篮球教学水平，实现篮球教学目标。

多元智能教学模式的实施对教师提出了一些要求，篮球教师要具备对学生的专业素质进行评估的能力，在评估之前要先对学生的学习情况进行敏锐的观察，从而对学生的篮球兴趣情况加以了解，在此基础上全面客观地评价学生的篮球能力。

在篮球教学过程中，教师不能以学生的篮球运动能力对学生进行等级划分，将学生分为优生和差生，这是不正确的学生观。相反，教师应树立积极乐观的学生观，科学指导每个学生，使每个学生的运动能力都能得到提高。

教师在组织篮球教学评价的过程中，采取多样化的教学评价标准，以科学有效的评价方式来对学生的学习信心进行激发。学生的篮球成绩是主要的评价指标，但不是唯一的标准，教师不能只通过考试成绩来评价学生，这是片面的，也是不科学的。除了成绩之外，学生的单项技能、学习积极性、情感态度、运动能力等也是重要的评价要素，只有从多方面出发，才能充分发挥篮球教学评价的功能与价值。

第三节　高校篮球课程教学的组织与实施

一、高校篮球课程教学的组织

（一）篮球课组织的基本要求

1. 注重夯实理论基础

教师在教学过程中要全面贯彻党的教育方针，培养学生高尚的道德和意志品质。除此之外，还要根据学生的实际情况，有针对性地选择和运用各种方法、手段，将篮球运动的基本理论与技术传授给学生，使他们的各种实际能力得到提升，增进健康，增强体质。此外，各个课都要承上启下，相互联系，从而更好地保证篮球教学的系统性和完整性。

在对篮球教学目的和任务进行确定之前，要对学生的思想政治教育进行重视和加强，以更充分地调动学生的学习积极性，提高学生的责任感和荣誉感。在篮球教学中，教师有很多工作需要完成，这主要包括坚持严格要求，并进行严格训练；及时发现学生容易出现的问题，并针对问题提出更加切实可行的解决方法；激励运动员尽可能地完成训练任务等。在篮球教学中，这一部分是非常重要的环节，同时也是进行实践练习的基础和指导。

2. 注重实践应用练习

篮球运动作为一个运动项目，其具有很强的对抗性和集体性，在具体练习和比赛过程中，往往比较容易出现一些场上作风问题、思想问题以及违反纪律的问题等负面现象和做法。所以在具体的篮球教学中，要进一步加强对学生进行思想方面的教育，对学生的思想和作风进行严格要求，严格禁止负面现象和行为的出现，使篮球教学课在合作、和谐的环境中进行。

篮球教学具有其自身独特的特点，只有在组织方面采用有效的措施才能更好地保障教学任务得以顺利完成。但由于所处的客观条件存在差异，这使得所采取的措施也是不完全相同的。比如，有的学校，场地、器材少，班里的人数又多，因此在组织练习时就要从实际出发，使练习方法尽可能地灵活多变，这样才能达到既保证一定的运动量，又提高学生积极性的目的。

（二）篮球课组织的主要内容

1. 课堂常规

通常，课堂堂规有着较强的约束力，它是教师进行课堂管理的重要依据。在篮球教学课中，教师要对课堂堂规的管理给予高度重视，对于学生的语言行为、课堂考勤等，要按照规定进行严格约束，并贯彻始终。此外，教师也要对课堂堂规的规定和要求予以严格遵守。

篮球课程中练习的组织主要包括训练课作业进行的程序和作业内容的安排，通常来说，都是首先进行基本技术练习，其次进行战术配合，再次进行全队战术训练，最后再进行教学比赛的训练。学生要严格配合老师完成练习组织的内容。

2. 课的结构

课的结构主要包括准备、主体、结束三部分，在对课堂教学规律予以严格遵循的基础上，教师要根据课的结构顺序来采用不同的措施和管理办法，以避免课堂出现混乱的情况。另外，对突发事件的处理也要采取果断而有效的措施。

一节篮球课的时间一般有两种，一种是45分钟，一种是90分钟。对课的时间的合理运用，对教学任务的完成以及教学活动的顺利开展有非常重要的作用和影响。对课时时间的安排，一般是：60%的时间用于学习内容，40%的时间则用来复习和巩固学习内容。

3. 发挥学生干部的作用

在篮球教学课中，由于练习时比较分散，对于管理方面的组织工作有着较大的难度，这就需要尽可能培养一些学生骨干，以更好地进行分组练习。在小组练习中，通过学生骨干来进行带领、组织和帮助，能够很好地为教师开展教学活动提供帮助，协助教师更好地完成相应的教学任务。

增强这些学生骨干的分析、组织和管理能力，提高他们发现问题、分析问题和解决问题的能力，从而为我国的篮球运动事业培养高素质、高水平的篮球人才。

4. 负荷安排

运动负荷的安排在训练课中是非常重要的环节之一。训练内容的组织安排是否得当，是否符合科学和客观规律，在很大程度上决定着一堂训练课的成功与否。

当然，运动负荷的控制也不例外。在篮球训练课中，合理安排运动负荷和如何进行大运动负荷训练是一个不可避免的且非常重要的问题。解决好这一问题，不仅能够使队员的身体素质有很大程度的提高，在技术和战术训练水平方面也会大大提升，这非常符合实践的需要。

由此可以看出，首先要根据队员的实际情况来确定运动负荷；其次运动负荷的增长要遵循循序渐进的原则，由小到大。另外，还要根据不同时期、训练阶段的任务将每次课的负荷强度和密度确定下来。一般来说，一次课应出现几次负荷高峰。通常情况下，进入到基本部分的前段时就应出现第一个高峰（较高），第二个高峰出现在基本部分后段时。

二、高校篮球课程教学的实施

（一）理论课程的实施

课堂教学是篮球理论教学课通常所采用的组织形式，也就是主要以教师的讲授为主，同时配合适当的课堂讨论，以使学生的学习兴趣得到激发。具体步骤如下。

首先，通过采用讲述或提问的形式，教师将前一次课的教学内容引出，为接下来的新授课内容做好相应的准备和铺垫。

其次，在对本次课的内容进行讲授时，要重视反复论证篮球课的重难点，从而更好地达到强化的目的，促使学生对本次篮球课的主要内容进行更好的掌握和理解。

最后，在课的结束部分，要将课的重点进行简明扼要的归纳和总结，同时还要布置相应的课后作业，以宣告下次课的教学内容。

通过篮球理论知识的学习，应使学生达到理论联系实际和指导实践的目的。当前篮球理论教学现代化的发展趋势之一为启发式教学，即教师充分利用学校的现代教学设备，如幻灯、投影、录像等多媒体教学手段，将学生学习的积极性和能动性充分发挥出来，对学生分析问题和解决问题的能力进行积极的培养。

用这些现代化的教学设备开展启发式的篮球教学是当前篮球理论教学现代化的发展趋势。对于培养学生分析问题和解决问题的能力具有非常显著的效果，是值得大力提倡的篮球教学组织形式。

（二）实践课程的实施

在篮球教学过程中，实践课主要包括三个部分组成，即准备部分、基本部分和结束部分。

1. 准备部分

准备部分可以使学生从生理和心理上做好承受较大和最大运动负荷的准备，以避免运动损伤的发生。首先由班长、队长或值日生整队并清点出席人数，向教师报告；教师进行考勤检查，并将本次课的任务与要求向学生进行较为简要的说明。准备部分的训练内容主要取决于基本部分的教学、训练内容。换句话说，就是根据基本部分的教学、训练内容的需要，选择准备活动的练习。

一般来说，准备部分的练习内容，主要是由走、跑、跳、各种控制球、支配球和徒手体操、游戏的练习组成的。训练课不仅要做一般准备活动，而且还要根据实际需要做专门的准备活动。

准备部分的主要目的是在教师的组织下做好进入训练状态的准备，其中身体的准备活动是一堂训练课中不可缺少的重要部分之一，这部分的时间通常会安排 15～20 分钟。准备活动的具体内容不仅能够使学生集中注意力，充分放松身体，而且还能够为基本部分的活动打下一定的基础。

2. 基本部分

实践课的主要目的包括两个方面：一方面，是教学课的主要目的；另一方面，是提高比赛能力和适应能力。以教学大纲、训练计划的要求为主要依据，通过不断创造各种有利条件，使学生掌握和提高技战术水平和技能，同时，也要有针对性地提高其运用能力。

训练课的主要内容以训练计划的安排为主要依据，通过各种各样的练习和比赛，比如，个人的、小组的、全队的身体练习、技术和战术练习、教学比赛、对外比赛等，来发展各项素质和能力，以提高实践能力。除此之外，还要根据各个时期的具体任务，循序渐进地增加运动负荷量和运动强度，更大程度地增强学生的各项素质和能力。

教学课进行教材内容的安排时，通常都是先教新教材，然后复习旧教材，进行知识的巩固和强化，运动量较大的教学比赛或者提高身体素质的专门练习放到最后进行。

在进行实践课的教学时，要以课的任务和学生的具体情况以及课的时间、场地、器材等条件为主要依据，来针对性地选择较为合适的练习方法和手段。通常情况下，教学课（两节课连上的）的时间安排在70分钟左右。训练课的时间安排通常占全课时的70%左右。

3. 结束部分

通过使体内积存的乳酸加速排除，使运动时的氧债得到一定的补偿，使参加运动的肌肉尽快地恢复到运动前的状态，而最终使学生从生理上逐渐由运动状态平复下来，从心理上由运动状态逐渐恢复到平静状态。

激烈的训练结束后，应该适当地做一些整理活动，以使学生从激烈的运动生理状态和紧张兴奋的心理状态逐渐缓和、平复，恢复到训练前的状态。结束部分的主要内容有：关于慢跑、游戏、放松练习和注意力转换的练习，除此之外，一些运动量不大的罚球、投篮练习也是较为合适的选择。

另外，教学课结束前，还要进行小结和讲评工作。一般情况下，教学课结束部分的时间是 5～10 分钟，训练课结束部分的时间是 15 分钟左右。

(三)实习课程的实施

这一类型课的目的主要是使学生的篮球学习训练能力、组织比赛能力、裁判水平等得到快速的提高。

在实习开始时，首先要对参与实习的学生人数进行确定，并指导学生做好充分的准备工作。

在实习过程中，教师要及时做好观察和记录。

在实习结束时，教师要及时评价学生的具体实习情况，同时也可鼓励学生积极参与实习课的讨论和讲评。学生在参与完实习后要做好实习总结，从而为提高自身学习能力奠定良好的基础。

(四)观摩课程的实施

篮球讨论课的形式比较自由灵活。提高学生的表达能力，发展学生的观察与分析能力，激发学生的创造性思维，是其主要任务和目的所在。通常情况下，讨论课往往在进行篮球技战术分析、规则裁判法等的教学时采用。

在开展篮球观摩讨论课之前，教师要对学生宣布观摩的内容、观察的重点、要解决的问题，以及纪律等方面的要求等。观摩对象可以是某次篮球课或篮球比赛，也可以是篮球技战术电影或录像片等。观摩中要求学生要做好笔记，记下自己的感想和体会，并提出疑问，为之后的讨论做好准备。

篮球观摩课结束后，要及时组织讨论，通常情况下，是先由教师作引导性发言，然后学生围绕议题进行发言。在讨论课之中，教师作引导性发言，然后组织学生围绕本次课的议题进行民主式的发言。鼓励学生有自己的不同意见，针对各自的意见展开激烈的争论。教师应在讨论结束时作总结性发言，对讨论的问题和学生的讨论情况进行评述。未能得出结论的问题可以留待课后继续探讨。

第四节　高校篮球课程教学的考核与评价

一、高校篮球课程教学考核

在高校篮球教学考核中，培养目标和教学计划不同，考核的内容、比重也会有所区别。这个比重可以根据实际情况作出适当的变化，但这个考核项目比重是什么样的，考核的目的始终也要能够全面反映大学生对教学大纲所规定的教学任务、要求的完成情况。

通常来说，高校篮球教学质量考核的内容及项目比重分配可按表 2-3 所示安排。

表 2-3　篮球教学考核内容及项目比重

分类	比重/%	内容
理论考核	30	篮球运动概论、技战术基本理论、竞赛组织与编排、竞赛规则、裁判法
实践考核	40	传接球、运球、投篮、突破
能力考核	20	教学实习、组织竞赛、裁判实习、技战术运用
平时考核	10	考勤、课堂提问、课外作业

（一）理论考核

随着篮球课程改革的不断深化，篮球理论考核的内容和方法也在不断地完善和充实，根据不同层次篮球课程教学对象的不同，各类课程中所处的位置、学时分配的不同和考核的分值权重不等，必须根据不同的教学要求选择不同的理论考核形式与方法。目前常采用的形式与方法有统考、标准样题和试题库。

统考客观性强，效率高，是检查学生学习质量的最有效、最公正的手段。统考与常规的各校任课教师自身命题相比，具有客观性和可比性的优点，后者尽管也符合考试原则，但难以用来进行校际之间的比较；而统考有统一的标准，便于以它的结果来进行比较和选优。

要根据不同的课程评价目的决定是否采用统考，如对校内一些重要的各专业共同的必修课可以组织统考，如各校的篮球普修课均采用此方法；而统考如果在试题、评分等方面处理不当，也不一定能达到较高的信度和效度。因此，对统考只有在一定条件下进行才是客观可信的。

标准样题是指有关课程指导委员会指定某些专家教师，根据该课程的基本教学要求，提出标准性考试命题，各校在对该课程进行测试时，必须参照标准样题另行命题(不宜直接应用标准样题)，也可以根据各校自身的实际情况命题。

根据多年篮球教学实践及学生的实际情况，篮球理论考试宜采用标准化考试已成为共识。标准化考试的核心环节是试题的标准化，教学目标和考试目标的一致性及其具体化是标准化考试和试题编制的主要依据。

试题的内容要按照教学大纲的要求增大覆盖面，既要反映出各种不同指标的试题形式，又要增多客观性试题的比例，同时还要随时对试题的质量作多因素的定量检查，不断修改不符合要求的试题，提高编制试题的质量，从而使标准化考试更加符合学生实际和篮球教学的需要。

(二)实践考核

实践考核主要采用定性指标和定量指标相结合的评定方法，

也就是通常采用的技评和达标这两种方法。

1. 制定与实施定性指标

定性指标是指那些无法用具体度量单位来衡量而又必须测量的指标，在篮球教学实践中大量采用定性评价指标，各种类型篮球课程的考核中采用的技术评定（技评）就属于定性指标。

根据篮球技能教学的特点，定性指标主要有两类：一类是技术动作完成的规范程度；另一类是技术动作完成的熟练程度。因此，定性指标的分类值通常要进行细化，使其表示技术若干环节的完成情况。

2. 制定与实施定量指标

定量指标是指那些可以用具体度量单位来衡量的指标，如投篮命中次数、跑动速度和跳起的高度等。篮球教学中通常采用的定量指标主要有速度指标、高度指标和准确性指标三类。

采用定量指标进行考核与评价，必须事先依据教学目的、任务和考核对象的实际学习内容制定出考试的方法和评定标准，使方法与考核对象的总体水平相适应。评分表的制定可采用统计学的方法，使分数值具有较好的区分度，能客观地反映考核对象的实际水平。

（三）能力考核

能力的考核不论是对体育教育的专修课，还是对运动训练的专业课来说都是两项比较复杂又十分重要的工作：能力的考核与评定不是主观随意的，它主要是以专业培养目标为依据，以教学训练的目的、任务和要求为标准，在全面考核的基础上，对学生个体发展和实践效果进行衡量并作出价值判断的过程。

为了使能力考核与评定具有客观性和可操作性，首先应将各种指标体系条理化和数量化，合理确定它在成绩中的比重，然后依据各部分内容的评分细则按百分计分法计算出各部分内容的成绩。

（四）平时考核

篮球教学考核中的平时考核主要包含日常上课的考勤，在课堂上给学生提出的问题，给学生布置的课外作业情况，只对教师教学能力转化成果的考核监督。

二、高校篮球课程教学评价

（一）评价的主要内容

1. 理论知识

理论知识评价主要是通过考核来对学生掌握篮球理论的情况有所了解。一般，理论知识的评价往往采用口试、笔试和撰写论文的形式进行。

2. 教学目标

对教学目标的评价包括的内容主要有两部分：一是评价目标制定的合理性，二是评价教学目标的达成情况。合理性的测量与评定是对教学大纲和课时计划中确定的篮球教学目的任务进行客观分析，对大纲的教学目标是否符合教学计划的规定、课时计划的目标是否符合大纲的规定进行判断。

达成情况的评价是指在教学过程中进行的对阶段目标的完成情况和教学结束后进行的对教学任务完成情况的评价，通过评定来准确地把握教学进程，并对教学的效果进行客观的估计。

3. 技术战术

采用一定的方法对学生学习掌握篮球技术、战术情况进行评价，是高校篮球教学过程的一个重要环节。在课堂教学过程中和结束时进行的临场实践考试，技战术学习与掌握情况的信息是测评的主要内容。技术测量的内容包括技术达标和技术评价，其中，技术达标是指学生经过学习后完成定量技术指标的能力，而技术评价则是指学生经过学习后完成定性指标的能力。

除了上述三个方面的主要内容，高校篮球教学的还有很多其他的内容，比如，篮球教学的起始状态、篮球意识、篮球运动能力、裁判能力的测量与评定。不管进行何种内容的测量与评定，都必须采用与之相适应的方法，从而确保测量与评价的真实性。

（二）评价的主要方法

1．笔试

笔试可以大致分为两种形式：一种是考核学生运用知识分析问题和解决问题的能力的开卷，其对于高年级学生的理论考核较为适用；一种是考核学生对记忆性篮球知识的掌握程度的闭卷，其对于低年级学生理论考核较为适用。

2．撰写论文

撰写论文的方法往往用于对综合能力的考核。把学习掌握的知识与篮球运动实践结合起来是这一方法的主要特点，由此可以看出，撰写论文能够对学生对理论知识的理解深度以及在实践中运用的能力有所了解。

3．口试

口试的方法适用于各年级的学生。一般来说，低年级往往采用课堂提问的形式，高年级采用的往往是专题答辩的形式。通过口试，能够对学生掌握篮球理论知识的广度和深度、分析和解决问题的能力及语言表达能力有一定的了解。

4．定量指标的测量

可以用具体度量单位来衡量的指标，就是所谓的定量指标。比如，篮球教学中的跑动速度、跳起高度、命中次数等。具体要根据评价的目的来选用各类指标,如速度指标主要用于技术熟练性的测量;高度指标主要用于弹跳能力的测量;准确性指标则主要用于投篮和传球的测量。

5. 定性指标的测量

不能用具体度量单位来衡量而又必须测量的指标,就是所谓的定性指标。在篮球教学实践中大量采用定性评价指标,如各类篮球课程的考试、考核中采用的技术评定就属于定性指标。

第五节　高校篮球课堂教学的拓展——组织篮球社团赛事

一、篮球社团对高校篮球课程教学的作用

(一)发挥学生的主观能动性

传统的体育教学通常情况下都遵循凯洛夫五环教学模式,组织教学、复习旧课、讲授新课、巩固新知识、布置课后练习,这种教学模式基本都是以教师作为中心,传授知识是主要目的,学生在教学中处于被动、消极的地位,学生的智能得不到发挥,课堂气氛不活跃,缺少创新和实践能力。

团结校园篮球运动爱好者,利用业余时间,通过广泛地开展篮球运动丰富学生的业余文化生活,缓解同学们学习或者生活上的压力,为全校篮球爱好者提供一个展现自我的平台。

在篮球社团活动中,学生的自主选择和组织活动突出了学生参与的自主性、活动的实践性和组织的社会性,学生充分参与比赛活动,运用课堂所学的知识,充分表现自己的能力。社团活动形式丰富多彩,学生在轻松的氛围中相互交流学练经验,可以帮助学生进行自我评价和相互评价,激发学练热情,增强锻炼的主动性和趣味性,调动学生的学习积极性,从而更充分地发挥学生

的主体作用。

(二)拓展课堂教学内容

篮球运动技术的正规性、完整性、系统性和多变性,以及建立篮球动作技能的条件反射活动过程比较复杂,在学生理解、认识和掌握动作的过程中,多种运动感知觉、多通道的信息进行传递。

要获得运动技能就需要反复练习,逐步完善各种条件反射,建立肌肉本体感觉,不断重复的身体练习是形成运动技能的主要手段和途径。在篮球社团活动中,学生有充足的时间进行篮球技术的练习,巩固课堂教学技术、技巧,掌握篮球技术所需的身体素质和机能的活动能力,保证了所学篮球运动技术的正确性和课堂教学的顺利进行。

推动高校素质教育的实施,在帮助广大学生完善知识结构、培养实践技能、提高综合素质等方面起到了积极的作用。在社团活动中教师所教授的练习方法和练习技巧,通过个人练习、两人练习或小组练习的形式,有助于学生深刻理解技术运用的时机和把握多人配合的原则,为在课堂学习新技术获得良好的动作技能迁移做准备。

(三)增强学生的社会适应能力

在场馆中的篮球教学,主要关注的目标是让学生掌握运动技术,培养技战术,并不关注学生的社会适应能力,但是篮球社团活动中,突破了传统教学模式的限制,没有了院系和班级之间的界限,不同专业、不同年级和经历的成员在一起活动,互帮互学、团结协作、相互竞争,促进了成员之间的相互了解,增进友谊。

学生运动能力的提高,运动技能趋于成熟,以及生活中经历的困难和挫折不断上升,都有利于培养学生不断超越自我的创新精神和心理承受能力。在篮球社团赛事中,激发了学生们的团队精神、集体主义荣誉感和责任感。

带动高校学生积极投身志愿服务与社会实践，在服务社会篮球赛事的同时实现自我价值，增加社会实践阅历，有利于大学生调控自己的行为，提高自己的约束力，在和谐、融洽、愉快和充满竞技的活动环境中身心健康、个性特征、体育专项素养、整体素质都获得了全面的发展，磨练了意志，增强了适应社会的能力。

(四)培养终身体育意识

篮球社团成员都对篮球运动充满了兴趣，自主选择参与活动，避免了体育课中学生被动学习的现象，在社团活动中学生主动应用课堂所学的知识，充分发挥教师的主导作用，帮助学生自学、自练，掌握科学的自我锻炼的方法。在众多的篮球赛事当中，可以培养学生个性能力的全面发展，提高学生个人组织协调能力、临场判断力、管理比赛能力以及团队合作能力。

在篮球赛事中，学生参与的热情和主动学练的积极性会不断加强，篮球技术和体育能力能得到提高，学生能够亲身体验到篮球的乐趣，对篮球的认识从感性认识上升到理性认识，从单纯兴趣转化为对篮球运动深刻而全面的了解，形成自身稳定的价值观和行为方式。所以，应将参与篮球运动作为自己生活中的重要组成部分，养成良好的体育运动习惯，为终身参加体育锻炼奠定基础。

二、篮球社团的组织机构

学生体育社团是高校体育的重要组成部分，在校园精神文明建设中有着不可替代的作用，是高校第二课堂的实施载体。学生社团遍布全国高校校园的各个角落，扮演着丰富校园文化生活、提升校园文化品位、引领校园文化时尚的重要角色。

(一)篮球社团的宗旨

促进大学生娱乐健身，丰富高校文化生活，陶冶大学生的道德情操，积极推动篮球运动在高校的推广和发展。

（二）篮球社团的组成

1. 组织策划部

按照社长与副社长的要求，策划篮球社的各种活动，确定活动时间，租借场地和制定活动宣传计划。组织部制定的活动计划要交给社长审查，然后申报学校，活动通过批准后，交给对外联络部具体执行。

2. 对外联络部

即组织部的计划执行部门，接受组织部通过的策划然后执行。

3. 宣传推广部

负责对外宣传社团活动，发布信息，建设网站，制作赛事宣传资料等。

4. 竞赛裁判部

负责篮球竞赛运作，普及专业篮球规则，使社员在进行篮球比赛时更加专业，为学校组织的班级篮球比赛输送更专业的裁判人员。

三、篮球社团赛事的组织和实施

（一）篮球社团赛事的组织

（1）赛事名称与意义。
（2）赛事活动内容。
（3）落实活动时间与地点。

(4)竞赛办法。

(5)报名方法。

(6)起草竞赛规程。

(7)初定竞赛日程。

(8)上报主管部门进行审批。

(二)篮球社团赛事的实施

(1)成立赛事组织机构。

(2)下发竞赛规程。

(3)推广与宣传赛事。

(4)组织报名与制定比赛秩序册。

(5)开好赛前运动队、裁判员联席会议。

(6)组委会组织好赛事开、闭幕式。

(7)竞赛部门负责具体赛事日常运作。

(8)进行颁奖仪式或制定奖励办法。

(9)汇总成绩册,做好赛事总结存档备份。

第三章　高校篮球课程教学要素的优化研究

发展至今，篮球运动受到不同性别、不同年龄段人群的欢迎，高校大学生也成为参与篮球运动的一大群体，高校篮球运动呈现出了较好的发展趋势。但是，要想持续推动高校篮球运动的发展，必须采取切实可行的策略有效优化高校篮球课程的各项教学要素，提高高校篮球课程教学的效率，促使篮球运动对高校大学生产生更显著的积极作用。

第一节　高校篮球课程教学内容的优化

一、优化高校篮球课程教学内容的原则

（一）科学性原则

科学性是指篮球课程教学不仅要与现代科学技术相融合，把多媒体技术、网络技术引入专项教学内容中；也要合理地对教学内容进行剪裁、加工、组合，实现教学内容资源的优化。

（二）发展性原则

篮球理论建设已初具系统、综合和微观化；对篮球运动本质和规律的认识不断深入；篮球技战术不断创新和发展；篮球运动产业化、职业化和大众篮球运动蓬勃发展等。要想更好地适应篮球运动的持续发展，篮球课程教学的教学内容应当在继承的基础

上积极吸纳和整合现代篮球运动的新理论、新知识以及新技能。

篮球课程教学内容拓宽是社会发展和变化的结果。具体来说，篮球主修课教学内容拓宽的一方面表现为其外延的扩张，呈现出跨学科的状态。跨学科组织教学内容在篮球和其他学科间架起沟通的桥梁，它既强调了各学科之间的共性又不排除各学科之间的特性。这样的学习内容既符合现代科学发展的需要又符合学习者的主观需要；它打破了学科之间独立分割的状况，消除了单一学科的局限；篮球和心理、社会和教育等学科的交融，突出了篮球主修课教学中的关键性内容，消除了某些无用的重复。从某种程度来说，跨学科使得教学内容更加灵活，对引进新知识和有效应用各个方面的知识有显著的积极作用。篮球主修课教学内容拓宽的另一方面是其内涵的加深。未来的篮球教学具有现实性和开放性，它不仅要与国际接轨，强调国际间的交往与合作，吸取各国教学的新经验，实行双语教学；它也要立足于社会的需求和个人发展。它必须适应篮球运动社会化、产业化发展的趋向，根据人才培养的目标完善和调整课程内容。除此之外，它必须对课程内容加以规划、设计，充分发挥隐性课程的作用，使课程的各个方面为达成预期的教育目标服务。

（三）可实践性原则

教学内容是篮球课程教学过程的三大要素之一，不仅要把学生实际接受的可能性纳入考虑范围，也要把教师自身的条件纳入考虑范围。倘若不兼顾教师和学生实际的教学内容，则会出现资源浪费的结果，同时会对教学效果产生直接性影响。教师不仅要依据教学内容教学，更要依据本院校主修课标准的要求，根据现实的教学实践状况，面对教学内容之外的生活，面对学生的创造性实践和实际需要，创造性地使用教学内容。

（四）知识条理性原则

篮球运动知识的形成过程是有序的历史过程，所以其中的条理性原则表现为以时间顺序为依据来组织相关的教学内容。需要说明的是，篮球运动知识的条理性不仅要求时间层面看得清晰，同时要从知识的逻辑关系和系统化等多个层面加深理解，只有这样才能深入理解知识条理性原则的含义。

（五）知识基础性原则

就篮球教学内容的优化来说，一定要坚持遵循以打好篮球运动的技战术和理论基础为原则，这是篮球教学内容的关键基础。在确立知识基础时，一定要由最为专业的篮球教学者来挑选，才能保证教学内容的科学性。公认的知识基础成为教学内容的基础，必须使其按教学规律提出基本要求，这样才能发挥基础作用，从而组织教学内容的优化创新。

（六）知识关联性原则

包括事实、概念、法则以及原理等在内的篮球教学内容的实体，共同组成了一个整体，所以说优化高校篮球课程教学的教学内容时必须把其间的关联性纳入考虑范围。

（1）从篮球教学内容自身的逻辑关联上看，纵向有历史联系，横向则有各术科之间的知识联系，只有注意到这些内在的关联性，才能使教学内容的优化创新过程更加系统化。

（2）学生的学习知识关联。篮球教学内容在组织时，要求学生把已有的知识关联起来，进而提出新的学习课题与问题。这样可以诱发学生进行新的探求和思考，扩充新的知识，丰富经验，使学生能够掌握新知识和技能。

（七）知识实用性原则

篮球教学内容的优化创新要遵循实用性，而不能只是纸上谈兵。优化后的教学内容必须要在实践训练和教学中真正发挥作用，也就是说，篮球教学内容的优化创新要对学生和教师都有实用的价值。

举例来说，教材的编写仅仅是编者主观的产物，但编者一定要妥善处理知识的条理性问题、基础性问题以及关联性问题等，从而保证主观条件和客观条件相符合，只有这样才能获得预期效果。教材的实用性具体反映为篮球教学内容的范围、顺序以及要求能否对师生产生积极作用。

二、优化高校篮球课程教学内容的策略

要想从根本上解决高校篮球教学内容中出现的问题，就一定要有效优化传统教学内容，优化策略如下。

（一）优化教学创新观念，培养创新人才

当前，篮球教学内容的组织必须及时更新观念，树立创新的理念，同时以社会变化和学生实际需求为基础，从而更好地对篮球教学内容进行优化创新，使学生在教学课中能够接触到最新的理念和知识。除此之外，在篮球教学过程中，篮球教师必须要确立学生的主体地位，使学生渐渐产生批判、质疑、创新的精神。因此作为篮球教师要有教学创新的意识和观念，要尊重学生在学习中的“脑洞大开”，保护学生的好奇心，要针对具体的情境因势利导，使学生在这一过程中获得创新的观念、意识、思维、精神和能力。

（二）大力优化篮球课程教学的教材内容

教材内容是篮球教学内容的最主要的来源，教材内容往往具有较强的科学性和权威性。但是随着社会不断的发展进步，知识量的增长是爆炸式的，但进入教材内容的知识却不是无限的。因为篮球教材的编写环节、出版环节以及投入环节需要经历很长的周期，所以篮球教材内容难免会出现滞后于社会发展和科技发展的情况，基于此就必须及时优化和创新篮球教材内容。

篮球教材内容的创新主要包含篮球教材编写层面的创新与

教师教学层面的创新这两个方面:从教材编写的层面来说,编写者将课程标准的基本思想充分领会掌握并将之反映在教材之中,所以说教材编写者也必须充分发挥自身的创新能力,从而为满足不同个性、不同标准学生而编写出具有不同风格和特色的教材;从篮球教师的教学层面来说,篮球教材内容的优化创新主要是指篮球教师通过合理的教学方法使教材内容成为篮球教学内容的过程,具体方式如下。

首先,重组和整合篮球教材内容,使其符合教学实际。传统的篮球教材内容往往是专家、学者按照特定的要求编写的,因此往往严密性和逻辑性很强。这种编写方式虽有利于教学,但容易脱离教育教学实际,不利于学生的理解和掌握。教材的课程内容需经过篮球教师的加工讲解,才真正成为教学内容展现给学生。因此在教学过程中,教师可根据教学目标和实际情况对教材内容加以取舍,删减掉其中落后、冗余的内容,将随着时代发展而来的新生事物补充进来。

其次,设置一定的情境,使篮球教学内容背景化。对教材中一些难以理解的抽象知识,教师可通过设置教学情境,或更多地让学生了解该知识点相关的背景知识,从而降低理解的难度,学生便更易掌握。

最后,将篮球教学内容过程化。篮球教师在教学过程中要将篮球教学内容过程化,也就是说,要注重介绍知识的产生、发展和应用等内容,注重引导学生通过观察、调查、研究等方式得到问题的结果,同时课程中还要注重情感、态度、价值观的渗透,使学生除了技战术及理论的学习过程之外,也能全方位地发展。

(三)改善对篮球课程资源的开发效果和利月效果

课程资源在进入课堂后,才能在教学层面产生应有的作用,才能将其价值与意义充分彰显出来,开发和利用篮球课程资源的方法如下。

1. 调动一线篮球教师的主观能动性，改善开发和利用的效果

目前，课程资源缺乏是篮球课程资源开发中遇到的最大问题，也是篮球教师面临的困难。造成篮球课程资源缺乏有很多原因，其中一个最重要的原因就是教师课程意识的缺乏，同时也没有意识到他们自身也是很重要的课程资源。一般人认为，课程资源的开发和利用应该由专家、学者负责，而篮球教师则与此无关。而课程改革对篮球教师提出的新的挑战和要求就是要求他们具有课程开发的专业素养和能力。除此之外，篮球教师往往还有决定着课程资源的鉴别、开发、积累和利用的能力。因此，积极调动一线篮球教师的积极性，从而有效开发和利用篮球教师课程资源是很重要的。

2. 基于调查结果确定篮球课程资源的开发类型和开发方式

首先，通过进行社会调查确定或揭示当代社会对篮球人才素质的基本要求，了解当前可供开发和利用的篮球课程资源，这个调查必须广泛，涵盖涉及篮球教育的各个层面；其次，通过进行学生调查来明确学生对于篮球课程资源的需要和兴趣以及能起到最大作用的课程资源是什么；最后，在明确了开发、利用什么样的篮球课程资源的基础上，进行篮球课程资源开发和利用的具体措施的制定，从而确保篮球课程资源高效、顺利、切实地融入篮球的教学层面，为篮球教师的教学和学生的学习、发展服务。

3. 建设特色鲜明的学校篮球文化

学校篮球文化的主要目的是作为非学术性的隐性课程发挥作用，所以培养和塑造学生人格在为期较长的潜移默化中发挥着显著作用。

(四)改善对学生资源的开发效果和利用效果

对学生资源的开发和利用关系到篮球教学目标的确立、教学

内容的组织、教学实施的方式等重要因素。篮球教学课是为了学生的发展而存在的，而进行课程改革也是为了学生更好的发展为目的的。学生作为重要的篮球课程资源，对其重视程度应该加以提高，篮球课程的教学内容选择和组织必须充分地考虑到学生的身心发展水平，同时结合不同学生之间在兴趣、爱好、认知水平、心智水平等方面的差异。因此，在开发和利用学生资源时，必须及时更新理念，尊重学生的个体差异，给予学生在教学中的主体地位，最大限度地挖掘学生的潜能，通过合理的开发利用，使学生成为篮球教学内容的直接的教学资源。

（五）采取多元化措施提升篮球教师的素质

提升篮球教师的素质是优化高校篮球课程教学内容的重中之重。在体育教育改革的形势下，篮球教师的课程意识必须比以前更加拓展，篮球教学内容变得更加开放、不确定，这显示篮球教师必须成为篮球课程资源的开发者和课程创新者，这是对篮球教师主体性和创造性的尊重，同时也对篮球教师提出了严峻的挑战。篮球教师能否承担此重任，能否在这样的情况下实施有效的教学，都取决于教师的素质和能力，所以说当务之急是采取多种措施来提升篮球教师的素质。但必须正视的现状是现阶段广大篮球教师的现实情况和教育改革提出的要求存在很大差距，实现预期目标还需要很长时间的努力。

第二节　高校篮球课程教学方法的优化

一、优化高校篮球课程教学方法的原则

语言、实物、实践是构成篮球教学方法的主要因素。首先，言语是教师和学生实现交流的最有效的沟通媒介；其次，就实物来

说，高校篮球课程教学不能没有必需的器材设备，篮球教学课上的器材情况也制约着教师教学方法的实施；最后，篮球教学的最大特点是实践性较强。因此，只有把语言、实物、实践三个因素有机地结合起来，才会发挥教学方法的最大作用。在综合分析构成教学方法诸因素的基础上，对篮球教学方法进行优化和创新必须遵循以下几项原则。

(一)科学性原则

科学性原则对优化高校篮球课程教学方法提出的要求如下。

1. 教学方法的优化要符合教学规律

篮球教学的突出特点是教师必须通过各种身体练习进行教学，从而达到提高技战术水准、增强体质的目的。这项特点决定高校篮球课程教学必须遵循动作形成规律和人体生理活动规律，具体如下。

(1)动作形成规律。动作形成可以分为掌握动作、改进动作、巩固与运用动作三个阶段。

(2)人体生理活动规律。人体的成长发育受很多条件的影响，最重要的是个体因素、社会因素和篮球运动训练因素。

2. 教学方法的优化要遵循教学客观原则

(1)自觉积极性原则。

(2)全面发展原则。

(3)合理的运动负荷原则。

(4)循序渐进原则。

(5)巩固提高原则。

(6)统一要求与因材施教相结合的原则。

3. 教学方法的优化要依据教学目的

高校篮球课程教学的目标就是指教学过程中需要达到的目

标。具体来说，一是促使学生身心健康的全面发展；二是教授学生篮球技战术和相关理论知识；三是培养学生在精神层面的进步。

4. 教学方法的优化创新要符合教学内容的要求

选择高校篮球课程教学内容的依据是教学目的，所以应当遵循几条原则：第一，教学内容的优化创新应适合于所有健康的学生；第二，教学内容的优化创新能直接改善和发展体质，并且教育学生能够独立从事篮球运动的练习；第三，教学内容不应只是在校时期有效果，而且在未来的学生整个生活中都应当起作用。

（二）直观性原则

直观性原则的理论基础是辩证唯物主义的认识论和心理学中的感知规律。高校篮球课程教学的直观形式有实物直观、模像直观、语言直观等，这些方法在教学中互相协调、互相补充。在教学过程中，篮球教师应要求学生细心观察示范动作，认真听取技术要领和方法，学生通过教师生动的讲解并结合自身的技术经验和思维感官模式，在头脑中建立直观生动的表象。具体来说，篮球教师贯彻直观性原则的注意事项如下：

（1）对运用直观性原则的要求和目的有清晰的认识。

（2）充分发挥篮球教师本身对学生的直观作用。

（3）严格依据学生的实际情况。

（4）恰当地运用模像直观手段。

（5）篮球教师的语言要生动形象。

（6）直观性原则要贯穿于教学的全过程。

（三）多元性原则

构成和影响篮球教学方法因素是动态性、复杂性和多样性的，所以这就直接决定了篮球教学方法优化与创新的多元性。对于多元性原则可以从两个方面理解：一方面，篮球教学方法的使用和选择决不能固定不变;另一方面,任何一种教学方法的选择和运用都具有继承性。

由此不难得出,高校篮球教师运用和落实多元性原则,既要掌握教学方法的共同规律,又要从实际出发,创造性地选择和运用教学方法,此外要综合运用多元教学方法。

(四)系统整体性原则

当前篮球教学中的教学方法无论是在理论的论述还是实际的运用上都是被机械地割裂开的,研究和运用也相对浅薄,从而带来较大的片面性。现代教学方法应是一个体系化的一般教学方法。每种方法作为一个要素,均有各自的特点、范围和条件。简单来说,多种教学方法之间存在着相互联系、相互借鉴、相互启发、相互促进、不排他、部分复合的关系。

(五)持久有效性原则

在篮球教学中,运用尽可能少的时间和较少的资源,完成尽可能多的教学任务,达到较好的教学效果,并以此减轻教学负担,提高学习效率,促进学生全面发展。与此同时,通过这样的教学形成的效果往往是持久有效的,也能使这种教学方法组合持续稳定地发挥作用。

(六)灵活创新性原则

从根本上来说,篮球教学不是一成不变的,在高校篮球课程教学中死板地套用教学方法来传授有关的教学内容并不能获得预期的教学效果,一方面需要教师了解熟悉所运用教学方法的操作形式和特点,另一方面教师应当参照学生特点、教学条件以及教学目标灵活运用适宜的教学方法。教无定法,创造新法,篮球教师在高校篮球课程教学中应当全面而深入地了解教学规律,主动完成对各项教学方法的优化工作。

(七)从实际情况出发原则

篮球教学是由教师的教和学生的学所组成的双边活动。因此,在进行教学方法的优化和创新时要充分考虑到教师和学生的双重因素,从教师和学生两个方面的实际情况出发,合理地对教学方法进行优化创新。从学生实际出发,要求教师掌握学生的心理特征和了解学生的知识基础这两个方面。

高校篮球教师贯彻从实际情况出发原则的注意事项是:首先,要深入开展调查研究,切实掌握学生的具体情况,篮球教师要通过各种途径和方法了解学生对篮球教学课的各种情况,不仅要了解学生的普遍情况,还要了解个别学生的特殊情况,分清其中各种的有利因素与不利因素;其次,要针对学生的实际情况,确定教学的具体要求,教学要求过高或过低都不利于学生的发展;最后,要把一般要求和区别对待充分结合起来,在一个班级内绝大部分学生的年龄、体质、身体发展和篮球基础都是相似的,但也会存在少部分学生与大多数学生有明显差异的现象,这就使得教师必须在一般要求的基础上,注意个别对待,因材施教。

(八)统一要求与因材施教相结合的原则

篮球教学一般采用班级授课制,班级是学生的学习集体,班级教学有着统一的规范化要求。但在学生掌握的基础知识和技能水平等多个方面差异的影响下,统一要求有很大可能会弱化学生个性的培养效果,对充分发挥学生特长产生负面影响。由此可见,篮球教师在统一要求的基础上应当因材施教,运用这项原则的注意事项有以下几点。

一方面,深入了解学生是运用这项原则的基础。传授知识和技能是在篮球教师的统一教学中进行的,篮球教师要深入了解学生的体质、健康状况、技能水平和个性特征,不了解学生这些特质的结果是造成篮球教学的因材施教陷入盲目状态。

另一方面,“面向中间,兼顾两头”是贯彻这一原则的主要方法。所谓“面向中间，兼顾两头”，即在了解学生身心特点的基础上，篮球教师应主要面向大多数具有共性特征的学生。而对少数具有个别特点的学生则要给予兼顾，使基础差的学生能逐步跟上，而对天赋超强的学生要使其能够充分发挥其专长。

（九）教学理论指导下的试验先行原则

教学方法具有很强的实践性，这项特点要求篮球教学方法的优化创新必须坚持试验先行原则。在探讨教学方法的创新时必须首先进行个别的或局部的试验，经实践证明有实施价值的教学方法，才能让更多教师使用。教学方法的试验与实践，一定要在教学理论的指导下进行。因为一定的教学方法在特定的教育理论、教育思想指导下才能够形成，所以篮球教师必须认真研究教学理论、教学思想，在正确的理论和思想的指导下，进行教学方法的优化创新。

篮球教师运用和贯彻教学理论指导下的试验先行原则必须做到的是：在实践中科学地应用教育教学理论，同时教学方法只有经过成功的试验才能采用，教学方法的试验一定要在教学理论指导下进行，决不能盲目实验。

二、高校篮球教学中教学方法的创新选择与组合

（一）根据学生实际水平、学习兴趣采用分层教学

在高校篮球课程教学中，学生的体能、学习方式、意识、技战术、个性特征等方面存在着较大的差异，普通教学方法无法适应教学要求，教师教学时在普通教学法的基础上采用了分层教学法，对篮球选项课教学进行新的探索。针对不同素质学生的学习能力，设计不同层次的教学目标，根据教学目标，提出不同层次的学习要求，给予不同层次的帮助，进行不同层次的评价，从而使每个学生都在各自原有的基础上获得相当的进步，培养学习兴趣，

提高教学质量。

(二)创设情境,营造氛围,采用情境式教学

在高校篮球课程教学中,情景教学法是一种新型辅助教学方法,在教学中能充分发挥教师的主导性和学生的主体性,激发学生学习兴趣,使学生在掌握基本的体育知识、基本技能外,有效提高体育运动成绩。与此同时,在运用中严格遵循基本理论基础,依照学生的身心发展特征,结合不同学生的实际情况,设计出科学合理的情景教学模式,否则学生容易产生厌烦情绪,影响学习兴趣。

举例来说,由于当代大学生对 NBA 有比较全面的了解和浓厚的兴趣,因而建议教师在进行运球、投篮以及传球基本教学时,可以通过设置一个问题来导入情境,如在 NBA 中哪位球员的投篮姿势最标准、投篮最准,使师生产生互动,等到学生众说纷纭时,教师再抛出为什么的问题,然后进行生动有趣的模仿,进而讲解基本技术动作结构要领等。借助这种形式使课堂气氛活跃起来,从而使学生的主观能动性充分调动起来。

(三)注重个性培养,加强团队协作,采用比赛教学

所有竞技运动项目在最终都会回归到比赛中去,篮球运动同样也不例外。每当看到精彩的篮球比赛时,总是能够让人热血澎湃。因此,在篮球教学中根据不同的教学内容和教学阶段穿插引用比赛教学法有助于提高学生学习兴趣,同时有助于在实践中强化技能,高效培养心理素质和团队意识。例如教师可以在基本运球、投篮、传球练习中采用分组比赛的形式进行练习。以组为单位,或者两人一组,进行相互对抗性练习,以抢到对方球,同时保证自己不失球为规则进行比拼。在投篮中采用各个位置的投篮组合形式,以命中率为标准进行竞争。同样运球练习以小组为单位,进行三人或者多人配合传球练习。组织不同的教学形式可激发学生练习的兴趣,同时提高学生学习兴趣,培养团队协作意识。

三、优化高校篮球课程教学方法的策略

在篮球教学过程中教学方法的作用毋庸置疑，所以在篮球教学方法的优化创新过程中，篮球教师需要多加反思目前篮球教学课中存在的问题，并探讨出创新的解决策略。

（一）篮球教学方法多元化策略

在篮球教学中，无论是技术还是战术，复杂性都很强，因此篮球教学课的教授过程中就必须选择多元化的教学方法，不能死板地固守一种或两种教学方法。仅仅依靠单一的教学方法进行篮球教学难以达到篮球的教学目标，这就要求在篮球教学中对篮球的教学方法进行多元化的优化创新。

（二）篮球教学方法的最优化策略

恰当的教学方法和篮球教师合理运用这些方法是教学过程两个不可忽视的关键点。对于教师来说，在实际的篮球教学方法优化创新过程中，要将教学方法优选标准的系统性和操作性同样重视起来。篮球教师教学中的系统性有助于教师进行整体把握，而操作性无疑使篮球教师在教学过程中的实际操作更加方便。

（三）篮球教学方法的现代化策略

把现代科技作为教学媒介，同时在此基础上完成推广使用，有助于增强学生的篮球意识。在高校篮球课程教学中，如果篮球教师可以高效应用现代科技带来的先进成果，学生在学习中所表现出的主动学习的意向、学习的愉悦感、学习的动机都会增强。

基于此，在科学技术快速发展的当下，篮球教学方法的优化应当和现代科学技术充分结合起来，由此推动现代科学技术更好地服务于高校篮球课程教学。

(四)篮球教学方法合作化发展策略

合作化就是指以合作学习法为基础来进行教学方法的优化创新。随着社会的飞速发展,篮球教学方法在自身体系中,逐渐重视各教学方法动态要素之间的紧密合作,通过这种合作达到一种动态生态平衡。这种融合了各种教学方法优势的合作,不仅仅是为了提高篮球技战术水平和理论知识储备,更能够培养学生互帮互助、团结友爱的良好的道德品质。现代社会的多元需求不单单对学生的技战术水平提出了很高的要求,也十分重视学生的合作意识和非认知品质。

第三节　高校篮球课程教学模式的优化

一、高校篮球教学模式现状综述

(一)过分强调单向教学模式

一直以来,高校篮球教学多采用模式化教学,整个教学过程固定地分为准备部分、基本部分和结束部分。在教学中偏重于讲解、示范以及大量重复的练习,以至于消耗了较多的有限教学时间。单向的教学模式还体现在教师忽视了学生的主体地位,从而造成学生缺乏篮球学习的灵活性、探索性和独立性,以致于形成教学模式的表象看起来井井有条,然而,教条化的教学组织模式却不利于学生身心素质的全面培养和发展。

(二)过于偏重认知过程

目前,篮球教学模式偏重于理论知识和运动技术的传授,要求学生明确篮球技巧要领,并讲究动作技术规范到位,其中特别强调篮球教学的专业化、训练化和程式化。然而对于学生心理培养和德育教育却较为缺失，无法有效提升学生坚韧的意志品质和团队协作的精神。除此之外，教学方法单方面强调直观性，会使学生对高校篮球课程教学产生抵触心理，在此基础上使学生积极学习的兴趣和专注力慢慢消减，最终结果是对学生学习的质量与效果产生负面影响。

二、优化高校篮球课程教学模式的必要性

（一）学生身心发展和个性发展的需求

目前，高校篮球教学依旧没有摆脱传统的教学模式，这不符合时代发展的需要以及学生对篮球运动学习的新需求。在新时期背景下，高校首先要明确篮球教学理念，加大教学改革力度并不断优化和创新现有的教学模式，重视学生身体素质和心理健康的培养，并充分尊重学生的个性发展趋势，进而逐渐形成本校篮球教学的新特色和新途径。还需要说明的是，高校篮球教师应当充分尊重广大学生对篮球教学的多样化需求，从根本上提高校园篮球文化的构建，由此保证高校篮球课程教学逐步演变成提高大学生篮球技能水平和培养篮球运动兴趣的重要阵地。

（二）实施素质教育和终身体育的迫切需要

篮球运动在大学生群体中拥有较为广泛的基础，是大学生课外文化活动的重要组成部分。然而现有的篮球教学模式显然不适应学生对篮球运动的进一步学习与运用，以致形成学生喜欢篮球却不爱上篮球课的困境局面，进而导致大学生对目前篮球教学模式的怨声载道。

基于这些情况，篮球教学改革已经成为大势所趋，优化与创新现有的教学模式不仅会提高学生的全面综合素质，而且随着学生篮球技能的提高和参与的逐渐加深，学生会形成自发性的篮球

学习、训练和比赛,进而从对篮球的浅显爱好逐渐转变为持久的篮球兴趣与动力,最终提高学生终身体育的意识和行为。

三、优化高校篮球课程教学模式的策略

(一)坚持健康第一、以人为本的教学宗旨

在新时期背景下,高校篮球教学的一项重要任务是增进学生身心健康,在快乐体育教学的氛围中激发学生对篮球运动的参与和投入,进而培养学生终身体育的意识。因此,优化和创新篮球教学模式一定要秉承以人为本的教育宗旨,尊重学生在教学中的主导地位,并从教学实际出发,关注学生变化和个体差异,确保学生全面受益。健康第一、以人为本的教学宗旨是当今高校篮球教学改革的根本方向和目标,同时也是完善与改进教学模式的主导思想。

(二)实施互动式篮球教学模式

(1)高校篮球教学还要进一步树立健康第一的思想,进而制定出行之有效的篮球教学改革方案。每一阶段教学目标的设置要层层细化,并根据教学实际严密改进,从而把教学目标转化为师生之间有效互动的具体行为。在教学模式优化中,篮球教师要不断创新教学管理新途径,加大互动式教学模式的应用,从而有效带动学生参与课堂教学的兴趣和积极性。

(2)灵活安排教学时间,最大限度地满足学生篮球锻炼的需求,不断丰富和增设新式教学手段以提高篮球教学的趣味性,促使学生在轻松愉快的学习氛围下展开学习,这将极大促进篮球教学效果的提升,而且篮球教师也能够高效地完成篮球教学目标与计划。

(3)篮球教师要结合不同学生的自身特点实施篮球专项的训练与点拨,目的是让学生巩固和强化篮球基本技能,进而有针对

性地提高专长，并从中掌握专业篮球和课下自我提高的步骤及策略，逐渐养成终身篮球学习的方法和习惯。尤其要涉猎与篮球专项相关的技能、战术、规则及裁判法则等篮球基本知识，为将来学生成为篮球爱好者或专业人才奠定坚实基础。

(4)互动式篮球教学模式的构建一定要遵循循序渐进的原则，在现有教学模式的基础上逐步推进，进而实现有效衔接，这对于整体提升篮球教学文化和质量，具有不可替代的作用和意义。

（三）全面深化高校篮球教学模式改革

(1)要合理设置和安排各年级篮球课程的类型、顺序和学时分配，确保场地及器材能够有效满足篮球教学，并根据实际学情，加大对篮球场地的质量建设及日常维护。

(2)学校要强化对篮球专业教师的优化培训，不断提升教师的专业素质和教学能力的创新，以适应新时期高校篮球教学的需要。篮球教师还要不断探索和总结教学经验，与时俱进，进而提高篮球教学的效率和质量。

(3)所谓“兴趣是最好的老师”，教师在优化和创新篮球教学模式中一定要从实际出发，充分参考学生对教学改革的呼声，不断利用本校篮球教学的自身优势，进而逐步满足学生对篮球教学的愿望，最终有效提升教学效果。

(4)创新教学模式还应进一步完善网上选课系统，确保学生选课的动机是在自主、自愿的原则下，从自身的兴趣爱好出发。而且考核的创新要从多元化入手，在测评学生身体素质的基础上重点强调兴趣项目的设置，并适当降低考试难度，适当增加趣味性考核项目。

从整体来说，我国高校篮球教学模式的改革是一项需要很长时间才能完成的任务。在崭新的时代背景下，优化与创新工作是推进高校篮球教学发展的首要途径。各高校和篮球教师要不断提升对先进教学方法和教育理念的应用与转变，进而坚持不懈地探索、调整和改进，在充分重视多元化教学模式构建的基础上，逐步强化小团体式、尝试式和领会式等创新教学模式的应用。我们坚信高校篮球课程教学一定会逐步实现跨越式发展目标，同时能从根本上推动大学生身心全面发展和综合素质大幅度提升，有效夯实学生参与终身体育的基础。

(四)构建“小团体式”教学模式，激活教与学的积极性

教与学的推进不应当把教师当成主体，相反要着重突出教学的互动构建，在教师和学生相互沟通以及学生和学生相互沟通的过程中使教学质量得到大幅度改善。就高校篮球课程教学来说，学生在绝大多数情况下最需要的是问题的探究和交流，小伙伴在学习过程中的重要性被置于关键位置。因此，构建“小团体式”教学模式更多强调合作式教学的组织开展，教师和学生之间以及学生与学生之间的沟通和交流具备良好的内部基础，具体要求如下。

(1)“小团体式”教学模式，以学生为主体，篮球教师应做好学生分组的工作，教师应针对学生的实际情况科学划分小组，并明确各小组成员的角色，组长负责小组活动学习的开展。

(2)以任务驱动为导向，通过学习任务的创设，激发各小组在任务完成的同时，能够更好地学习理论知识，并在实践中得到良好的技巧联系。因此，“小团体式”教学模式的实现，应将合作教学与任务驱动教学有机结合，激发学生参与学习的同时，也让各小组在任务的完成中，更加团结、紧密在一起，出色地完成学习任务。

(3)注重教学信息的反馈及激励。通过小团体之间的互动交流，强化“个人自评”+“小团体互评”等方式的落实，让篮球教学以学生为主体，注重教学质量的提高。

(五)构建“尝试式”教学模式，体现“教师为主导、学生为主体”的教学理念

在现阶段，优化高校篮球课程教学模式必须彻底突破传统教

学的禁锢，并在此基础上利用崭新的教学理念和教学模式来支撑篮球教学的改革与发展。具体到构建“尝试式”教学模式的工作中，具体任务就是转变传统“传习式”教学的弊端，突出“学生能尝试、能创新、能成功”。由此不难发现，“尝试式”教学模式侧重于强调学生的主体地位和教师的主导作用，具体如下。

(1)教师作为学生学习的促进者，主导教学的推进。教师指导学生尝试学习，并在尝试中不断地自我完善，进而形成自我的学习体会与心得，这对于学生创新性学习能起到重要作用。

(2)在尝试的基础之上进行尝试性练习，让学生在“尝试＋游戏”中，获取练习的乐趣，消除传统单一教学中学生学习兴趣不高、参与不积极的问题，为有效教学构建良好的教学氛围。

(六)构建“领会式”教学模式，培养学生的认知能力

虽然篮球运动的普及程度高且深受学生欢迎，但是学生对篮球运动的了解深度比较浅，篮球教师应保证各项教学实践活动达到整体性要求，通过多种方式方法使学生对篮球形成全方位的认识，所以说“领会式”教学模式就是反复强调篮球动作技术，同时着力培养学生的认知能力。从整体来说，在“领会式”教学模式下，教学内容项目化，从技巧演示、战术意识培养，到能力训练和动作完成，都是在“强化＋反复”训练中实现的。

(1)传统的技巧练习法把教与学过于分离，不利于学生学习的指导，也弱化了反复强化练习的重要作用，而“领会式”教学模式从教学的整体出发，避免了传统教学中教与学过于分离的弊端。

(2)着力于学生战术意识的培养，让战术意识贯穿于整个教学训练当中，更能规范并指导学生的自由练习等环节。

(3)优化比赛形式，在实战比赛中更有助于培养学生的认知能力，也有助于学生理解各项篮球技术。学生在学习篮球运动的过程就是自我灵活和积累的过程，而“领会式”教学模式恰恰是在突出学生主体地位的基础上，全方位培养学生的意识和能力等。

第四节　高校篮球课程教学评价的优化

一、高校篮球课程教学评价的步骤解析

篮球教学主要是通过篮球教师来实施的，教学效果则要通过学生的发展来判断，所以说学生发展与篮球教师教学的评价是篮球教学评价的主要内容。

（一）学生发展评价

1. 明确学生发展的评价内容与标准

篮球教学评价工作的第一步是明确评价内容和评价标准。对于学生发展评价而言，评价除了要注意知识的传授，还必须强调形成积极的、主动的学习态度，使在获得基础知识和基本技能的过程中，学生能够学会并且形成正确的价值观。

2. 设计评价工具

根据篮球评价的内容与标准，就可以设计和制作相应的评价工具。在大多数情况下，这些评价工具通常以评价表的形式表现。

3. 收集和分析篮球教学课数据

就学生发展评价而言，不仅要有反映学生技能和知识等学业成就的评价表，还要有反映学生学习过程与学习态度的评价表。

4. 明确促进学生发展的改进要点

严格参照学生学习情况的分析报告，能够比较全面地掌握学生的优劣势，并在此基础上提高改进学生学习的具体要点，帮助和指导学生制订出有助于实现预期目标的计划。

5. 评价学生发展的注意事项

第一,期末考试只是教学评价的一种方法,要将考试与其他教学评价的方式方法有机结合、灵活运用;第二,要改变把技能考试当作考试唯一手段,改变过分注重等级,过分注重量化的做法,尽可能减轻考试对学生的压力;第三,篮球教师应当向学生详细地分析和说明每位学生的考试结果,严禁将学生的考试成绩设定为标示学生类别的标签。

(二)篮球教师教学评价的程序

篮球教师教学评价旨在从根本上提高教师教学水平,在评价过程中需要自觉发挥教师自我评价的作用,促使教师在最佳时间段内深入分析和反思自身的教学行为,由此从根本上提高教学水平,具体包括以下几个程序。

1. 明确篮球教师教学评价的内容与标准

篮球教师是篮球教学课的组织者与促进者,同时也是篮球教学课的开发者和研究者。篮球教学实施的过程,也是篮球教师对课程进行研究与开发的过程,因此篮球教师的教学应该极富创造性,其创造性发挥的基础是全面了解学生、研究学生,并在此基础上设计教学目标,优化课程资源、对教学评价进行创新。

2. 设计教学评价工具

通过对篮球教师教学的评价内容和评价标准进行分析,可以为全面了解篮球教师教学的优势和不足提供有价值的信息,而其评价工具就是评价表。

3. 收集和分析反映篮球教师教学的数据与证明

要采取多种方法全面收集并分析篮球教师教学的数据与证明,从而对教师教学的优势与不足进行概括性描述。

4. 明确教师教学改进的要点

收集和分析篮球教师教学的优劣势旨在帮助篮球教师做到扬长避短，保证篮球教师能把自身的教学优势充分发挥出来，指导篮球教师制定出改进和提高的相关计划。

二、优化高校篮球课程教学评价的策略

篮球教学创新需要评价的优化创新，需要对评价方法、评价标准、评价主体的等各方面进行优化来共同推动，要实现这种转变就要采取相应的优化策略。

(一)发展性评价策略

篮球教学评价的创新应突出强调以人为本的发展性价值取向，尤其是关注师生作为“整体的人”的发展，统整师生的生活世界与科学世界，寻求学生主体知识的建构。

1. 树立教师发展理念

在目的上，篮球教学评价应该以注重发展为导向，强调评价的形成性功能的发挥。传统篮球教学评价强调学校、班级组织目标的实现，但容易忽视个体目标的达成。篮球教学评价的优化创新需要关注篮球教师当前的工作表现，从而根据其现有基础和教师个人发展目标，对教师进行指导或提供进修的条件，从而提高篮球教师的能力，完善教师的发展。

2. 以学生的发展为评价的核心

学生评价是整个篮球教学评价中的重点。这要求教学评价要充分体现学生的心声和意愿，课的好坏，学生亲身体会，是最有发言权的，所以说要把学生评价贯穿于整个篮球教学评价过程中。学生是学习的主体，也是评价的主体，任何评价都应该围绕

以学生全面发展为本的指导思想开展教学工作，要正确看待学生的个体差异，在评价时从各个方面进行全面的评价。以学生评价为核心的篮球教学评价，变单一的教师评价为教师评价、学生评价、学生互评、外界评价等多元评价的结合，使学生由被动受评者变为主动参与者，篮球教师也变成学生评价过程中的合作者。

3. 重视发展性评价的正面导向作用

在高校篮球课程教学中，教学评价对绝大部分学生的学习行为都会产生深远影响。篮球教学评价强调在发展观上创新，努力将篮球教学中完整的人当成自己的评价对象，并通过客观真实的评价促进学生的全面发展。与此同时，主张通过评价实施因材施教，以满足不同学生的个性需求为出发点，评价学生各自不同的发展过程。这些评价能够激发他们不断努力、积极进取，以达到更高的目标，所以说篮球教师应充分调动评价的积极反馈功能，选取有利于篮球教学课朝着积极有利的方向发展的优化策略。

(二)自我接受评价策略

篮球教学评价优化创新的重点之处就是要充分重视学生在评价过程中的作用。从本质上来说，自我接受的评价是一种被评价者主动对自身价值进行评估的过程，也就是评价的结果要对自我能产生价值，这种价值是自我选择的结果。对于高校篮球课程教学来说，能够把自我接受评价划分为学生和教师自我评价两种类型。自我接受评价的策略主要呈现出了以下几个特点。

1. 评价的互动性

自我接受评价要求自我主动参与，并不否认来自外界对自我的评价，要求双方进行互动，将评价连接起来，这就需要相互合作来确定篮球教学的评价标准、内容、需要达到的目标及执行评价和处理评价结果等。

2. 个别性的评价

评价的目的是为了改善，为了每个学生能够改变自己的学习方法,或者为了每个篮球教师都能反思自己的教学方法。这种评价采取个别化、针对性地对个别的教学参与者进行评价。篮球教学评价的个别化必须能够使被评价者主动接受。

3. 以自我接受的标准进行教学

篮球教学是以一定的标准进行的,师生在达到标准后可以自行决定是否能进入下一个阶段。自我接受是用标准去适应学生,而不是让师生适应千篇一律的适应标准。

（三）多元合作评价策略

高校篮球课程教学评价主体来自于不同层面的群体。实现主体多元合作能够使篮球教学的评价具备显著的客观性特点,还能从多个维度掌握各个评价者的综合信息,也能综合不同群体的视角,从一定程度上保证篮球教师更好地服务于教学。

1. 建立评价的主体体系

在篮球教学评价的多元评价主体群中,可以把用人单位同行教师、家长、学生、教学管理部门等各个方面都纳入评价主体体系,以充分了解各方的意见和建议。在对篮球教师的评价方面,教研部门、行政部门、教学专家对整个教的评价过程应起到主导作用。在对学生的评价方面,起主导作用的则应是教师,而家长和其他社会力量则对评价起配合作用。从整体来说,篮球教师和学生无论是评价别人或者被别人评价时,都应直接参与到评价过程中,从而达到整个篮球教学的持续创新和发展的目的。评价的多元合作的前提是评价主体多元,将传统的评价行政权分派给其他可以参与评价的人员,并且在篮球教学环境中可实行多主体共同对教学进行评价。

2. 形成多元合作的风气和机制

多元合作的篮球教学评价,应该形成一种长期的、长效的评价习惯,并结合教学实际制定方案,从而形成合作评价的制度化。

(1)尊重多元主体。篮球教学参与者应积极主动地以一种欢迎的心态，尊重多元主体共同来参与篮球教学评价，为多元主体参与评价提供安全的心理环境。

(2)形成定期和不定期结合的评价制度。从根本上来说，高校篮球课程教学评价是构成高校篮球课程教学的一个组成部分，评价的目的不只是局限于检查课程，更重要是实现相应的发展目标。定期的评价会为各方面的主体提供准备的时间，而进行不定期的评价能使评价主体体现出一种更加自然的、更加真实的评价情境，为情境性测评的开展提供机会。因此，由于两种方式自身独特的作用，应将两种评价方式结合起来，形成教学评价的优化创新的新形式。

(四)信息化、服务化评价策略

篮球教学评价具有提供信息的作用，所以它不仅仅是简单的鼓励学生学习或者评定成绩等的手段。每一次评价都可以视为对被评者的一次教育和引导，所以篮球教学评价对于教学活动有重要的服务作用。因此，篮球教学评价要重视评价的信息反馈作用和服务教学的作用，必须有利于教师进行自我反思与完善，有利于教师在今后的篮球教学中进行自我调控与更新，还有利于学生对篮球教学体验和自身学习行为的反思，使师生的创新思维得到进一步的发展。

(五)将评价贯穿于整个教学过程的始末

就当前来说，诊断性评价、形成性评价和期末评价是高校篮球课程教学的三种评价方式，但相关调查表明为数不少的高校只采取期末评价的形式，这三种评价方式的具体内容如下。

1. 诊断性评价

诊断性评价就是在课程开始之前对学生的身体素质、技术水平、理论素养等方面进行初步诊断，以期为以后的教学提供参考，使教师的教学能够因材施教，做到有的放矢。诊断性评价的作用不仅限于对教师的参考作用，也可以让学生清楚自己的实际水平，以便在今后的学习中有针对性地解决在篮球课中将面临的问题。需要补充的是，借助诊断性评价能够促使学生更加全面地、客观地了解自身和及格、良好、优秀等成绩的差距，对学生学习篮球运动产生激励作用。

2. 形成性评价

形成性评价是在学期开始后，离学期结束还有一段时间时对学生进行评价的一个阶段，是阶段性的检验方式。形成性评价可以在学期中通过信息反馈，使老师总结前一阶段的教学，检验学生学习的效果，以便及时调整教学方法、内容、手段，更有效地调控和改善教学过程，使之朝预期的目标发展。除此之外，形成性评价也可以让学生了解阶段学习成果，一方面认识到自己的差距，另一方面也使学生通过对自己进步的状态产生一定的成就感，激发学生学习的兴趣和热情。

3. 期末评价

调查和分析现阶段高校篮球课程教学会发现，期末评价是很多高校篮球课单一运用的一种评价方式。发展至今，期末评价深受竞技体育的影响，检验的内容和方式都很单一，已经不适应当前的大学体育教育，所以说改革期末评价内容和期末评价形式是当务之急。期末评价最主要的作用就是检验，是对整个教学过程的全面评价，包括对教师的教和学生的学的全面系统的评价。期末评价对于老师是一个教学目标，对学生而言就是学习的目标，因而期末评价对师生都具有潜在的促进作用。在进行公共篮球课的教学过程中，可以在校园网站或是教学概览等教学媒体上公布期末的考核内容、形式以及标准，让学生以此为参考，明确努力的方向，以达到促进学习的目的。

（六）评价指标的设计应多样化、趣味化

当今高校学生对体育课的需要体现在锻炼、娱乐、交际等方面，而不是像全面提倡竞技体育时代那样把技术的教学作为重中之重。因此，高校的公共篮球课教学应该把目标定位为在有限的时间内对学生起到锻炼身体、提高锻炼兴趣、促进交流、培养终身体育观念的作用。评价就是判定有无达到教学目的的一项重要标准，这就对评价的系统提出了相应的要求。这里以健身、交际、培养终身体育观为目标对篮球课的评价指标做了多样化、趣味化的重新设计，力图让学生乐于接受考核，从考核中发现问题，通过考核提高成绩，具体的评价指标见表 3-1。

表 3-1　高校篮球课程考试指标的创新设计

考核的内容	指标的选取	评价方式	设计思路
传接球	自抛自接	1 分钟内篮框高度的抛接次数	测定学生的空间感觉和球感，且自娱性强
	抛球后转体接球	1 分钟不限高抛后转体接球次数	测定学生的本体深感觉与空间感的配合
运球	弓步胯下运球	1 分钟连续运球次数	胯下运球是普修学生羡慕的非常规方式
	一人运两球	不记失误 1 分钟连续运球次数	这种测试方法新颖独特，又能评定学生
投篮	坐式投篮	记学生 20 次投篮命中率	通过这种方式对学生手臂手腕的球感进行测定，同时能让学生体会到下肢对投篮的重要性
	接中锋策应中投及上篮	中投和上篮各 10 次的合计投篮命中率	通过配合完成测试，让测试与实战相结合
篮板球	全班 100 次空中接力打板	全班按固定顺序接力打板 100 次，成功得分，失误不扣	在没有失误压力的情况下培养学生的团队配合精神

分析表 3-1 会发现，设计的动作涵盖篮球技术的方方面面，测定的内容以趣味性为主，目的是把学生的主观能动性充分调动起来，在此基础上全方位测定学生篮球技术、篮球素质的各个方面。

从某种程度来说，这个设计彻底打破了传统意义上的测试理念，受到了广大学生的欢迎和喜爱，有大力推广和发展的价值。

（七）大力更新高校篮球课程的考试形式

1. 教考相对分离

在考评学生的过程中，可以通过平行班级的交换考试来实现教考分离，也可通过请其他班级的老师参与到考评过程的方式来实现这一点。通过对教学与考评的分离，可以避免老师在进行定性测定时对学生进行不客观的评定，让学生在考试中受到更加客观的评价，此外能使学生更加重视篮球课程考评。

2. 交互评价、自我评价、个体纵向评价相结合

过去的考评系统都是单边模式，具体就是学生参考、教师参评并给出成绩。目前高校篮球课程教学的教学时数非常短，加上受近几年高校扩招的影响，参加篮球课的班级人数也大幅度增加，在短期内让老师对大量的学生作出准确的评价困难不小，得出的结果也可能不很精确。这里使用问卷的形式调查了篮球公修班的学生，参与调查的篮球班 4 个共计 175 人，调查结果显示，有 35％的学生要求把学生的互相评价作为考评的一个方面；有 13％的学生希望自我评价也成为教师对学生进行总评价的参考方面之一；也有接近 30％的学生希望通过个体的纵向比较来说明自身的进步程度，以期得到认可；还有 22％的学生对评价的内容与方法不关心。在统计、分析问卷资料以及联系现阶段实际状况的基础上，这里认为高校篮球教师应当把学生的交互评价、自我评价和个体纵向评价都作为评价手段，这三种评价方式的具体内容如下。

(1)交互评价。交互评价可以加强学生的互动，通过集体的相互评定来找到自己的优缺点，及时提高和完善自己。交互评价可以分成几个阶段来进行，即学期开始前进行一次，学期中进行

两到三次，期末再做定论。采取这种方式能使评价和学生的表达直接挂钩，此外能及时得到体现。

(2)自我评价。目前高校篮球课学生多、场地少，每个学生在老师面前出现的次数有限，进而造成老师对学生了解不全面，学生个体自我表现也存在差异性，而学生对自己的了解往往较老师要多。因此，通过学生的自我评价，引导教师在评价的过程中有意识地对学生个体的优缺点进行有指向性的判断，有助于评价的客观全面。

(3)个体纵向评价。个体纵向评价是检验学生通过篮球课程学习，对篮球技战术和理论知识学习进步程度最有效的检验途径之一。高校学生来自全国各地，其体质、性格、接触篮球的次数等都差距很大。这里所说的差距不仅体现在身体素质、技战术水平、接受能力等的巨大差异性；而且当今对篮球课程教学的目标并不是以达到专业化的竞技水平为主，如果对学生进行大一统的考评方式，未免会挫伤部分学生学习的积极性。因此，把学生个体进步程度作为最后成绩评定的因素之一更符合促进学生热爱篮球运动，公正客观评价学生个体学习效果的需要。由于考评系统需要通过诊断性评价、形成性评价和期末评价贯穿于篮球课始终的，因而个体纵向评价获得数据支持的可能性会更大一些。

3. 通过比赛的技术统计来考核学生

笔者通过调查发现，没有学校把篮球比赛作为篮球课程考评的内容。但是，篮球毕竟是一个竞技性的项目，各项动作技术的学习以及身体素质的锻炼都是要服务于比赛的。因此，通过比赛来对学生进行教学课的技术考核应该说是根本性的。既然评价要贯穿于教学课的始终，那么比赛作为考评内容之一，也应贯穿于篮球教学的始终。比赛可以对学生产生很大的吸引力，通过阶段性比赛和准确测定学生的各项技术指标，能够推动学生有目的地、有计划地增强自身比较欠缺的能力。每次测试数据的提高都能使学生获得成就感，同时可能会使学生的学习积极性下降；而每次数据的降低能够鼓励学生尽全力追赶,同时使全班形成积极向上的学习氛围。

在实施比赛技术统计考核时,做了一个关键的技术性调整,那就是对比赛技术统计考核实行"标准分打分制",这种制度类似于高考的标准分制。具体就是,将每项数据的平均得分设定为标准分,倘若高于标准分则会得到相应的加分,倘若低于标准分则会减分。这种形式的考核制度能有效预防学生单方面偏好某项技术,对学生技术的全面发展有显著的积极作用。

第四章　高校篮球课程教学环境优化与保健研究

教学环境是影响高校篮球课程教学质量的重要因素，良好的篮球教学环境可以促进篮球教学目标的实现，同时，在篮球教学过程中，一定要注意学生的安全与保健问题。本章将重点对高校篮球课程教学环境优化与保健进行研究，主要包括体育教学环境概述、高校篮球课程教学环境对学生学习的影响、高校篮球课程教学环境的优化建设以及高校篮球课程教学中的安全与保健问题。

第一节　体育教学环境概述

一、体育教学环境的概念

（一）教学环境的概念

教学环境指的是在教学活动中，对教师的教和学生的学产生一定影响的内部条件和外部条件的总和。

1. 广义的教学环境

广义上的教学环境是指对教学产生影响的所有社会环境，具体来说，包括社会制度、科学技术、家庭与社区条件等。

2. 狭义的教学环境

狭义上的教学环境主要指教学活动所需要的物质、制度与心理环境，具体包括校园、校舍、各种教学设施、各种规章制度、校风、班风、课堂教学气氛及师生人际关系等。通常狭义的教学环境主要指学校的教学环境。

（二）体育教学环境

体育教学环境就是在体育教学过程中对教师的“教”和学生的“学”产生影响的条件的总和，包括制度、集体、氛围、物质等方面的条件。

体育教学环境是以满足学生的身心发展需要为主要依据而组织起来的育人环境，它是一切体育教学活动所必需的各种条件的综合。

二、体育教学环境的构成

根据体育教学环境的形态，可以将体育教学环境划分为三种类型，分别是体育教学物质环境、体育教学制度环境和体育教学集体环境。

（一）体育教学物质环境

体育教学物质环境是体育教学环境的显性因素，是由体育教学场地、设施、器材等有形物体及其物理性质(形状、颜色、工艺精度、完好度、清洁度、排列方式等)构成的教学氛围。体育教学物质环境的因子见表4-1。

表4-1　体育教学物质环境的因子

因子	体育场地
	体育设施
	体育教具
	体育教学周边环境
	运动服装

续表

因子物理性质	形状
	颜色
	工艺精度
	新旧程度
	完好度
	清洁度
	美观度
	设置的合理性

1. 体育场地

体育教学环境的第一构成因素是体育场地的地表材料、颜色以及清洁度。体育场地质量优、色彩鲜艳、整洁,能够对学生的运动兴趣产生很好的激发作用,还能够给学生带来安全感,甚至能够使学生的运动强度自然得到提高。场地上的场地线清晰、规范,还有利于学生对运动规则的遵守。

2. 体育设施

体育教学环境中,体育设施的质量、数量、颜色以及清洁度等都是重要的构成因素。体育设施适当的数量、合理美观的排列、鲜艳的色彩和高度的整洁对学生的运动具有强烈的感召力,有助于浓厚的运动氛围的形成,在体育设施周围设置提醒标志及运动方法还可以帮助学生安全参加体育锻炼。

3. 体育教具

体育教师在体育教学过程中使用的黑板、模型、挂图、多媒体设备等教学工具就是体育教具。体育教具的质量、科技含量是体育教学环境的重要因素。

体育教具加工精美,且富有知识性,能够使体育教学的文化氛围变得浓厚，使体育教学更具学术性色彩，能够将学生的问题意识和好奇心激发出来，促进学生进行探究性和创新性学习。

4. 体育教学周边环境

运动场地周边的景物色调及其与体育场地的协调感也是体育教学环境的重要构成因素。校舍、草坪、树木、体育围网、栏杆及其他景色对体育教学具有重要的意义，场地周边物体漂亮和谐，能够给学生带来舒适感和安全感，能够将学生的学习积极性调动起来，使学生的恐惧感和疲劳感尽快消除。

5. 运动服装

体育教师和学生的运动服装也是体育教学环境的重要构成因素。运动服装质量好、色彩鲜艳、合身、整齐划一，能够使学生更好地融入集体，增强学生的自信，运动服装符合运动特点还可促进运动强度和运动安全性的增加，体育教师的穿着得体对学生具有潜移默化的教育作用。

(二)体育教学制度环境

体育教学制度环境属于半显性体育教学环境，因为有时制度有明确的文字表述，有时是师生口头上的约定。体育教学制度环境主要包括体育教学常规、组织纪律、运动规则、行为规范，具体见表 4-2。

表 4-2　体育教学制度环境的因子

<table>
<tr><td rowspan="4">因子</td><td>体育教学常规</td></tr>
<tr><td>组织纪律</td></tr>
<tr><td>运动规则</td></tr>
<tr><td>行为规范</td></tr>
</table>

续表

因子性质	有无
	多少
	强弱
	明确与否
	执行情况

1. 体育教学常规

体育教学常规是体育教学制度环境的重要构成因素，指的是维持一般教学秩序的制度。体育教学常规严肃、有意义，仪式性强，能够提高学生的学习积极性，深刻影响与感染学生，并能使学生对老师更加尊重，此外还能够保证运动环境的安全性。

2. 组织纪律

组织纪律也是体育教学制度环境的重要构成因素，指的是维护集体活动高效进行，维系人际关系正常的纪律和集体约束。组织纪律合理而适度，有利于提高集体活动的组织效率，形成良好的集体风气，能约束与批评不良的行为，因此，对促进教学质量的提高及强化教育意义具有重要的作用。

3. 运动规则

运动规则是体育教学制度环境中显著的特征性因素，是体育教学中特有的制度。运动规则合理，能够体现体育比赛的公平性，也能够突出比赛结果的不确定性，使体育学习和竞赛充满乐趣。制定特殊的规则需要对学生的个体差异进行考虑，使每个学生都能在先天身体条件的基础上参与竞争与合作，合理的运动规则还可以促进教学质量的提高。

4. 行为规范

行为规范是体育教学制度环境中不可缺少的因素，是教师和学生的行为准则。个人行为文明、友善，具有集体性，有利于形成良好的集体风气，严格的行为规范能有效约束和批评个别的不良行为，能形成良好的教学氛围，促进教学质量的提高。

（三）体育教学集体环境

体育教学的集体环境是隐性体育教学环境，是体育学习集体构成因素的优劣所形成的平等与不平等、友善与不友善、宽容与不宽容、和谐与不和谐、团结与不团结、合作与不合作等无形的却对学生体育学习产生显著影响的教学氛围。❶

体育教学的集体环境的因子见表4-3。

表4-3　体育教学集体环境的因子

因子	师生关系
	集体意识
	共同目标
	领导核心
	职责分工
	遵守规则
	共同活动
因子性质	有无
	好坏
	强弱
	明确与否
	多少

1. 师生关系

师生关系是体育教学集体环境的第一构成因素。师生关系如果是建立在“教书育人、平等温暖、尊师爱生”等基础上的，就会

❶ 毛振明．体育教学论[M].2版.北京：高等教育出版社，2011.

激发学生的学习动机，提高学生的学习积极性。教师知识丰富，具有人格魅力，就会提高学生的学习兴趣和学习主动性，这对学生学习来说是非常重要的动力因素。良好的师生关系能够使学生更积极地参与探究性学习和创新性学习，还可以给学生带来安全感。

2. 学生的集体意识

学生的集体意识是体育教学集体环境的另一构成因素。集体荣辱感能够使学生产生归属感，使学生更自信，能够为学生参加体育学习和体育比赛带来强大的动力，集体意识中有非常重要的教育因素蕴含其中。

3. 学生的共同目标

学生有无集体共同目标、目标多少等也是体育教学集体环境的重要构成因素。学生个人目标与集体目标的重合能够激发学生的学习动力、使学生更有归属感和自信心，有利于形成合作与互助的良好的学习氛围。

4. 集体活动

学生集体活动在体育教学集体环境中是必不可少的因素。集体活动数量适宜，形式多样，对学生的发展具有积极的影响，如促进学生为集体考虑，提高学生的合作意识，使学生形成集体归属感。

5. 集体的领导核心

学生集体的领导核心是体育教学集体环境的另一构成因素。班集体和小组集体的领导核心是否明确、是否有威信，对小组的凝聚力和学习氛围有直接影响。集体领导核心有威信，能够使学生的信任感和安全感得到增强，使学生感受到集体的温暖，并能促进学生体育学习效率的提高，使学生在体育比赛中发挥自己的能力，与同伴相互协作。

6. 职责分工

学生集体内职责分工是否明确，也是体育教学集体环境的一个重要组成因素。协调公平的责任分担和各尽其职的集体工作有利于集体的和谐气氛的形成，使学生成员更有安全感，也有利于提高集体活动的效率。

三、体育教学环境的特点

（一）潜在性

体育学习以体育教学环境为依托，体育教学环境是主体知觉的背景，刺激性较弱，这就决定了其具有潜在性的特征，正因如此，学生才能受到体育教学环境潜移默化的教育与熏陶。体育教学环境的潜在性，促进了学生更好地参与体育学习。

（二）计划性和目的性

在设计体育教学环境时，要有目的地、有计划地进行，随意和盲目设计会影响课堂教学的质量与效果。在体育教学过程中，教师一般要从体育教学目标、学生身心特点及体育教学基本规律等方面出发来考虑如何设计与运用体育教学环境。

由此可见，目的性与计划性是体育教师设计体育教学环境的基础与前提，这也是体育教学环境目的性与计划性特征的主要体现。

（三）教育性和规范性

1. 教育性

体育教学环境是体育教学活动顺利开展的物质基础和重要舞台，相对于体育教学环境的其他功能，人们更关注其教育功能，这就是其教育性特征的体现。

2. 规范性

体育教学环境是教书育人的特定场所，以育人为基本任务，因此必须保证各个方面是规范的。

（四）科学性和可调控性

1. 科学性

体育教学环境是建立在一定目标和需要的基础上而设计的，在设计过程中，要对其构成因素进行一系列的处理，如论证、选择、加工、提炼，这就保证了体育教学环境的科学性。

2. 可调控性

在体育教学实践中，为了更好地发挥其对学生身心发展的积极的促进作用，要随时根据教学活动的需要以及教学环境的变化，对体育教学环境进行必要的调节控制。因此，体育教学环境具有可调控性。

（五）复合性

体育教学目标有不同的层次，不同教学目标对应的基本教学内容也非常丰富多样，因此体育教学具有复杂性，这同时也决定了体育教学环境的复合性。

1. 体育教学物理环境的复合性

体育教学既需要教室、图书馆、桌椅等一般的教学设施，同时也需要体育馆、体育场、篮球等运动场地和器材。可见，体育教学的物质环境要素具有复合性。

2. 体育教学心理环境的复合性

体育教学尤其是体育实践课教学通常在体育馆或体育场所

组织实施，这种空间由小到大的变化在一定程度上增加了师生之间、学生之间的人际关系的复杂性。

四、体育教学环境的功能

良好的体育教学环境对体育教学具有重要的作用，主要表现在以下几个方面。

（一）促进身心健康的功能

体育教学环境的健康功能主要从下面两点反映出来。

（1）体育教学环境的生理健康功能。

（2）体育教学环境的心理健康功能。

体育教学环境是教书育人的主要环境，是师生教与学及相互交流互动的场所，环境的好坏直接影响体育教师与学生的身心健康与和谐发展。

实践证明，良好的体育教学环境能够引起学生身心的积极变化，促进学生身心的健康发展。因此，一定要设计良好的体育教学环境，并不断优化环境。

（二）引导功能

体育教学环境的引导功能主要体现在通过自身各种环境因素集中一致的作用，积极引导学生对科学价值观和行为准则的接受与消化，使学生的发展方向与社会需要保持一致。

体育教学环境不仅将社会主流文化的精神和价值取向充分体现出来，同时还将国家和社会对学生成长发展的期望清楚地反映出来。良好的体育教学环境不仅能够引导学生思想、行为的积极发展，而且还有利于抵制学生的不良行为习惯。

（三）激励功能

良好的体育教学环境有利于激发师生工作热情和工作动机、

提高师生工作的积极性，这对于学校教育、教学工作的顺利开展，教学工作质量的提高都具有非常重要的意义。

体育教学环境中的各种因素，如整洁的场地、充满活力的运动场、宽敞明亮的教室、功能齐全的器材以及良好的学习氛围等，都会在一定程度上激励师生的教学积极性。

（四）陶冶功能

体育教学环境的陶冶功能体现在良好的体育教学环境对陶冶学生情操，净化学生心灵，帮助学生形成高尚的道德品质和良好的行为习惯具有积极的促进作用。

学生个体的思想信念、道德情操和行为习惯总是在一定的社会环境中形成的，因此，社会环境的好坏对学生的各个方面都有一定的影响。实践证明，整洁文明的校园，和谐、文明、积极向上的体育教学环境，可陶冶学生的情操，为培养学生良好的思想品德创造很好的条件。因此，一定要设计优良的体育教学环境，营造良好的课堂教学氛围，为学生形成新的思想信念、高尚的道德情操和良好的行为习惯创造条件。

第二节　高校篮球课程教学环境对学生学习的影响

一、高校篮球课程教学环境对学生学习动机的影响

动机是人进行某种活动前的基本条件，在篮球教学中，学生的学习活动同样如此。学习动机是推动学生参加篮球课程学习与篮球技能练习的动力，它主要表现为多种形式，如学习的需要、意向、愿望或兴趣等。

在篮球教学活动中，学习动机的功能主要体现在指引方向、集中注意和增加活力等，发挥这些功能有助于促进学生学习与掌

握篮球运动技能。学生只有对篮球运动技能感兴趣或者说是对篮球技能有了学习动机时，才有兴趣和动力去学习，并积极自觉地配合教师的“教”，从而提高篮球教学效果。

引发人的动机的因素是多种多样的。学生的学习动机可以通过学习情境来激发和发展。篮球教学课堂气氛、篮球师生关系、班级凝聚力等都会对学生的学习动机产生不同的影响。良好的课程教学环境可以激发学生学习篮球运动技能的动机，让学生更加积极主动地投入到篮球课程学习当中。

二、高校篮球课程教学环境对学生智力的影响

（一）教学环境的颜色

适度的颜色使学生平静，对大脑疲劳的消除和用脑效率的提高非常有利。深红色、深黄色等深颜色容易给学生造成强烈的刺激，使学生大脑兴奋，随后转为大脑抑制。

（二）教学环境的温度

教学环境如果能保持适宜的温度，可以提高学生大脑处理信息和解决问题的能力。20～25℃的温度比较适宜，超过这个值，学生的学习能力会受到一定影响。

（三）教学环境的光线

教学环境的光线太弱不能引起学生大脑兴奋。光线过强会刺激学生的脑细胞，使学生头晕烦躁，对其思维判断能力造成不好的影响。因此，应该保障篮球课程教学环境的光线明亮程度是适宜的。

三、高校篮球课程教学环境对学生学习行为的影响

在篮球课程教学中，学生的行为同样受篮球课堂教学气氛、

师生关系和集体规范等心理环境因素的影响。

良好的课堂教学气氛和师生关系可以使学生更加主动地参与到篮球课程的学习当中去,可以让学生更加积极主动地进行篮球运动技能的习练,保持一种轻松愉快的心态参与到教师的教学指导中来。健康的集体规范可以约束学生的课堂行为,使他们在教学的过程中认真听讲,自觉遵守课堂纪律。在篮球教学的过程中,教师要注意引导和培养学生健康的集体规范意识,有效地控制学生的课堂行为,提高篮球教学效率。

综上所述,通过创设良好的篮球课程教学环境,可以很好地促进学生进行篮球运动课程的学习,提高学生的学习效果。

第三节　高校篮球课程教学环境的优化建设研究

一、高校篮球课程教学环境优化建设的原则

(一)教育性原则

学校是特殊的环境,学校是一个简化、净化、精神化、平衡化、以人为中心的环境,这就是其特殊的地方。前苏联著名教育家苏霍姆林斯基说:"孩子在他周围——在走廊的墙壁上、在教室里,在活动室里——经常看到的一切,对他内心精神的形成具有重大的意义。"

正因为如此,建设篮球课程的教学环境时,要对学生的身心全面发展的教育意义进行充分的挖掘,激发学生的篮球学习动机和兴趣,营造出良好的篮球教学环境,使学生接受深刻的篮球文化熏陶。

(二)人文性原则

建设篮球课程教学环境时,应该坚持以学生为本,注意人文

性原则，具体表现在以下两个方面。

(1)设计篮球教学物理环境要体现出人文关怀，如保证体育教学活动环境卫生、安全，篮球场馆的颜色、光线与学生用眼卫生和视觉的要求相符，篮球器材设施与学生的生理特征相符等。

(2)建设篮球教学环境，应该营造出民主、平等、和谐、充满人性的氛围。以充满朝气和灵性的学生为教学对象，篮球教师面对这一群体，既是师长的角色，又是朋友和长辈的角色，应倾注满腔的热情，用爱来教育学生。

二、高校篮球课程教学环境优化建设的策略

(一)构建和谐的人际关系

篮球课程教学中，师生与生生之间平等、和谐的关系有利于良好篮球教学心理环境的形成。良好的人际关系是在平等互爱的基础上建立的。篮球课程教学中，师生人格的平等对学生在掌握篮球知识、篮球运动技能具有重要的作用。在篮球课程教学中，和谐的人际关系主要由体育教师的行为决定。对此，体育教师应该做到以下几点。

1. 热爱学生

这是良好师生关系形成的基础。教师要热爱、尊重且真正关心学生，用爱心包容学生，既要做他们学习上的良师，又要当他们生活中的朋友。

2. 尊重学生

教师在开展教学工作中，要把尊重学生的人格和权益、相信每个学生都有成才的潜力作为基本信条。教师要注意保护学生的自尊心，耐心教育学生，把握言语分寸，避免对学生的伤害。教师要待学生一视同仁，不可偏心。教学中要多鼓励、表扬学生，激

发其学习动机与积极性。

(二)营造良好的篮球教学氛围

在进行篮球课程教学过程中,应该积极营造良好的教学氛围,可以从以下几个方面进行。

(1)对学生主动学习的态度和习惯进行培养,发挥学生的主观能动性。

(2)教师要善于积极转变角色,改变居高临下式的教师角色,不要一味“我讲你听,我说你做”,而要鼓励学生大胆质疑、求异、创新,积极创设民主平等的教学氛围。篮球教师还要引导和鼓励学生之间的合作与交往,并且注意采取适当的教学组织形式为学生之间的交往创造机会和氛围。

(3)在篮球课程教学中,要注重人际情感交流,使师生、生生之间产生情感共鸣。教师要关爱学生、帮助学生,以激发学生的学习热情和兴趣,从而形成良好的情感气氛。

(4)在篮球课程教学中,教师要充分利用各种教学方法和手段来调节篮球课程的教学气氛,同时也要注意对教学过程中的各种消极偶发事件进行及时、合理的处理,防止消极因素干扰正常教学气氛。

(三)塑造校园篮球文化

在高校篮球课程教学中,通过塑造良好的校园篮球文化,可以促进学生更加积极主动地参与到教学过程中来,使学生受到篮球氛围的熏陶,更加发自内心地喜欢上篮球运动,可以通过举办篮球运动竞赛,开设篮球运动文化节,开展篮球知识讲座,通过校园广播和微信公众号等形式,让学生认识到篮球运动的价值,并亲身参与到篮球运动中,将篮球当作生活中的一部分,促进校园篮球运动文化的不断发展,在教师在进行篮球教学时,学生可以更加积极主动地参与到教学过程中,获得更好的篮球教学效果。

(四)创设良好的篮球物质环境

篮球物质环境的好坏,对篮球教学活动的开展和教学效果有着重要的影响,随着我国高校扩招,我国大部分高校的体育设施已不能满足学生的锻炼需求,对于篮球教学而言,也需要拥有良好的篮球物质环境,学校应该加大篮球场馆和室外篮球场地的建设,保障篮球教学的顺利进行。现阶段,我国的大部分篮球课程主要是在室外进行的,因此,应该多建立一些室外塑胶篮球场地,尽可能地满足篮球教学需要和学生篮球运动需求。

第四节　高校篮球课程教学中的安全与保健问题探讨

一、高校篮球课程教学的准备活动和整理活动

(一)篮球课程教学的准备活动

1. 准备活动的作用

(1)调动大脑的兴奋性。人体的躯干运动是在大脑皮质的调节下,实现肌肉的运动功能,并且实现更准确的技术动作。通过准备活动,可以调动大脑的兴奋性,提高信号传导的速度,进而使机体动员起来,为完成训练而做好准备。

(2)克服内脏器官的惰性。通过一定的准备活动,可以调高呼吸系统和心血管系统的机能水平,使肺通气量和心输出量都同时增加,全身的毛细血管扩张,从而克服内脏器官的惰性,使机体更快地进入工作状态。

(3)降低肌肉的黏粘性。准备活动可以使人的体温升高,从而使肌肉的粘带性降低,减少肌肉收缩时的阻力,从而提高肌肉收缩的速度,同时也动员更多的肌肉纤维投入工作,增大肌肉收缩的力量与长时间工作的能力。

2. 准备活动的类型

(1)一般性准备活动。一般性准备活动的内容主要是慢跑及牵拉韧带、活动全身关节。首先,为了达到热身的效果,可以先进行2～3分钟的慢跑,使身体的温度和心率有所提高,然后针对那些在训练中需要经常用到的全身主要肌肉和关节进行适当的活动。

(2)专门性准备活动。直接为基本部分的内容服务是专门性准备活动的任务,为了达到更好的热身目的,使人的身体素质和技战术能力得到较好的发展,篮球专门性准备活动要以本次篮球教学课的内容为主要依据,适当地增加热身练习的种类和趣味性。

3. 准备活动的具体要求

(1)准备活动的多样化。在进行准备活动时,应该实现活动的多样化,多样化的准备活动可以提高青少年参与篮球运动的兴趣和积极性,从而更好地参与准备活动,提高训练的效果。

(2)准备活动的游戏化。在准备活动时期,可以加入一些游戏化的内容,活跃训练课的气氛,提高青少年参与的积极性,从而更好地完成准备活动。

(3)要有适宜的强度。在做准备活动时,应该把握好准备活动的练习强度,不要进行剧烈运动,避免出现肌肉拉伤等症状。

(二)篮球课程教学的整理活动

1. 整理活动的作用

(1)保障身体对氧的需要。在大强度的篮球运动结束后,机体对氧的需求还是没有停下来的,心血管系统、神经肌肉系统等还需要摄入氧气,通过整理活动,可以补偿机体对氧的需求。

(2)消除疲劳,促进体力恢复。通过整理活动,可以促进人的体力积极恢复,消除运动过程中产生的疲劳,在整理活动过程中,可以通过拉伸肌肉、放松练习等活动，促进学生在剧烈运动后的积极恢复，从而达到超量恢复的水平。

2. 整理活动的要求

(1)适宜的强度和时间。在进行整理活动时，一定要保持适宜的强度和时间，因为篮球运动课的强度比较大，人的肌肉处于收缩后的绷紧状态，所以进行一定时间的整理放松活动，有助于肌肉松弛下来，同时，保持一定的强度也有助于肌肉的快速放松。

(2)整理活动的内容要多样化。整理活动对于人的快速恢复是非常有必要的，应该对整理活动进行积极的拓展，整理活动的内容要简便、易学、形式多样，可采用走步、慢跑、伸展运动、放松舞蹈、动作和缓的游戏、按摩、牵拉等内容进行放松整理。

二、高校篮球课程教学中学生运动疲劳的恢复

(一)运动疲劳概述

1. 按疲劳状态分

(1)身体疲劳。身体疲劳常因活动种类的不同而产生不同的症状，可以分为全身酸痛，身体局部的酸痛，身体某个部位如腿、腰等部位的酸痛，还包括局部的关节僵硬和肿胀等。

(2)精神疲劳。精神疲劳是由于心理活动造成的一种疲劳状态，其行为表现为：动作缓慢，协调性差，运动场上注意力不集中，不兴奋等。此外，精神疲劳还可以导致人的精神紧张，从而导致人的精神和体力消耗都变得很大。

从整体上看，人产生的疲劳状态在两方面都会存在，不可能只存在于一个方面，因此，对这两方面都应该重视。

2. 按疲劳部位分

(1)身体局部的疲劳。身体局部的疲劳，是指运动完成后，身体的某个部位产生了疲劳，如腿部、腰部等。在篮球运动中，容易

产生的疲劳部位是上半身，比赛结束以后，应该重点对上半身的部位进行放松。

（2）整个身体的疲劳。整个身体的疲劳是体育运动中常见的，特别是在进行大强度的训练和比赛之后，更是容易产生这种疲劳。一般而言，身体的局部疲劳，如果不进行及时的休息和恢复，就容易产生整体的疲劳。

3. 按运动方式分

（1）耐力疲劳。耐力疲劳是由小强度、长时间运动引起的身体机能下降的一种疲劳状态。由于篮球运动需要人不停地在场上跑，一场篮球比赛结束后容易产生耐力疲劳。

（2）快速疲劳。快速疲劳是由短时间、剧烈运动引起的身体机能下降的一种疲劳状态。如学生在篮球运动中短时间、较激烈的带球突破很容易产生快速疲劳。

4. 按疲劳系统分

（1）心血管系统疲劳。心血管疲劳是由于运动引起的心血管机能下降的一种疲劳状态。疲劳时的主要表现为，心率变慢、心输出量减少等。

（2）呼吸系统疲劳。呼吸系统的疲劳主要是指，人出现呼吸急促，跟不上比赛节奏的情况。

（3）骨骼肌系统疲劳。由运动引起的骨骼肌机能下降，称骨骼肌疲劳。如力量训练后肌肉收缩力下降、肌肉僵硬等。骨骼肌疲劳在篮球运动中最为常见。

（二）篮球课程中运动疲劳的恢复

在篮球运动中，学生在产生疲劳以后，必须进行及时的恢复，否则就有可能产生伤病。因此，必须采取一定的方法进行恢复，具体的方法主要包括以下几个方面。

1. 合理地进行休息

(1)静止性休息。睡眠是机体进行生活、工作、运动的支柱和动力，是消除疲劳的最好方法之一，最好的静止性休息是保证睡眠质量。

青少年人的睡眠要有规律，严格遵守生活作息制度，一般睡眠时间每天不少于8～9小时，并应安排一定时间的午睡。大运动量和比赛期间，睡眠时间还可以适当增加。

(2)活动性休息。活动性休息，是一种积极性消除疲劳的方式，可以采用一些放松的活动练习和动作练习，来消除疲劳的状态。实验表明，积极性疲劳消除的生理依据及其效益，主要表现在以下几个方面：①加速血液中乳酸的排泄。通过积极的活动性练习，可以使流经收缩肌群的血流速度仍不减慢，故能及时地把扩散到血液中的乳酸带走并排泄掉。②防止精神抑制的出现。在运动结束以后，通过积极的活动练习和恢复，可以使机体血液循环系统保持在一定水平，让机体处于兴奋的状态，防止出现精神抑制，从而积极地消除疲劳。③防止过勤换气。停止剧烈运动后，由于运动时欠下的氧债过多会发生急促的大喘气。当机体转换到轻运动时，氧债的补偿过程就能达到逐步化，而不必过勤换气。

2. 采用物理疗法

(1)按摩法。按摩是人进行放松恢复的常用手段，主要是为了使人的身体和肌肉进入放松状态，改善血液循环和扩张血管，消除代谢产物。按摩的方法有很多，一般采用手法按摩，可以进行全身或局部的按摩，有损伤的还可以兼作治疗，均有良好的效果。

按摩时要以揉捏为主，先按摩大肌肉，后按摩小肌肉，一侧按摩完以后再按摩另一侧。大腿后面的丰厚肌群可以重压，使肌肉放松。还可运用搓、抖、叩等手法。

按摩时可配以按住穴位的方法加强效果。一般而言，第一次按摩应在训练后20分钟进行。第二次按摩最好在训练后的两小时进行。

(2)水疗法。①热敷。热敷能减少肌肉中酸性代谢产物的堆积，消除肌肉僵硬，紧张以及酸痛。②热水淋浴。用热水进行淋浴是一种非常好的消除疲劳的方法，一般而言，在进行热水淋浴时，水温不能过高，一般以温水浴(水温在40℃左右)为佳，时间为15～20分钟。③冷、热水交替淋浴，起振奋作用。

3. 采用营养及药物补充法

在进行大强度的运动后，会造成人体内的蛋白质、维生素及微量元素的过量消耗，如果仅仅依靠自身饮食获取的能量，不能很好地满足集体训练的需求，不能继续维持人的训练水平，因此，在运动训练和比赛后，进行合理的营养补充有助于疲劳的消除。

此外，药物补充也是恢复运动疲劳的重要手段，如运动后可服用维生素 B_1、C 和 E。另有麦芽油、花粉以及中药中的黄芪、刺五加、人参、三七也对促进疲劳的消除有一定功效。具体应用时应遵医嘱。

4. 采用心理恢复法

心理恢复法能减轻紧张情绪，放松肌肉，对消除疲劳和延迟疲劳的产生有良好的效果。它主要包括心理调整，自我暗示，放松训练和气功等手段。

在篮球运动训练或比赛后，教师适时地找人谈心、开小结会都是行之有效的帮助人缓解压力、消除疲劳的办法。此外，在连续的训练或比赛期间，通过看电影或演出、参加音乐会和游艺活动来转移学生的注意力，也能使他们的身体疲劳得到放松。

三、高校篮球课程教学中学生营养物质的补充

(一)蛋白质的补充

成年人每日的蛋白质需要量为1.0～1.8克/千克体重。在

进行篮球运动中，随着运动水平的提高，机体需要的量也会越多。运动实践表明，如果每日补充蛋白质1.0克/千克体重，则身体仍会出现负氮平衡，这表明体内蛋白质分解多于补充；而以1.5克/千克体重摄入蛋白质时，身体则处于正氮平衡。

（二）糖的补充

日常生活中，由于人们生活习惯、饮食结构和劳动强度的不同，糖的食用量也不相同。对于人而言，运动过程中应根据运动需要和机体状态合理补糖。具体内容如下。

1. 运动前补糖

可在参加运动前的数日增加膳食中的糖类食物，也可在参加运动前的1～4小时每千克体重补糖1～5克。但应避免在运动前30～90分钟补糖，以防止运动时血中胰岛素升高。

2. 运动中补糖

在大强度运动过程中，应每隔20分钟补充含糖饮料或容易吸收的含糖食物，补糖量一般不大于20～60克/小时或1克/分钟，通常采用少量多次饮用含糖饮料。

3. 运动后补糖

大强度的运动后，补糖的时间越早效果越好。理想的方法是在运动后即刻补糖、运动后2小时内补糖、每隔1～2小时连续补糖。补糖量以0.75～1.0克/千克体重为宜。

（三）脂肪的补充

正常人每日膳食中摄入50克脂肪即可满足日常活动的需要，参加篮球运动的人可适当增加脂肪的摄入。人体每日所需热量的20%～30%来自脂肪，而在花生、玉米、大豆、芝麻、橄榄、豆腐等素食中含有丰富的不饱和脂肪酸。

(四)维生素的补充

对于一般人而言,在食物供应充足的情况下,不必再从药物中补充维生素。而进行篮球运动时,可能会出现维生素缺乏的状况,应及时检查,适时适量地进行维生素的补充。

(五)矿物质的补充

1. 铁的补充

一般的,正常成人身体总铁量为3.5～4.0克。大强度长时间的运动时,机体对铁的需要量高,铁流失严重,再加上摄入不足,普遍存在铁营养状况不良的现象。因此,人应加强铁的摄入。

2. 锌的补充

锌与运动能力之间的关系非常密切,它是多种酶的组成成分和激活剂,能调节体内的各种代谢。机体中,红细胞的含锌量约为血浆的10倍,主要以碳酸酐酶和其他含锌金属酶类的形式存在。另外,锌还可以影响睾酮的产生和运输。

3. 硒的补充

硒与运动也有着非常密切的关系。硒是谷胱甘肽过氧化物酶的辅助因子,由于具有消除过氧化物,增强维生素E的抗氧化能力等作用,在进行一定强度的运动时,人硒的摄入量应为平时的4倍,以每天约200微克为宜。

4. 钾的补充

一般的,成人体内总钾量为117克左右。正常钾大部分存在于细胞内液,只有约2%存在于细胞外液。当血钾浓度降低时,脑垂体生长素输出下降,造成肌肉生长减慢。运动中补钾可迅速恢复生长素的水平和促胰岛素样生长因子的水平。

5. 铜的补充

铜是很多金属酶，如超氧化物歧化酶(SOD)等的辅助因子，参与多种代谢反应。运动中补充铜可提高和动员机体内铁的运输，防止运动中贫血。

(六)运动补液

1. 补液的原则

(1)重预防。避免脱水的发生，防止运动能力下降。

(2)少量多次。避免一次性大量补液，以免对胃肠道和心血管系统造成的负担加重。

(3)补大于失。为了在运动过程中能保持最大的运动能力和最迅速地恢复体力，补液的总量一定要大于失水的总量。

2. 补液的具体措施

(1)运动前补液。运动前，补充的饮料中可含有一定量的电解质和糖，补充的量应根据具体情况而定，如在运动前两小时可以饮用400～600毫升的含电解质和糖的运动饮料。每次可摄入饮料100～200毫升。

(2)运动中补液。在运动过程中出汗量大，为预防脱水的发生，有必要在运动中补液。运动中补液应采取少量多次的方法，可每隔15～20分钟，补充含糖和电解质的运动饮料150～300毫升。注意补液的总量不要超过800毫升/小时。

(3)运动后补液。运动后的补液切忌暴饮，补充的液体以含有糖和电解质的运动饮料为宜。运动后的体液恢复以摄取含糖和电解质饮料效果最佳，饮料的糖含量可为5%～10%，钠盐含量为30～40毫摩尔/升。

四、高校篮球课程教学中运动损伤的防治

(一)急性腰扭伤

1. 损伤症状

急性腰损伤主要表现为:局部常肿胀,伴有压痛,不能弯腰。

2. 损伤的防治方法

(1)准备好保护装备,做好防护措施。

(2)加强腰腿和腹部肌力的练习,强化腰部伸屈扭转复合动作的合理性和协调性练习。

(3)在未确诊损伤的具体部位和类型前,应让受伤的球员平卧休息,用冰袋冷敷局部。

(二)膝关节韧带损伤

1. 损伤症状

膝关节韧带损伤主要表现为:膝内侧短暂剧痛,韧带受伤局部有明显的压痛点,常伴有半腱肌、半膜肌痉挛。

2. 损伤防治方法

(1)运动过程中采取一定的保护措施,尤其是预防内侧副韧带损伤,因为在篮球运动中,膝部内侧副韧带损伤的发病率要远远高于外侧副韧带。

(2)膝关节韧带损伤发生时,先用氯乙烷局部麻醉降温,弹力绷带做 8 字形(内侧交叉)压迫包扎,然后用冰袋冷敷。病情较重者应及时送往医院治疗。

（三）踝关节韧带损伤

1. 损伤症状

踝关节韧带损伤主要表现为：踝关节外侧剧烈疼痛，行走困难；伤处肿胀明显。按压损伤部位有压痛感，踝关节内翻，疼痛加重，更为严重者则会出现韧带断裂的现象。

2. 损伤的防治方法

（1）在平时的力量训练中重视对踝周和跨踝肌肉、韧带的力量训练。

（2）在训练或比赛前做好热身活动，如静力性牵拉练习。

（3）踝关节韧带损伤发生时，首先应在受伤部位进行压迫包扎，同时给患处进行消肿；其次应固定患肢以防止患处活动；再次要抬高患肢，防止局部肿胀；最后要在受伤部位用冰袋冷敷，以起到降温的作用。

（四）跟腱断裂

1. 损伤症状

跟腱断裂主要表现为：跟部有被踢感，有时候会听见跟腱的断裂声；跟腱部疼痛明显；腓肠肌麻木、发胀；足踝运动失灵，不能站立行走。

2. 损伤的防治方法

（1）对踝跖屈、伸肌群加强专门力量练习，并控制“单打一”训练的负荷量，以减轻踝关节的压力和用力。

（2）做好训练前的准备活动和训练后的整理活动。

（3）跟腱断裂时，应将伤处压迫包扎、局部制动、冰疗以及抬高患肢，然后急送医院进行手术治疗。

五、高校篮球课程教学中运动疾病的防治

运动疾病一般是指机体因对运动不适应，造成体内调节平衡的功能紊乱而出现的一类疾病、综合征或功能异常。运动性疾病广泛存在于体育运动中，身体素质较差、运动水平较低的运动参与者，容易出现这些伤病。运动性疾病必须得到及时的防治，否则就会影响身体的健康水平、运动能力，严重时还会致残致死，因此在高校篮球课程教学中必须引起重视。

（一）运动岔气

岔气是指运动时发生与腹痛位置不同的突然性胸壁或上腹近肋骨处的疼痛现象。篮球运动的耐力跑训练中，运动员呼吸调节不当就容易岔气。

1. 疾病症状

岔气后，胸壁或上腹近肋骨处出现明显的疼痛感，说话、深呼吸或咳嗽时会局部疼痛，按压疼痛部位有明显的压痛感。

2. 预防措施

（1）运动前做好热身活动。冬春季在室外活动时宜戴口罩，避免吸入干冷的空气。

（2）运动中注意调节呼吸节律，避免大口吸入冷空气。

3. 治疗方法

（1）深吸气后憋住不放，握拳由上到下依次捶击胸腔左、右两侧，亦可用拍击手法拍击腋下，再缓缓深呼气。

（2）连续做深呼吸，同时用手紧压疼痛处可有一定程度的缓解。

（3）用食指和拇指用力捻捏内关和外关穴，同时做深呼吸和

左右扭转身躯的动作。

(二)肌肉痉挛

肌肉痉挛就是通常所说的抽筋。肌肉痉挛是指肌肉突然不由自主地强直收缩,主要症状是肌肉隆起并异常坚硬,有疼痛感,短时间内不易恢复。人体的腓肠肌、足底的屈拇肌和屈趾肌最容易发生痉挛。

1. 疾病症状

发病急,局部发生不自主地肌肉强直收缩、僵硬、疼痛难忍且一时不易缓解,痉挛肌肉所涉及的关节会出现运动障碍。

2. 预防措施

(1)运动前做好充分的准备活动,运动中要遵循循序渐进的原则。

(2)夏季运动时,出汗过多,应注意适当补充淡盐水和维生素。

(3)冬季运动时注意保暖。

(4)多吃含乳酸、氨基酸、维生素 E、钙的食物,如奶制品、瘦肉、虾皮、豆制品等。

3. 治疗方法

不同部位的肌肉痉挛会有不同的处理方法。

(1)上臂肌肉痉挛。握紧拳头,最大幅度屈肘,然后用力伸直上臂,重复做几次即可。

(2)手指肌肉痉挛。将五指收缩握紧成拳,然后用力伸展五指,反复几次即可。

(3)大腿肌肉痉挛。将产生肌肉痉挛的大腿弯曲,同时弯曲膝盖,然后双手用力抱着小腿,尽可能使小腿贴在大腿上做振频动作,最后向前用力蹬直。

(4)小腿肌肉痉挛。将产生肌肉痉挛的小腿伸直,然后用手向里掰脚拇指，保持这个动作直至小腿恢复正常即可。

（三）运动性头痛

运动性头痛一般因运动负荷过大、运动强度增加过快，身体机能紊乱引起的一种运动疾病。

1. 疾病症状

主要表现为头痛，呈跳动性，以两侧颞部疼痛为主，同时伴有肢体无力、出汗过多、恶心、呕吐等症状，休息后缓解，运动后又发作。

2. 预防措施

(1)运动前做好准备活动。

(2)坚持科学运动。根据运动内容、比赛情况、个人身体状况、年龄、性别、气候条件等来确定活动内容、活动量、活动持续时间等。

(3)经常锻炼，提高身体素质和训练水平，有意识地加强颈部肌力锻炼。

3. 治疗方法

(1)推拿按摩。

①推摩点揉法。患者取坐位、仰卧或俯卧位，术者立于患者身旁。术者用拇指罗纹面从印堂推摩至上星穴10～20次；拇指揉百会、神门、关元、气海、血海、三阴交、肝俞、脾俞、肾俞等穴，每个穴位各15～20次；指针合谷穴10～20次。以上均取双侧穴位。一日治疗1次，7次为1疗程。

②拇指点揉法。患者取坐位、仰卧或俯卧位，术者立于患者身旁。术者用中轻度手法，拇指揉百会、印堂穴各15～20次，由内向外推眉弓15～20次，用一指禅推法对上关、听会、睛明、承泣、期门、侠溪、太冲、行间、风池等穴施术，每个穴位各15～20次。以上均取双侧穴位。最后用10指指端沿足太阳、足少阳、足阳明三经经脉走向，从头前发际到后发际，沿着头的正中线向两

侧梳理15～20次。一日治疗1次,7次为1疗程。

③掌揉止痛法。患者取坐位或仰卧,术者立于患者正面或身旁。患者双目自然闭合,术者用双手掌掌根揉太阳穴20～30次。同时,可以拿捏印堂、风池、合谷、天柱等穴10～15次,以局部感酸麻胀为度,一日2～3次。

(2)针灸治疗。

①取内关、足三里、百会、人中、合谷、风池、太阳、角孙、外关、涌泉等穴,针刺后留针30分钟,每隔10分钟行针1次,一日治疗1次,7次为1疗程。

②取风池、阳白、太阳、百会、头维、印堂、丝竹空、天柱、丰隆、太冲等穴,针刺后留针30分钟,每隔10分钟行针1次,一日治疗1次,7次为1疗程。

(3)西医治疗。

服用治疗头痛的药物,一次25毫克,口服,一日3次。

(四)运动性低血糖

当学生空腹参加篮球运动的比赛和训练时,容易发生运动性低血糖症状,具体是指运动员的血糖浓度低于50毫克/分升的症状。运动性低血糖在体能训练中比较常见。大都是因为长时间高负荷的体能训练后,运动员体内血糖的大量消耗和减少可造成运动性低血糖。或者是运动前饥饿,肝糖原储备不足,不能及时补充血糖的消耗导致运动性低血糖。另外还可能是因为交感神经活动增强和反应性肾上腺素释放过多,及中枢神经功能障碍可致低血糖。

1. 疾病症状

轻者倦怠(进食前特别明显),心烦易怒,面色苍白、多汗或冷汗,身冷,体温低,心跳快速,呼吸浅促,眩晕,头痛,视力模糊,迅速或强烈的饥饿感等;重者视物模糊、焦虑、定向障碍(如返身跑)、步态不稳、出现幻觉、狂躁、精神失常,最后意识丧失、昏迷。

部分患者会诱发脑血管意外、心律失常及心肌梗塞。

2. 预防措施

(1)运动前检测血糖两次,每隔30分钟检测1次。

(2)合理安排运动量,每天的运动时间及运动量基本保持不变。

(3)大量运动前适当进食。不空腹参加长时间的剧烈运动。

(4)有低血糖症特别是患有糖尿病的人,宜少食多餐。

3. 治疗方法

(1)神志清醒者可饮浓糖水或吃少量食品,一般短时间内即可恢复。不能口服者,可静脉注射50%的葡萄糖40～100毫升。

(2)昏迷不醒者,可针刺人中、百会、涌泉、合谷等穴,并迅速请医生前来处理。

(五)运动中腹痛

运动中腹痛是因生理和病理原因而发生腹部疼痛的一种疾病。通常是由于运动前的准备活动不充分,胃肠痉挛,腹直肌痉挛,呼吸紊乱等原因造成的。

1. 疾病症状

安静时不痛,运动中或结束时腹痛。一般无其他伴随症状。腹痛的部位常与病变脏器的位置有关:肝胆疾患或郁血,多表现为右上腹痛;脾郁血多表现为左上腹痛肠痉挛、蛔虫病多表现为腹中部痛;胃十二指肠溃疡、胃炎,多表现为中上腹痛;呼吸肌痉挛多表现为季肋部和下胸部锐痛;阑尾炎在右下腹疼痛;宿便多表现为左下腹痛。

2. 预防措施

(1)运动前做好准备活动,训练内容和时间安排要合理。

(2)运动中要注意呼吸节奏,宜进行深呼吸。运动时如果发生腹痛,应放慢运动速度,减少运动量,轻轻按揉腹部,待疼痛缓解或消失后再逐步加快速度。

(3)遵守科学训练、循序渐进的原则。

(4)合理安排饮食。运动前不宜进食、饮水过多。餐后休息一小时后再进行运动。夏季运动时要适当补充盐分。

(5)加强身体体能储备训练,增强心肺机能,提高机体的适应能力。

3. 治疗方法

(1)运动中发生腹痛时,一般只要减低速度,加深呼吸,用手按压疼痛部位(或弯着腰跑一段),疼痛即可减轻,以至消失。

(2)上述处理无效时,应停止运动。炎热天气时,口服十滴水或普鲁苯辛(每次 1 片),针刺或用手指点揉内关、足三里、大肠俞等穴位,能有效缓解腹痛。

(3)如果为腹直肌痉挛,则可进行局部按摩。

上述措施如果不见效,就应请医生处理,以防有腹部外科急症误诊而延误病情。

第五章　多元视角下高校篮球课程的优化教学研究

高校篮球教学改革的不断发展对我国高校篮球教学事业提出了更高的要求，这就需要从多元视角出发深入研究高校篮球课程教学活动，从而不断提高我国高校篮球教学的效果，不断增强大学生的体育意识、健康意识及身体素质。本章主要就多元视角下高校篮球课程的优化教学展开研究，主要着眼于四个先进的教学视角，分别是“掌握学习”教学视角、“结构—定向”教学视角、分层次教学视角及拓展训练视角。

第一节　“掌握学习”教学视角下高校篮球课程的优化教学

一、“掌握学习”理论解析

（一）“掌握学习”理论的提出

美国著名教育心理学家布鲁姆最先提出“掌握学习”的概念，布鲁姆认为，只要给学生足够的时间，只要教学安排适当，基本上每个学生都可以掌握所有的教学内容。在布鲁姆提出“掌握学习”这一概念前，美国学者约翰·卡罗尔提出了这一概念的理论基础——学校学习。这个新学习观的提出是以传统教学中测评学生学习能力为基础的。约翰·卡罗尔在这一理论中指出：学生学习速度的快慢决定了学生学习能力的高低。“掌握学习”理论的提出是建立在学校学习理论基础上的，这一基础理论推动了

"掌握学习"理论的发展。

布鲁姆研究卡罗尔的理论后，发现在某些事物的认知上他们是有共同点的，所以他根据当时的课堂教学模式，并结合了其他学者的相关观点，提出新型教学理论——"掌握学习"。这一理论明确指出学生的学习速度是判定学生学习能力的主要因素，与遗传因素没有太大的关系。

（二）"掌握学习"基本理论

人人都能学习，这是"掌握学习"理论的出发点。采用集体授课的形式和"掌握学习"教学模式有针对性地对学生展开教学，尽可能保证所有学生都能顺利达到每个篮球学习单元的目标，保证预期教学成效可以顺利实现。

此外，帮助学生找到适合自己的学习方法，给学生提供合适的教学帮助，减少学生在学习一些知识的过程中所花费的时间，从而培养与提高学生的学习兴趣等也是"掌握学习"理念的重要价值。

（三）"掌握学习"教育目标分类理论

在教育教学中，要按照一定的标准划分教学目标的类型，这有利于顺利达成教学目标，充分利用教学资源。在"掌握学习"的新型教学理论中，一般将教学目标划分为以下三种类型。

1. 认知领域目标

重视学生对已学知识的巩固及技能掌握的情况。

2. 情感领域目标

重视学生的学习兴趣、态度和积极性。

3. 动作技能领域目标

重视学生体能锻炼效果和动作技能训练效果。

教学目标分类如图 5-1 所示。

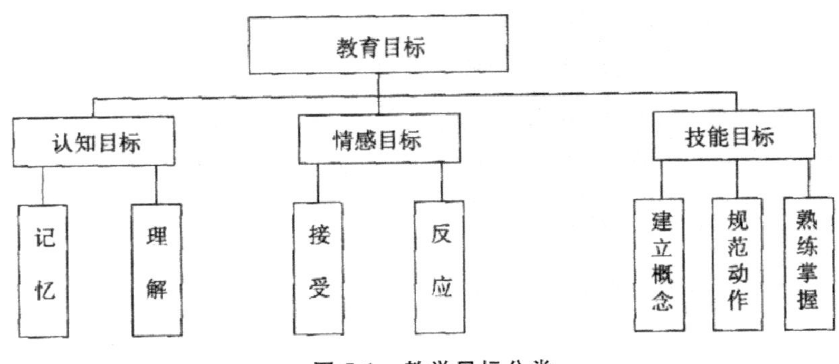

图 5-1　教学目标分类

由上图可知，划分教学目标类型时，不仅要尽可能地细分教学目标，还要确保各个部分之间是密切联系的，要按照由简入繁的原则安排教学顺序，以便使学生打好基础，循序渐进地提高学习效果。

根据“掌握学习”教学目标的分类方法，可以在篮球教学中建立具体的教学目标体系，不同技术的教学可建立不同的目标体系，如原地单手肩上投篮教学目标如图 5-2 所示。

二、“掌握学习”教学模式

（一）“掌握学习”教学模式概述

“掌握学习”模式是学生利用充足的学习时间学会相关内容的一种新型教学模式。在这一教学模式下，教师以教学目标为依据对教学内容进行单元划分，在初步进行诊断性评价及了解学生的基本情况后，有针对性地进行教学，之后单元教学结束后对学生进行形成性评价，从中得到反馈信息，对学生的学习情况和学习成果进行了解，从而对学生的学习偏差加以纠正，然后再进行形成性评价，使学生将知识内容全面掌握。

“掌握学习”实行班级教学，强调及时获取关于学生学习情况的反馈信息，提高教学的针对性、目的性，通过个别纠正提高教学效果和教学效率。

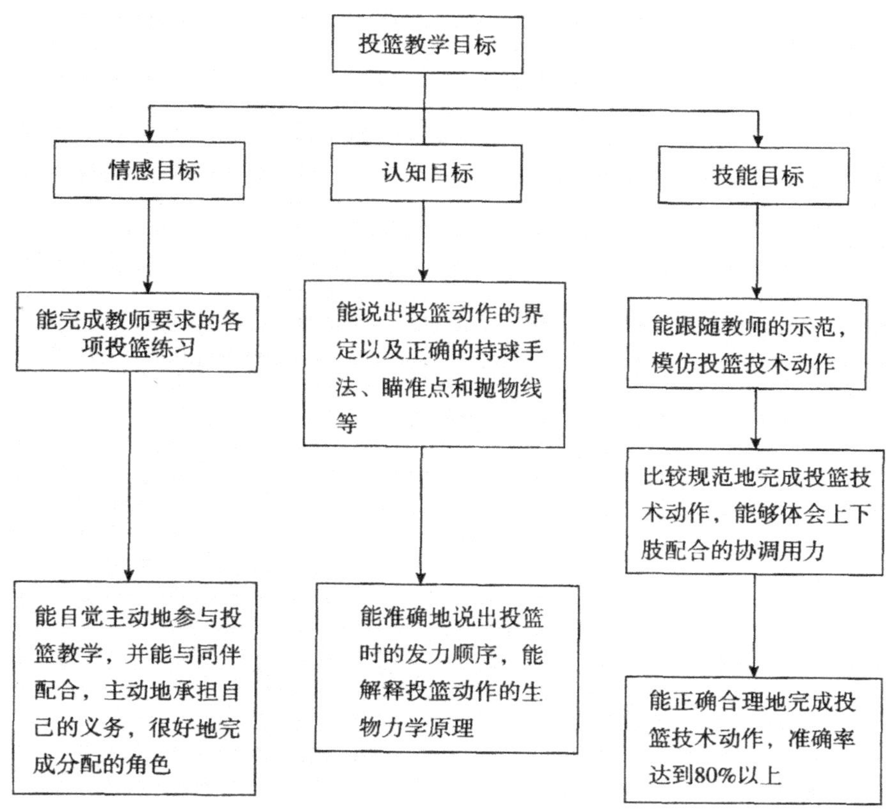

图 5-2　投篮教学目标结构图

（二）"掌握学习"教学模式与传统教学模式的比较

如图 5-3 所示，传统教学模式采取班级授课制，教师从教学大纲出发安排教学顺序，教学进度基本统一，在学期末对学生进行测验，了解学生在一个学期的整体学习情况，并进行总结性评价。当前，这一传统教学模式在我国大多数高校篮球教学中的运用依然很普遍，但随着体育教学改革的深入及学生学习需求的变化，这种教学模式的弊端和不足日益显露出来。

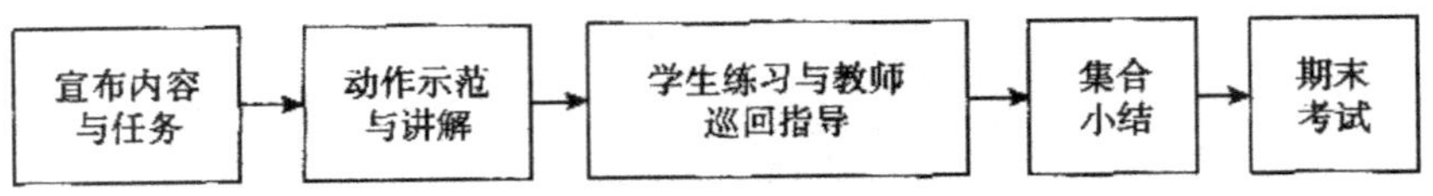

图 5-3　传统教学模式图

图 5-4 所示的"掌握学习"教学模式同样以班为单位展开教学，教师分单元、分层次地讲解教学大纲与教学进度中的技术动作，与此同时，经过一段时间的教学后对学生进行阶段性评价，对学生在这一阶段的学习情况和成果加以了解，及时发现学生的错误动作并予以纠正，使学生进一步巩固正确动作，促进技能的完善，确保学生在每个阶段所掌握的每个动作都符合教学大纲的要求。

与传统教学模式相比，"掌握学习"教学模式不仅关注学生的个体差异，同时还将集体教学的优势充分发挥利用起来，促进了教学质量的大幅提高。

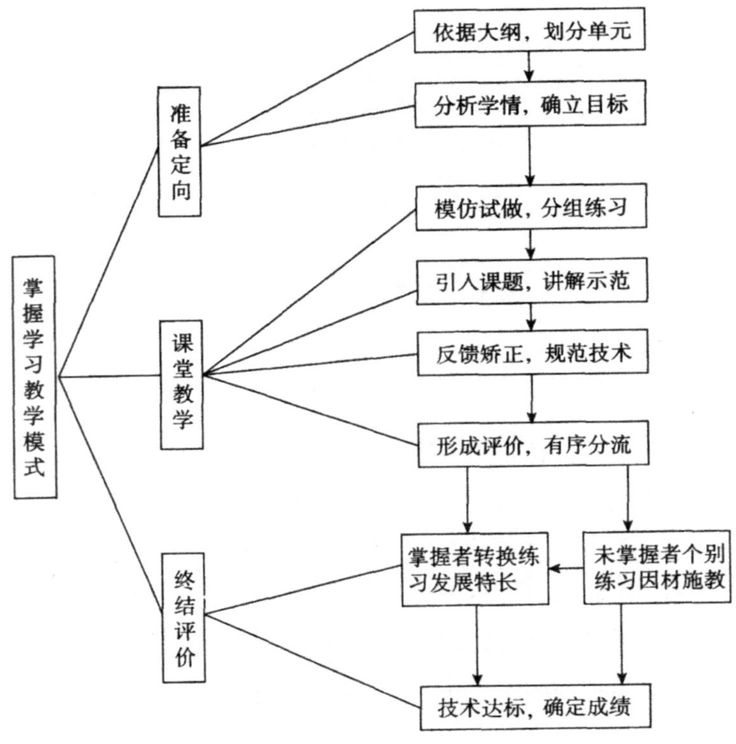

图 5-4　"掌握学习"教学模式图

三、"掌握学习"理论视角下高校篮球课程教学的程序

"掌握学习"教学模式的实施程序为"目标定向—实施教学—形成性检测—反馈矫正—平行性检测"。大体分以下三个阶段进行。

(一)展示掌握目标,交代学习任务

体育教师首先将本次篮球课的目的明确告知学生,从而将具体的教学目标引出来,目的是吸引学生的注意力,使其趋向学习目标。

为学生指明学习方向,提醒学生联想上节课的学习任务与本节课学习的相互关联性,促进学生形成统合的认知结构,这是这一教学阶段的中心任务。

(二)教师指导学生实现目标

教师以篮球课教学的内容和学生学习的准备情况为依据对教学方式方法进行选择。在这一过程中,首先要使学生的注意力集中在学习上,然后让学生对学习目标的接近情况加以了解,从而激发学生对成功的渴望,使其形成追求成功的正确方向感。

在这一阶段的篮球教学中,教师将达标的方法和技巧提供给学生,使所有学生进入并保持良好的学习状态,积极动脑、动手、动口,主动学习。此外,教师还要编制达标的辅助材料。设计辅助材料应注意逻辑性、层次性,要能够将学习基础差的学生的学习兴趣激发出来,同时还要能够更好地培养学习基础好的学生的思维能力。

(三)形成性检测和评价

教师对比课始展示的学习目标与课终学生学习的成果,通过形成性检测,了解本课预设的目标群中已达到哪些目标,还没有达到哪些目标,存在哪些共同的问题等,教师根据检测结果对

教学活动及时进行调整，及时补救，以继续实现教学目标。在这一阶段，针对落后的学生，要增加其学习机会，矫正其错误动作，改进其动作质量；针对优秀的学生，要“强化”“深化”其学习效果。

“掌握学习”教学模式的操作程序如图5-5所示。整个教学从设计教学目标开始，到最终评价结束，循序渐进地展开。

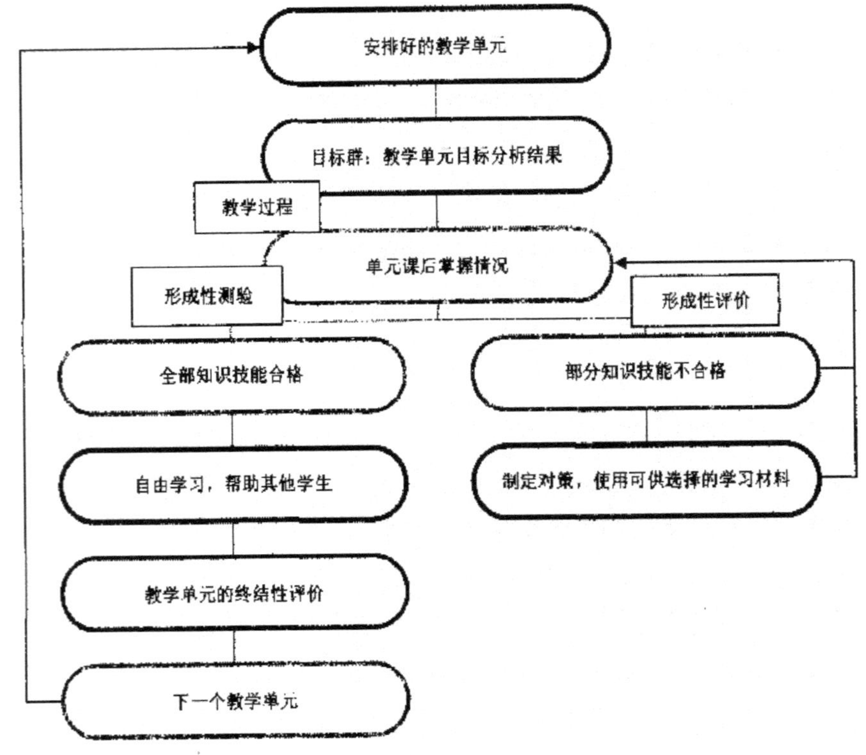

图5-5 “掌握学习”教学模式操作程序图❶

四、“掌握学习”视角下高校篮球课程教学对师生的要求

在高校篮球课程教学中采用“掌握学习”教学模式，对教师与

❶ 张传骏．高中数学课堂中的“掌握学习”教学模式研究[D]．南京：南京师范大学，2007．

学生提出了以下要求。

(一)对教师的要求

首先,教师要熟练掌握和驾驭篮球教材,明确篮球课程教学重点,教学关键,清楚认知目标、情感目标和动作技能目标,对新知识的新环节和新旧知识的连接点能够准确把握。

其次,教师要减轻学生的课后学习负担,设计少而精的辅助学习资料,特别是新授课中,题目起点要低,坡度要小,最好从"垫题"过渡到深化题。

再次,教师要留下足够的时间检测学生的学习情况,所以讲解时语言要精炼,要利用好每一分钟,提高课堂教学效率。

最后,教师要通过信息反馈,充分了解学生欠缺哪些知识和技能,哪些知识和技能的掌握有误,及时进行矫正、补偿,防止问题累加,节节把关,提高学习效果。

(二)对学生的要求

首先,学生在课前要预习新知识,为误上学习和练习做好准备。

其次,学生要进行严格而规范的训练,促进信息交流更加畅通和练习检测效率进一步提高。

第二节　"结构一定向"教学视角下高校篮球课程的优化教学

一、"结构一定向"教学理论

(一)"结构一定向"教学理论的提出

我国著名教育心理学家冯忠良经过十多年的研究,提出了"结构—定向"教学理论,该教学理论具有完整的科学体系。冯忠良提出这一教学理论的原理和理论基础如下。

1. 两个基本观点

(1)教学的结构化观点。
(2)定向化观点。

2. 三项基本理论

(1)学生学习的接受—构建说。
(2)品德与能力的类化经验说。
(3)教育的系统理论观点及经验传递说。

3. 五个方面的学习规律

(1)知识及其掌握规律。
(2)技能及其形成规律。
(3)行为规范及其接受规律。
(4)学习动机的积极性规律。
(5)学习的迁移规律。

专家认为,冯忠良学者是将格式塔心理学、当代认知心理系统、整体教学思想和学习观融合在一起而创建了“结构—定向”教学理论,并指出加涅的累积学习、奥苏贝尔和布鲁纳的结构同化学习理论为这一教学理论的形成提供了重要的认识论和方法论基础。

(二)“结构—定向”教学理论的教学观点

“结构—定向”教学理论主要包括以下两个教学观点。

1. 结构化教学观点

结构化教学观点指的是应以“促进学生发生预期变化”为出发点开展教学系统中的一切教学工作,使学生心理上得到一定的发展，也就是说首先要在教学中确定以“构建学生的心理结构”为中心的观点。要使教育者对内在调节机制进行建立，在体育教学环境下就是要对一定的技术动作的内在调节机制进行建立，从而调节与控制学生的外部行为及思维方式的形成，促进其相应的运动学习心理结构的形成与优化。

2. 定向化教学观点

定向化教学观点指心理结构的形成对教学成效有直接的影响甚至是决定性影响，只有以心理结构的形成和发展规律为依据严格定向培养，才能真正促进教学成效的有效提高。体育教学中的定向化教学主要指学生了解专门的动作技术结构，并形成相应认知结构的过程。有效运用心理定向学能够使学生清楚地认识到学习体育不是盲目地做一些简单的肌肉活动，而是要在充分了解自己学习需求的前提下去完成活动，这样学生才能形成技术动作的整体概念和正确认知。

二、“结构一定向”教学理论视角下高校篮球课程的教学目标

高校篮球运动的教学目标有以下几点。

(1)增强学生的身体素质，提高健康水平。

(2)丰富学生的篮球理论知识，提高学生篮球技战术水平及综合创新能力。

(3)培养学生的道德品质、集体主义精神。

(4)全面贯彻素质教育，使学生形成正确的世界观。

将“结构一定向”教学理论引入高校篮球教学实践中，要求在篮球教学和学习中将学生的认知、情感的导向作用充分发挥出来，促进学生迅速掌握技术动作，培养与提高学生的创新意识、创新能力及分析和解决问题的能力，提高教学效果。

三、“结构一定向”教学理论视角下高校篮球课程的教学程序

在“结构一定向”教学理论的指导下设计篮球教学程序（见图 5-6），可提高篮球教学的严谨性、规范性，强化积极的教学效果。

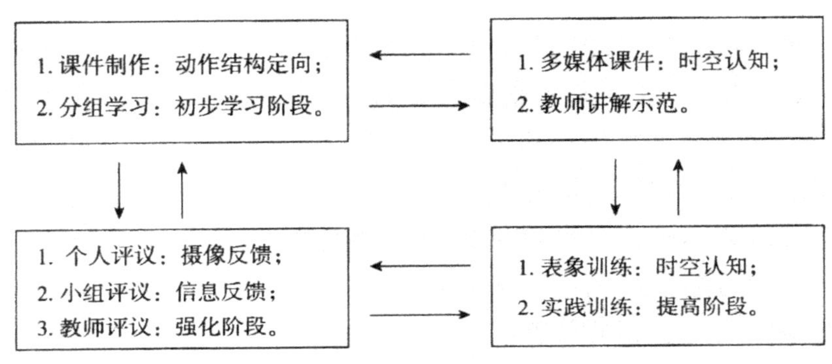

图 5-6 “结构一定向”教学理论指导下的篮球教学设计程序图

（一）分析并制订具体的教学目标

心理结构是教学目标的能动反映。布鲁纳指出，知识是经验中的规律性的结构与意义组合而成的一个特殊模式，知识体系的组织反映了联系的构造、经验的简约。简化的基本结构往往反映了深刻的内涵，结构越简化，学生越容易理解和掌握。

在制定和确定具体教学目标时，必须将技术动作的结构流程图确定下来，同时还要对动作要领仔细进行分析，将完整、精确的动作执行计划确立下来。因此，在篮球教学中必须对动作结构内容、理论内容进行分析、归纳，并进行简化处理，同时在教学实践中向学生有计划、有目的、有层次地逐一传授，使教学组织的整体性、最优化得到充分的保障。

(二)确定动作定向,创设学习情境,保持教学组织的整体性与最优化

在技能的认知中,由陈述性知识转化为程序性知识是非常关键的一环。将现代化教学手段利用起来向学生传授和解释陈述性知识,能够使学生形成有效的关于技术动作的认知定向,使学生对课程的学习内容及学习方法有正确的理解,对“做什么”“怎么做”等程序性知识和问题有所认识,这样学生在学习中就不会感到茫然,感到无所适从,将学习目标明确后,学生的学习更有针对性,可以很快对技术动作加以掌握和应用。

体育院校中体育专业的学生经过长期系统的体育训练,已具备比较丰富的运动经验。所以,教师在教学过程中应从教学内容出发创设一些练习情境、问题情境,从而对学生的学习积极性和主动性进行激发和调动。例如,在单手肩上投篮技术教学中,教师应在教学前期降低技术训练难度(降低篮架高度),从而避免学生因过分用力而造成的动作变形。再如,在篮球“二传一抢”教学中,两名学生传球,一名学生在中间抢球,而传球的学生在移动时不能被防守的学生碰到球,传球不能落地,不能运球和带球违例,若违背了这些原则,则传球学生与抢球学生的角色互换。学生对“二传一抢”的游戏方式基本掌握后,教师进行针对性的提问,如“在传球时应怎样有效地摆脱防守并成功传球?”“怎样才能有效利用传球来摆脱对方的防守?”等,以此激发和引起学生思考,使他们正确理解和运用不同的传球方法与技巧,并有效把握传球时机。

(三)小组协作学习

“结构一定向”教学理论强调采用小组协作的学习方法。教师按照一定的标准将学生分成不同的小组,小组成员的技术水平有个体差异,有高有低,层次排列,这样可促进小组成员之间相互协作、指正以及监督。

(四)"反馈—矫正"环节综合运用多种反馈方式

在篮球教学中,学生的有效学习必须同时获得前向控制信息和即时反馈信息,这在教育控制论、体育控制论、学习心理学等相关理论中都有清楚的说明。即时反馈信息必不可少,如果因为延时、不及时的信息传递而造成信息衰减,则会产生更多不利于学习的干扰因素和不确定因素,这些会影响教师有效控制篮球教学过程。因此,在篮球教学中,教师应及时监督和评价学生的错误练习。

在传统篮球教学中,一般只有教师提供反馈信息,而学生只是被动学习与接收信息,所以学生不可能得到及时的反馈。从练习绩效反馈信息理论来看,传统的篮球教学对学生有效学习和掌握动作技术造成了严重的制约,然而将"结构—定向"教学模式引入篮球教学中,可以有效弥补传统篮球教学的缺点和劣势,可通过技术动作录像、小组成员帮助及教师指导对学生的练习错误进行及时的纠正,使师生双方都能迅速得到即时反馈信息,从而更好地调控教学。

(五)强化练习设计

根据教师评价结果、小组评价结果及自我评价结果,使学生找出自己在练习中的错误和不足,然后进行针对性的强化练习。通过这一措施,使技术错误和问题及时得到纠正与处理,进一步完善和巩固正确的动作技能。

在强化技术练习这一环节,教师可组织组间竞赛,赛后进行组间评价,教师给予必要的帮助和指导,提高学生学习的自主性和分析与解决问题的能力。

图 5-7 为"结构—定向"教学模式动作技能形成图。

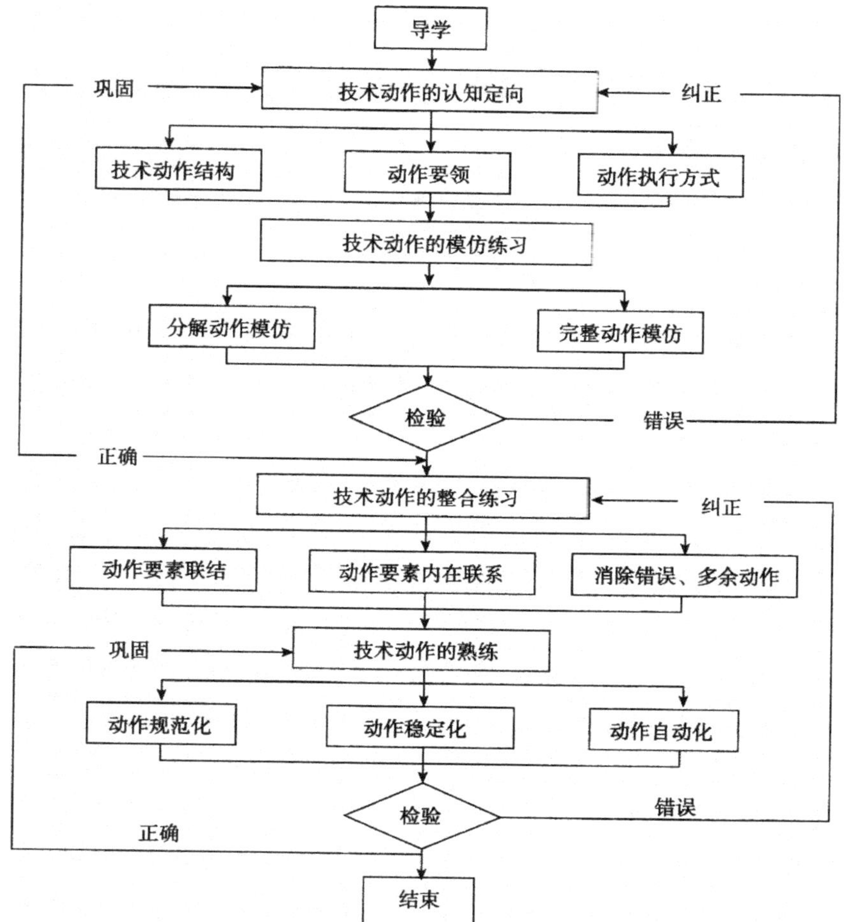

图 5-7 “结构一定向”教学模式动作技能形成图

第三节 分层次教学视角下高校篮球课程的优化教学

一、高校篮球分层次教学概述

（一）分层次教学的概念

分层教学是在学生知识基础、智力因素和非智力因素存在明显差异的情况下，教师有针对性地实施分层教学，从而达到不同层次教学目标的过程。

（二）高校篮球分层次教学的基本方法

高校不同类型的篮球课程采用不同的教学方法来进行教学，下面将简要分析选修课与专修课的分层次教学的基本方法。

1. 专修理论课的分层教学

在篮球理论课的教学中，可采用很多教学方法，如课堂与讨论相结合，专题作业和讨论相结合，录像、电影等直观的电化教学等多种方式。

一般而言，教师讲解是篮球理论知识教学中采用的主要教学方法，体育教师必须熟练掌握篮球理论知识，在讲解中思路清晰，能够做到融会贯通，同时还要依据所讲知识内容的层次，有针对性地、有重点地指导学生。教师要向学生提出完成课前预习的要求。在讲课过程中，要采取提问的方式对学生的理解与接受能力加以了解，以便获得反馈信息，及时调整与完善教学。

课后，教师安排和批改作业要有针对性，同时要让学生对自己的作业完成情况及时了解。除此之外，对于中外篮球的最新发展状态，体育教师要引导学生对这方面的积极关注，并引导他们结合国内外经济发展状况论述篮球运动，从而使学生能够更加系统地了解篮球，了解学习的方向。

2. 选修实践课的分层教学

篮球选修课教学模式以实践课为主，教师采用讲解、示范、自学、练习、比赛等方式组织教学；而理论教学则采用讲授、阅读、图片、录像等方式进行。对于学生实践能力的培养，则采用课堂提问、座谈、评论、布置作业等方式来实现。

需要注意的是，不管采用什么方式，在篮球教学活动的整个过程中，都应该始终坚持现代教学理论的科学指导，与此同时，要将素质教学思想全面贯穿其中，只有这样，才能在各个教学环节更好地培养学生的能力。

二、高校篮球分层递进教学的理论与实践

(一)高校篮球分层递进教学的理论

分层次递进教学是指在不将原来行政班打乱的基础上，依据学生个体差异将其进行不同的层次划分，之后再依据各层次学生的人数组成若干异质学习小组，然后展开针对性教学的方法。

在高校篮球教学过程中，每个环节都需要依据不同学生的实际特点与需要对相应的教学目标进行设计，并针对不同的学生提出不同的学习要求，选用不同的教学方法，这能够充分保证所有学生的个性化发展，进而实现全体学生共同提高的教学目标。

高校篮球教学中实施分层递进教学的理论依据如下。

1. 个别差异和因材施教理论

高校篮球教学应立足于每个学生的全面发展，然而因为每个个体都是差异性与统一性的综合体，并在发展过程中会受到各种客观因素(社会环境、家庭教育等)及遗传因素的影响，所有个体间的差异总是不可避免地存在。面对这一客观事实，体育教师必须在承认学生之间个体差异及贯彻从实际出发原则的基础上因材施教，区别对待，创造适应各类学生的相应条件，如此才能不断激发学生学习的积极性，促进其全面发展。

2. 建构主义理论

高校篮球分层递进教学应始终以学生为中心，在整个教学过程中，体育教师担任的角色是指挥者、组织者、帮助者和促进者，与此同时，应将情景、会话、协作等学习环境要素充分利用起来，激发学生的积极性。发挥学生的首创精神与主动性，最终达到让学生实现对所学知识的意义建构的目标。

3."最近发展区"理论

心理学家维果茨基指出，教育教学就是要利用学生已具备的发展水平与教学要求间的矛盾来促进学生发展。分层递进式教学要以这种矛盾来将篮球教学的深度、广度、进度确定下来，以此促进每位学生都能获得最大程度的发展。

4. 教学过程最优化理论

苏联教育学家巴班斯基在关于教学最优化理论中指出，如果教师给学生传授的教学内容比较容易理解，那么只需要对学生进行一般性的辅导就可以；如果教师给学生传授的教学内容较难，那么应该指导学生分层次地练习，学习落后的学生先做简单的练习，教师同时提供必要的辅导；学习较好的学生做较难的练习，同时讨论多种学习方案。教师传授复杂的教学内容时，需要有机结合个别辅导与集体讲授两种教学形式，并分层次地展开。高校篮球分层次教学同样如此，即通过分层施教、合作达标、共同提高等方式完成教学任务，并将个别教学、分组教学及集体教学三种形式有机结合起来。

(二)高校篮球分层递进教学的实践

高校篮球分层次递进教学的实践有以下好处。

第一，高校篮球分层递进教学促进学生迅速进入篮球学习状态，同时提高学生学习篮球的兴趣。

第二，高校篮球分层递进教学真正做到了面向全体，统一要求与因材施教的结合，同时还突出了学生在篮球教学中的主体地位。

三、高校篮球"分层一自主教学"的理论与实践

(一)高校篮球"分层一自主教学"法建立的理论

分层一自主教学法的目的是激发学生的学习兴趣与学习主

动性，并在自我管理意识、文化感染、道德标准、理性和情感因素等多方面的作用下对学生施加积极的影响，有效提高学生的综合素质。

1. 以人为本的教育观

学习是学生自己的事情，没有人可以替学生学习，教师同样也不能替代学生学习，在高校篮球教学中，教师发挥的作用是组织与指导。教师必须在满足学生需要，促进个体发展的基础上开展教学活动，“自主发展”“分别对待”体现了“以人为本”教育观的本质，是以人为本价值取向关注的重点。

2. 因材施教教育理论

在高校篮球“分层一自主教学”中，因材施教教育理论同样适用，这种教学对所有学习主体即学生的差异性与特点都进行了考虑，而这也为实施“因材施教”提供了新的教学模式，而且可促进师生教学相长，促进教育过程的进一步优化，使每个学习主体都能获得“各得其所”的进步。

3. 自我发展的心理学理论

自主指个体主动、自觉追求个人的目标。而发展既不是一个简单的变化，也不是所有的变化都能称之为发展，实际上发展是一种内部的深刻变化。心理学家卢文格提出，发展是由一种新结构的获得，或者是从一种旧结构转化为新结构所组成的。

高校篮球运动员的自主发展主要指高校篮球运动员具备较强的自我发展意识，能够自觉履行学习责任、进行学习规划、调控学习状态与结果等。只有这样，其专业素质不断提高的目标才能实现。

高校篮球分层一自主教学法以学生的自主发展为根本，以增进学生身心健康为基点，充分尊重学生学习的自主性，高度重视挖掘学生发展的潜能，与此同时，重视学生在学习过程中互帮互助、互通有无、优势互补，因此在提高学生学习能力方面具有非常重要的作用。

（二）高校篮球“分层一自主教学”的实践

为了更加客观地评价高校篮球分层一自主教学法的实践应用效果，在教学结束后，体育教师对实验班的学生进行了相应的问卷调查，从而获得了关于教学效果的反馈信息（见表5-1）。

表5-1 实验后实验班的学生问卷调查反馈结果（n=128）[1]

分层一自主教学效果问卷的内容	持肯定态度的学生所占比例/%
1. 我觉得学习这件事很有乐趣	94.2
2. 课堂上在老师的指引下我有自己的学习计划	84.5
3. 我为自己取得的进步感到骄傲	83.5
4. 我觉得我的学习方法越来越好	86.6
5. 我非常想上篮球课	89.8
6. 篮球课上我能自主监控技术学习	94.2
7. 我在帮助同学的同时自己也在进步	87.1
8. 我愿意在课上检验所掌握的内容	83.9
9. 上篮球课我感到愉快	78.8
10. 在篮球课中我学会了跟同学互动与相互帮助	93.5
11. 对不懂的动作我愿意主动请教其他同学	92.2
12. 我感到其他同学对我有很大的帮助	89.7
13. 我能够在篮球课堂上总结自己的优势与问题	90.5
14. 我越来越喜欢上篮球课了	94.2
15. 我对自己在篮球课上的学习情况越来越满意	96.8
16. 通过小组学习我变得更自信了	91.5
17. 我越来越喜欢上篮球课的氛围了	96.5

表5-1显示，持肯定态度的学生占很高的比重，这说明在进行高校篮球“分层一自主教学”实践后，学生对篮球课非常感兴趣。

[1] 刘强．基于多维视角的高校篮球教学研究[M]．北京：人民日报出版社，2017.

此外，高校篮球分层一自主教学在提高学生成功感及带动课堂互动氛围方面也取得了良好的效果。

分层一自主教学非常重视学生的个体差异性与主体地位，而且在遵循学生自主学习规律的基础上让学生自己制定目标、计划及进行后续调整，正因如此，学生才能在学习中体验到积极的情感，如“我也能进步”等。

此外，高校篮球分层一自主教学创设了愉快、积极的学习氛围，从而将学生的学习兴趣与热情成功激发出来，使其不再被动接受知识，而是主动追求与探索。“分层一自主教学”大大提高了学生的自主学习能力，使学生通过自我调控、自我评价来充分发挥自己的自主性和能动性。

四、高校篮球分层教学的效果与意义

（一）对学生学习兴趣的意义

高校体育教师为了对篮球分层教学对学生学习兴趣的意义有一个清楚的了解，做了相关实验，并分别在实验前和实验后采取问卷调查的形式来了解学生学习篮球的兴趣，调查结果见表 5-2。

表 5-2 实验前、后实验组和对照组的成绩分布[1]

兴趣程度	对照组（n=78）				实验组（n=78）			
	实验前		实验后		实验前		实验后	
	人数	百分比/%	人数	百分比/%	人数	百分比/%	人数	百分比/%
兴趣浓厚	21	26.8	23	29.4	18	23.1	29	37.2
比较感兴趣	30	38.5	32	41.1	30	38.5	35	44.9
兴趣一般	22	28.3	18	23.1	22	28.3	11	14.1
没有兴趣	5	6.4	5	6.4	8	10.2	3	3.8

[1] 刘强．基于多维视角的高校篮球教学研究[M]．北京：人民日报出版社，2017.

表 5-2 的调查结果表明，实验班的学生对篮球课兴趣浓厚的比率从实验前 23.1%增加到实验后 37.2%，而且实验后，实验班共有 82.1%的学生对篮球课的态度为较感兴趣和兴趣浓厚，而对照组是 70.5%，差距比较明显。可见，将分层教学模式引入高校篮球课程教学中，可有效提高学生学习篮球的兴趣，这反映了分层教学对提高学生学习兴趣的重要意义。

(二)对学习成绩和运动技能水平的意义

体育教师为了了解篮球分层教学对学生的学习成绩和运动技能水平的意义，同样进行了一组实验。在本次实验中，体育教师依照优秀、良好、中等、及格与不及格五个标准对实验前、实验后对照班与实验班学生的篮球成绩与运动技能水平进行了统计对比，统计结果见表 5-3。

表 5-3　实验前、后实验组和对照组的成绩分布[1]

篮球体育成绩	实验前(*n*=78)				实验后(*n*=78)			
	对照组		实验组		对照组		实验组	
	人数	百分比/%	人数	百分比/%	人数	百分比/%	人数	百分比/%
优秀	9	11.5	10	12.8	10	12.8	14	17.9
良好	38	48.7	39	50.0	40	51.3	44	56.5
中等	23	29.5	21	26.9	21	26.9	14	17.9
及格	8	10.3	8	10.3	7	9	6	7.7
不及格	0	0	0	0	0	0	0	0
	X^2	0.4	X^2	3.98				
	P	>0.05	P	<0.01				

表 5-3 的统计数据表明，实验组与对照组的学生在实验前的篮球成绩没有明显差异，但实验后两组学生的篮球成绩有了显著

[1] 刘强．基于多维视角的高校篮球教学研究[M]．北京：人民日报出版社，2017．

的差异，这充分说明篮球分层教学有效推动了学生篮球成绩与运动技能水平的提高，这是分层教学的又一个重要意义。

第四节　拓展训练视角下高校篮球课程的优化教学

一、拓展训练概述

（一）拓展训练的概念

拓展训练又称“心理拓展训练”“外展训练”等，具体是指利用大自然（高山、丛林、溪流）等地域和相应设施，让参与者充分体验生存并从中感悟出活动所蕴含的理念，通过反思获得知识和心智的增长，并通过在现实生活中改变个人的行为来培养良好的心理品质，最终提高综合素质，实现可趋向性目标。现代拓展训练是一种新型教学理念和课程模式。

（二）拓展训练的理论基础

1. 教育学

（1）整体教育理念。整体教育理念认为人类在社会中的追求不仅仅是为了在社会现实中生存而获得必须的知识和技术，在此基础上人类会向更高的目标展开追求，即用知识和技术解决人从哪里来、人要到哪里去的超现实问题。由此来看，不能简单地用常规眼光来看整体的教育课程，而要用关联的、综合的、超越的眼光来看这种超越了学科框架的综合性的跨学科活动。在整体教育中，学习者被要求对自身生活的多种方面作出自己的判断和评价，而不能仅仅学习前人的经验。这种学习不应只是狭隘的学校教育，而应将学习看作毕生修行和感悟的主要方式。

如果将整体教育的理念与拓展训练相结合，就可以在拓展训练中渗透整体教育的理念，接受拓展训练的人可以通过身体的多种感官和内在心智的种种关联体会多样的运动感觉。

(2)体验式探究学习理念。人类的生存离不开多样化的经历和对事物的直观体验。在教育的发展历程中，大多数时期都将理论知识的传授看作是最主要的学习方法，但是在长期的发展实践中形成的过于看重理论传授的思维不利于学生将所学知识运用到实际中，由此就使教育质量大打折扣，造成学无以致用的情况。体验是一种图景思维活动，人是通过体验成长的，只有这样得到的经验才具有说服力和参照性。

具体来看，“体验”可以分为两种，即直接体验和间接体验。直接体验，是指体验活动或称为生活体验之类的体验，如参加游戏、工作和野外活动等活动。间接体验，是被称为代理体验的一种体验，如读书、视听等。

对于正处于高校阶段的大学生来说，他们已经走过了间接体验的阶段，在大学中更应以直接体验的形式来学习。学生通过种种体验，能够发展深层的认识能力和解决问题的能力。而近年来逐渐流行的拓展训练就属于一种直接的体验式教学，其教学过程和教学模式完全符合当代社会教育理念的核心，对促进大学生的身心健康发展和人格健全完善具有重要的意义。

(3)交往教育理念。交往教育理念强调将教育的过程视为一种学生彼此相互交流、交往的过程。在现代社会中，仅仅通过个人就能完成的工作、任务、项目或工程已经越来越少了。这并不代表个人的能力不重要，只是确实在大多数时候，一个人的力量再大也会有许多局限的地方，由此，团队合作就成为了大势所趋，如现代企业中几乎都是以团队协作的模式来完成既定目标的。为了适应社会发展的需要和迎合团队工作模式，需要在教育阶段向学生灌输这种与人沟通、彼此交流的意识，将平日开展的教学视为一种交往过程。交往教育理念中包含了交往过程顺畅的11条公理，即永恒性、关系性、确定性、可获性、可控性、场合性、经济性、角色关系的两种可能性、交往成分的双重性、干扰性、工具性与目的性。

拓展训练的很多内容都是以团队的形式开展的，这就要求团队成员之间必须密切配合、互动，共同努力完成训练目标，体现了交往教育理念。

2. 心理学

心理学是一项以人的心理状态为研究对象的科学。拓展训练中包含了诸多心理学原理，如拓展训练的活动目的之一就是期望通过参与拓展训练而使参与者获得心理上的愉悦，为养成良好人格和提高与他人顺畅沟通的能力奠定基础。

拓展训练中的许多项目都带有一定的危险性，或是带有其他方面的难度，不会很轻易地完成。为了顺利完成拓展训练中的各种任务，大学生要克服心中的种种恐惧，走出自己心中的“安乐窝”。为此，在进行拓展训练的设计时就要充分考虑任务的设定是否能够触及到参与学生的心灵深处。即便如此，由于不同学生的心理承受能力与心理感受面不同，所以当他们面对同一拓展训练时的心理感受也不尽相同。拓展训练与心理学关联度具体体现在认知发展理论、行为主义理论和实用主义学说三个方面。

3. 管理学

拓展训练中包含了诸多管理学的原理，且拓展训练的发展也需要管理学原理的支持。管理学在拓展训练中的重要性的体现主要是由于参加拓展训练的学生大多以团队的单位出现，团队内的成员们各抒己见，为最终达成既定目标而努力。从管理学的角度来说，有团队就离不开管理，管理也就成为了一种控制人的艺术。

拓展训练中经常会在团队中设定一个领导（或称为管理人），不过在拓展回顾环节中，不要将管理和领导混淆。例如，在孤岛求生项目中，将“珍珠岛”的角色与任务定义为高级管理者或领导层，“哑人岛”的角色与任务定义为中层管理者，“盲人岛”的角色与人物定义为基层管理者或者基层人员。当然，为了使每个团队的成员都能获得锻炼的机会，拓展训练中团队领导的角色要定期轮换，因此当个人在团队中的角色发生变化时就有了相应的工作重点和处理问题的相应方法，如高级管理者负责全局的发展与制定长期决策；中级管理者负责执行与实施决策，另外中级管理者还要作为承接高级与基层成员的沟通桥梁角色；基层员工则需要努力而有成效地完成具体的工作。因此，在这种带有强烈管理模式的团队中，能将层级的理念自然而然地灌输给学生，并且可以对高级管理者灌输一种除了要做好“向下管理”的工作外，还要能够适应低层级对高层级的建议与沟通。

管理学是一项以人为管理对象的科学，人与人之间的沟通就成为了是否能实施行之有效的管理方法的决定性因素。沟通不仅是高校开展任何活动的需要，更是日后大学生走向社会所必须掌握的技巧。阻碍团队工作顺利开展的最大障碍就是缺乏有效的沟通。由此可以看出，沟通之所以重要主要是因为它无处不在。因此在拓展训练中，就需要有意识地将沟通的形式贯穿于每个环节中，使每个身处团队中的成员都有发言和与他人讨论的机会。

4. 组织行为学

组织行为学，也被称为“管理心理学”。组织行为学是拓展训练发展的重要学科支柱和理论基础，这种重要性尤其体现在每次拓展训练结束后的分享回顾和心智提升环节上。个人挑战项目中关于个性分析、知觉与个体决策的联系、最优化决策模型，以及价值观的分析、个体的激励等都是以组织行为学为基础理论知识点的。

拓展训练中的任务基本上都是以团队为单位完成的，因此就必然涉及团队和群体的概念以及两者间的差异。人与人之间的沟通实际上也是组织行为学研究的重要内容之一，这在拓展训练中主要体现在团队组织的动荡期中团队成员之间的不信任和彼此猜忌。对于参加拓展训练的团队来说，在准备参与拓展训练时，培训机构一定会对参训团队的组织结构进行分析。之所以将组织结构的合理程度看得如此重，主要是因为从某种意义上讲，团队的内部组织结构与团队外在行动力有非常密切的关系。合理的组织结构在相对情况下有助于减少某些不稳定因素，明确工作内容，解答员工所关心的问题，解决他们所提出的问题，从而对员工的态度和行动产生积极的影响，充分促进其工作绩效的提高。

二、我国高校拓展训练课程的开展现状

拓展训练课程进入高校后，以其鲜明的特色吸引着众多学生的参与，但总体来看，我国高校拓展训练的项目还很不完善，需要进一步开发。下面来探讨我国高校拓展训练课程的开展现状。

（一）拓展训练课程的开设情况

据调查发现，在我国开设拓展训练课程的高校中，课程内容主要以定向运动和户外运动为主，其中，定向运动的主要活动场地是学校的操场，定向运动在高校开展与实施的要求基本上利用操场就能得到满足。然而高校开展其他拓展训练项目所需的场地与设施还比较缺乏，这一问题急需解决；在我国各级各类高校中，户外运动是最早被引入的拓展训练课程，而且近年来受到广大大学生的喜爱和推崇。选修课是高校开展户外运动课程的主要授课形式，通常在高校的第二学期、第七学期与第八学期开设，从第二学期开始安排户外运动的课程是较为合理的，因为这一学期高校学生对大学生活基本能够完全适应了。拓展训练具有时尚新颖、惊险刺激、自我教育的特点，符合当前学校教育的发展理念，各高校应该结合本校的客观实际情况来开展这方面的教学活动。

总体来说，我国大部分高校的拓展训练课程基本上都是在第

二学期以后才开始进行的，这一时期，大学生激情四射，充满活力，对自己充满信心，拓展训练课程教学能够促进大学生综合素质的全面提高；高校在最后两个学期开展拓展训练课程有利于缓解大学生的就业压力，大学生在较大的就业压力下，亟需通过一定的途径和措施来调整自己的状态，提高自己的素质和能力，而拓展训练正是这样一种能促进大学生进一步提高与发展的课程。

（二）拓展训练课程的教材情况

在高校体育教学中，既要有明确的教学计划、教学目标、教学要求等，也要有科学适用的体育教材，因为体育教材是体育教学活动顺利开展的基础保证，没有相关的教材，教学活动就无法顺利开展。但调查发现，我国大部分开设拓展训练课程的高校基本上没有一个统一的教材，只有几个学校提供与拓展训练相关的教材。大部分学校在进行拓展训练课程教学时，都是通过教师的自由组织进行的，如在定向运动教学中，只在学校操场这个范围内进行。总体来说，我国各高校所开展的拓展训练课程因为内容、任务不同，所以选用教材时也比较自由。实际上，这种不规范的教学给拓展训练课程的开展带来了一定的阻碍，编写权威的拓展训练教材对高校拓展训练课程的开展十分重要且很有必要。

（三）拓展训练课程的教学目标情况

在体育教学中，教学目标的制定与课程内容选择之间有着密切的联系，主要表现为教学目标为教学内容的选择提供了基本的理论方向，而教学内容又为教学目标的实现提供了有力的保证。因此，教学内容的选择对教学目标的制定起着非常重要的作用。

在高校拓展训练中，通过对《全国普通高校体育课程教学指导纲要》进行分析，能够提炼出拓展训练课程的教学大纲。具体而言，拓展训练的教学目标主要表现在运动参与、运动技能、心理健康、身体健康和社会适应等几个领域（表 5-4）。目前，我国大部分高校都是根据以上几个目标开展拓展训练教学活动的。

表 5-4 拓展训练教学目标一览表

目标	内容
运动参与	欣赏与关注自然
运动技能	使学生掌握拓展训练的基本技能，培养学生的创造力
心理健康	培养学生积极的人生态度、良好的意志品质以及自信心
身体健康	增进学生身体的健康水平
社会适应	培养学生的团队意识与责任感

(四)拓展训练课程的教学场地设施情况

高校拓展训练课程教学必须依托一定的教学场地才能顺利展开，场地设施是拓展训练教学课开展的基本条件。一般来说，拓展训练对场地设施的要求较高，如果场地设施不理想就会影响拓展训练教学课的效果和质量。因此，高校加强拓展训练场地设施的建设是非常重要的。

据调查显示，我国高校中大多数体育教师都认为，拓展训练教学的要求无法在现有的教学设施中得到满足。由于各个学校的具体实际情况不同，因此需要各学校的负责部门结合本校的实际情况来合理规划拓展训练课程开展的教学场地，完善基础设施建设，从而保证这一教学活动的顺利开展。

(五)拓展训练课程的师资力量情况

通过对普通高校拓展训练授课教师的调查发现，大部分高校存在师资缺乏的严重问题。部分高校开展拓展训练课程教学主要是通过社团的形式进行的，教学活动也是由高校学生自发组织的，专业拓展训练教师几乎没有，其他体育课程的教师主要负责指导学生的拓展训练活动，这对学生参与拓展训练活动十分不利。

另外，调查发现，超过 80％的拓展训练任课教师的学历为硕士研究生，其他任课教师的学历为本科。从这一数据可知，开展拓展训练课程的高校对拓展训练教师的学历水平是比较重视的，而且整体学历结构是可观的。作为一门新兴的课程，拓展训练引入我国高校的时间并不长，因此为了更好地促进我国高校拓展训练课程教学的开展，各高校要大力培养具有高素质、高学历的拓展训练专业人才，这样才能更好地促进拓展训练在我国高校中的发展。

总之，目前我国高校拓展训练的教师数量比较少，缺乏专业拓展训练教师，师资力量相对薄弱，需要学校相关部门及领导给予高度的重视，加强对高校拓展训练教师的培养和培训，争取在短时间内促进我国高校拓展训练的快速发展。

（六）拓展训练课程评价与考核情况

课程评价指的是以一定的标准为依据，采取有效的方法与途径判断课程有关内容的价值或特点的过程。判断的主要内容包括课程方案、课程实施过程以及课程教学结果等。《全国普通高校体育课程指导纲要》中提出，对学习过程与效果的评价是学生学习评价的两个关键内容，具体内容主要包括评价学生的体能素质、运动能力、认知水平、学习态度、团结合作意识等，学生学习评价的方式主要有自评、互评和他评等。[1]

高校拓展训练课程是培养大学生综合素质的一门新兴课程，该课程强调学生通过参与拓展训练而发生的素质变化，可见拓展训练课程强调的并不是学生所取得的具体的直观成绩。因此，拓展训练课的评价标准和方法与其他课程教学评价的标准是有区别的。一般情况下，绝大部分学校都将拓展训练的相关理论知识、室外训练表现以及日常表现等列入考试和范围，但也有一些学校没有将学生对拓展训练理论知识的掌握程度列入最后的评定中，也不计入学生的总成绩中，这样的考评并不合理，无法真实反映学生的学习过程和进步情况。

---

[1] 刘敏．山西省普通高校拓展训练课程开展现状及对策研究[D]．临汾：山西师范大学，2014．

三、拓展训练引入我国高校篮球课程教学的建议

（一）合理设置教学模式

拓展训练本身是一项综合性体育训练，这就要求高校拓展训练教师在设置拓展训练课程的教学模式时，具有一定的综合性意识，综合采取和运用多种教学模式的方法来开展该课程教学。

具体进行教学模式设置时，应遵循下面几项原则。

（1）保证训练时间足够。

（2）保证安全教育和综合训练时间的合理性。

（3）注重培养学生的综合能力，尤其要注意对学生处理与解决突发问题的能力的培养。

（二）加强师资队伍建设

目前来看，我国各高校开展拓展训练课程之所以要谨慎，主要是缺乏足够的师资，而导致高效缺乏拓展训练师资的原因主要如下。

（1）拓展训练在我国兴起的时间还比较短，目前在师资方面存在较大的缺口。

（2）拓展训练的概念以及含义不够清晰，导致培养师资的过程出现混乱。

（3）开展拓展训练需要的设施装备与传统体育项目所需的设施装备相比更加昂贵，而且维护费高，间接造成师资缺乏。

（4）拓展训练的特殊性需要教师具备多层面的知识，但目前高校缺乏充分掌握综合性知识的教师。

（5）缺乏专业拓展训练人才。在加强师资队伍建设的具体措施方面，可以让教师在相关俱乐部接受培训，高校也可以采取与俱乐部合作的形式开展拓展训练课程。

（三）做好安全预防工作

拓展训练本身和大多数拓展项目都存在很大的危险，所以不管采用哪种教学模式，做好安全预防和管理都是首要任务，具体从以下几方面来着手。

（1）配备的安全器材不仅数量要充足，质量也要合格。

（2）做好安全设置。

（3）对学生进行必要的医疗教育及急救知识教育，特别是进行野外拓展训练前，要对学生的身体情况严格进行检查，要特别照顾身体有疾病的学生。

（4）在拓展训练开展之前，准备必要的急救药品。

（5）训练前反复向学生告知可能会发生的危险及如何对安全器材进行正确使用。

（6）训练过程中全程监控学生的行为，严格实施安全管理。

（7）如遇到自然灾害或特殊的天气状况，如山体滑坡、泥石流、雷电等，应该取消拓展训练。

第六章　高校篮球课程技术教学与发展探索

推动体育事业发展的核心动力是体育人才，我国正由体育大国向体育强国加速迈进，学校体育得到了前所未有的重视，改革需要体育人才，强国需要体育人才，实现中华民族的伟大复兴也需要体育人才，这就提高了体育人才多元化需求的规格。高校篮球课程教学担负着培养学生身、心、群、智等全面发展的重任，篮球技术是篮球运动的核心，运动员的技术水平直接决定了其在篮球运动比赛中的竞技能力水平。为此，本章重点阐述了篮球技术的相关概念，分析了高校篮球课程技术教学和训练方法，探讨了篮球课程技术学练过程中易犯的错误并进行纠正，为高校篮球课程教学优化与探索提供参考。

第一节　篮球技术概论

一、篮球技术的概念

篮球技术是篮球比赛中运动员为了进攻与防守所采用的专门动作方法的总称，篮球运动技能是运动员在比赛情况下的一种专项运动动作的合理运用，是运动员篮球比赛实战能力的基础表现，也是运动员各项篮球专项体能、心理、智能的综合表现。

篮球技术是运动员进行篮球比赛的基本手段，是运动员参赛的基础和前提。篮球技术训练是在教练员的组织和指导下，运动员主动参与，积极配合，不断掌握与完善专门的动作技能，提高在实战比赛中运用篮球技能和发挥实际水平的教育过程。

从动作方法来看，在篮球比赛中，运动员运用的篮球技术的专项进攻与防守的动作方法，是篮球专项动作模式的理想化形式，是规范化了的动作模式，这种动作模式是篮球运动专项所特有的，区别于其他体育运动项目，具有专项性、专门性、合理性和规范性。

从运用实践来看，在篮球比赛中，运动员的各种技术动作、技术动作组合的实施是对既定的篮球专项动作的操作，但不仅仅限于动作的充分操作，动作技术的操作伴随着运动员的主观意识和动作技巧，是一种有意识的行为。

就篮球技术与战术的关系来看，篮球技术是个人对抗的基础，是篮球战术的基础，任何战术意识、配合、方法都需要运动员的准确的篮球技术动作的掌握与灵活运用。

二、篮球技术训练的特点

（一）组合应用技术

在篮球的实际比赛中，并不是单独、固定的应用技术，几乎都是组合运用。篮球技术训练中，只有全面掌握各种技术，才能面对严密的防守，选择各种技术组合。结合不同的情况，采取先后组合、同步组合、无球组合、有球组合等方法应对场上的局势，进行针对性的攻防。

（二）较强的对抗性

从篮球运动的发展趋势来看，比赛速度日趋加快，身体冲撞更加频繁、激烈，因此球员在攻守对抗中一定要快速思考，果断行动，做到快速而准确，否则会错失良机。这就要求球员在平常的训练中要提高技术训练的规格，按照实战情况出发，必须在全速的情况下开展训练。

(三)技术多样性

篮球技术的动作组合不仅具有多样性,还具有多变性。具体来说,要求是主动求变、及时应变、静中求变、动中有变,表现在方向、路线、速度、节奏和幅度上的变化,最后达到准确性的要求。实效、多变、准确是技术运用的核心,也是最为突出的表现。

三、篮球技术体系

在篮球运动的发展过程中,运动员特征(身高不断增加)、体能与动作技巧的发展,篮球运动场地、器材、设备、规则等的发展都对篮球运动技术的发展产生了重要的影响。

发展到现在,篮球运动技术已经由最初的一些简单动作逐渐发展并形成了一个复杂、庞大的体系,通过对篮球技术体系进行分析,有助于篮球运动者更好地认识篮球运动技术构成、理解不同篮球运动技术之间的逻辑关系。

一般认为,现代篮球运动技术体系是根据动作结构进行有机组合的,篮球运动技术体系具体可分为:基本技术(姿势、移动步法)、进攻技术、防守技术。抢篮板球同属于进攻与防守技术,但在动作细节上有所不同(图 6-1)。

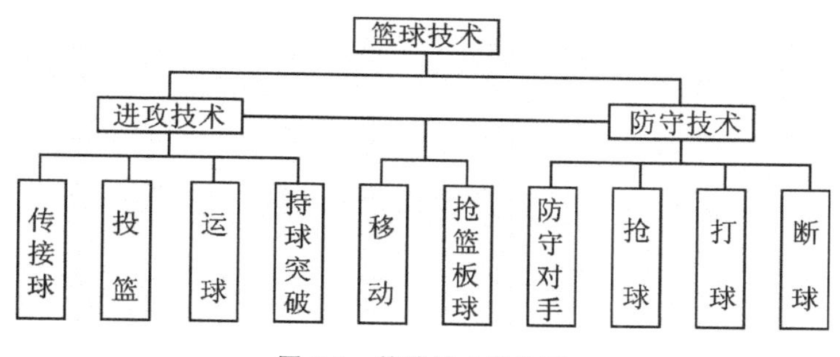

图 6-1　篮球技术结构图

四、篮球技术理论基础

(一)技术形成规律

任何一项体育运动技能的形成都不是一蹴而就的,都需要经历一个由浅入深、由表及里、由不熟悉到熟练掌握的过程。篮球技能的形成也不例外。具体来说,篮球运动技术的形成与发展需要经历四个阶段,即对篮球运动技能的粗略掌握、改进提高与巩固、创新发展阶段。

从篮球运动学练的生理本质来看,学生学习篮球运动技能、掌握篮球运动技能的过程,就是学生通过参与与篮球运动相关的身体练习,使大脑和身体机能产生适应性,并产生记忆功能,使篮球运动技能与大脑神经建立复杂、连锁的条件反射的过程。

因此,篮球运动技术的教学与训练应重视学生各项与篮球技术相关的身体练习刺激,并通过反复训练促进大脑相应的神经中枢产生反应并建立神经联系,使机体产生运动条件反射,最终形成动作的自动化。

(二)机能个体特性

学生的篮球技术学练,需要身体活动的参与,而人的生命机体客观存在,具有自身的运动适应性特征,这一点在篮球技术教学与训练中必须明确,不能不考虑身体机能的特点与发展规律而随意安排运动训练。

首先,篮球技术学练应循序渐进,在练习中使人的生理机能活动由安静状态逐渐进入工作状态。

其次,篮球技术学练应注意负荷控制,不能超过生理机能的承受极限,以免对学生身心造成损害。

最后,篮球技术学练结束后不能立刻停下机体运动,要通过积极性休息逐渐过渡到安静状态,给身体一个放松的过程。

（三）认知发展规律

个体对事物的认知具有一定的规律性，篮球运动技术教学与训练应充分尊重学生对篮球运动技术的认知特点、过程和阶段特征，有计划地、有步骤地合理设计与开展教学与训练。

篮球运动技能属于开放性运动技能，篮球运动技术教学与训练重视在教学与训练实践中突出篮球开放式运动技能的特点。具体来说，开放式运动技能的学习是在不可预见和复杂的情境中完成的，要求学生具备预见复杂情景和应对多变情景的判断能力、应变能力、创造能力等。

因此，在篮球运动技术教学与训练中，应该结合篮球运动的技术特点创造技术情境，多采用比赛的方法，展开对学生篮球技术的训练。教师还应根据篮球运动技术学习与认知的基本规律开展教学，并结合与体育教学相关的学科理论知识来指导篮球技术教学与训练实践。

在篮球技术教学与训练中，重视学生与篮球技术相符的各种应变能力、对抗能力、配合能力的培养的同时，注意学生技术运用相应的意志品质培养。

在篮球技术教学与训练中，不仅要组织学生进行篮球技术相关的身体运动，还要重视对学生传授与篮球运动相对应的操作性知识，以加深学生对篮球技术的认知广度与认知深度，使学生更快地、更准确地掌握篮球运动技术。

（四）生理机能规律

篮球运动技术教学与训练以理论讲解为基础，以身体练习为主要内容，在身体练习过程中，要充分考虑运动员的生理机能的适应性，遵循运动员的生理适应规律，结合运动员生理机能的适应原理开展篮球技术教学与训练，有利于达到事半功倍的效果。

在个体生理机能适应原理中，运用最广泛的是超量恢复原理。超量恢复又称“超量代偿”，该原理指出，在一定范围内，运动量越大，人体各器官和肌肉的功能动员就越充分，能量物质消耗就越多，超量恢复就越明显。

学生掌握篮球运动技术，需要承受一定的运动负荷，在身体负荷工作过程中，体能能源物质和能量不断消耗，会产生疲劳和机体能力下降的情况，此时不要立刻停止训练，应经过间歇与调整使机体再坚持一段时间，可出现能量补偿（超量恢复），能有效提高机体的工作能力。

第二节　高校篮球课程技术教学与训练方法

一、高校篮球课程技术教学要求

（一）设置目标任务

在篮球运动技术教学与训练中，教师要明确教学与训练任务，并让学生对此有充分的了解，同时，结合具体的教学与训练任务制定详细的、具体的教学与训练目标，通过科学组织教学与训练，要求学生完成学习任务，达到训练目标。

篮球运动技术教学与训练任务、目标的制定应符合学生的年龄特点和技术阶段性发展特征，教学与训练计划的制定应科学、系统并具有可操作性。

（二）培养和训练球感

在篮球运动技术教学与训练中，应注重学生球感的训练。球感是篮球运动者通过长期的运动训练所获得的一种专门化的复合知觉，其对个体篮球运动技术的掌握与提升具有非常重要的意义，不断地进行篮球运动技术的训练实践，是增强这种球感的唯一途径。教师和学生都应明确这一点。

（三）突出教学重点

现代篮球竞争激烈，运动员必须掌握全面的技术，才有可能应对场上出现的各种问题。以往,人们只注意进攻技术的训练而忽视防守技术的练习,但随着篮球运动的不断发展,篮球场上攻守转换快,进攻和防守可在几秒中完成,只重视进攻技术训练或只重视防守技术训练都是片面的,应做到攻防技术的全面发展。

在坚持篮球技术的全面发展时,还要重点突出,结合不同的篮球运动者的特点,使其具有自己的特长技术,并能在比赛中具有一定的技术优势。

(四)增加对抗力度

现代篮球比赛竞争激烈、对抗性强,在日常的篮球运动技术教学与训练过程中,教师应特别重视组织学生进行高强度对抗下的技术练习,以此来提高学生的技术实战运用能力。具体来说应做到以下几点。

(1)抓好基本技术训练,建立正确的动作定型。

(2)熟练掌握组合技术,提高难度,为对抗奠定基础。

(3)加强实战训练与难度训练,提高学生对篮球运动的技术运用和应变能力。

二、高校篮球课程技术训练方法

(一)传接球技术训练方法

1. 原地传、接球练习

(1)二人原地双手胸前"拉锯式"传、接球练习。二人一组共用一个球,相距一臂面对面站立,一个队员按照双手胸前传球的方法和要求进行传球,另一队员按照双手胸前接球的方法和要求来接球,接球的人接球后再把球传回给同伴.二人连续交替练习,做到球不离手,如同"拉锯",进行 30~50 次后休息,继续练习。

(2)二人原地双手胸前传、接球练习。二人一组共用一个球,用下列方法和要求进行练习。

二人相距 3~6 米,用手指、手腕带动前臂发力进行传球。

二人相距 6～10 米，用手指、手腕、上肢、腰腹协调发力进行传球。

二人相距超过 10 米，用手指、手腕、上肢、腰腹和腿部的协调能力用力传球。

2. 行进间传、接球练习

(1)面对面行进间双手胸前传、接球练习。如图 6-2 所示，将所有人分成两组，排头①与②共用一个球，间距约 12～15 米；①双手胸前传球给迎面接球的②后，迅速跑到对方队尾；②行进间接球后把球传给迎面跑来的③后也跑到对方队尾，依次进行。

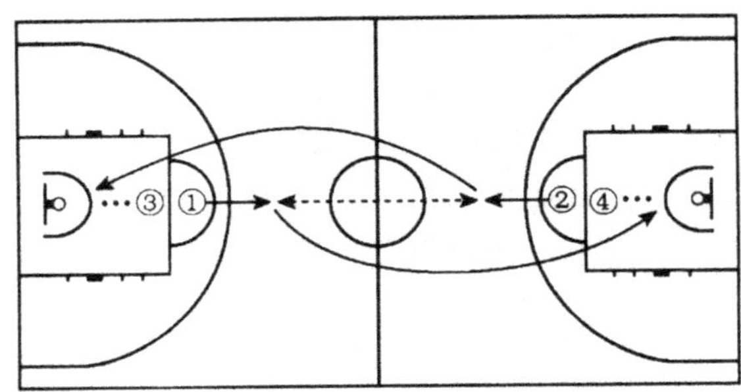

图 6-2　面对面行进间双手胸前传、接球练习

(2)面对面跑动中接球急停后的传、接球练习。如图 6-3 所示，所有人分成两组，面对面站立；跑动中接球急停的同时将球传出，传完了跑到对方队尾。传球的方式可运用双手胸前传、接球；双手击地传球；单手胸前或肩上传球。

(3)侧面行进间传、接球练习。如图 6-4 所示，所有人分为两组，分别站在中线的后两侧，两组间隔约 10 米，共用一个球；①将球传给从侧面跑来的②，跑到对方队尾；②跑动中接到球后，再传给另一组从侧面跑来的③，就这样依次进行。传球方式可采用双手胸前传球、单手胸前传球、单手肩上传球。

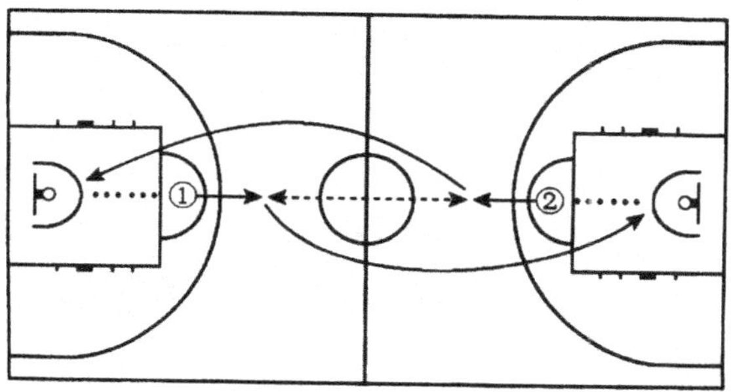

图 6-3　面对面跑动中接球急停后的传、接球练习

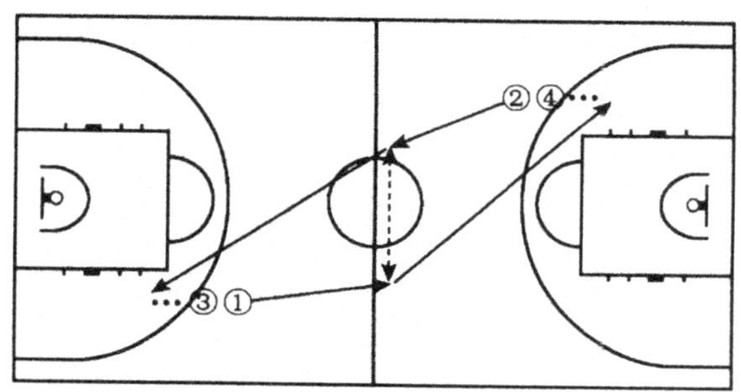

图 6-4　侧面行进间传、接球练习

(4)四角直线双手胸前传、接球练习。如图 6-5 所示,在半场内,所有人分成四组共用一个球;按照图中的方式①传②、②传③、③传④、④再回传①,依次进行;传球队员在传球后就跑到对方队尾。

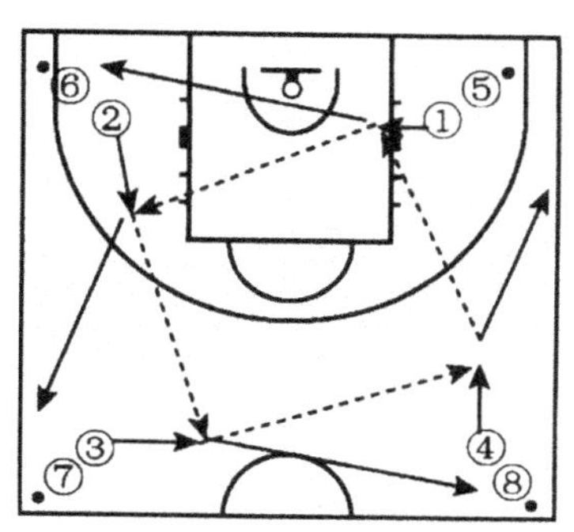

图 6-5　四角直线双手胸前传、接球练习

(二)运球技术训练方法

1. 原地运球练习

(1)原地一人一球的练习。如图 6-6 所示,所有人排两路横队,左右间相隔 3 米,前后间相隔 5 米,人手一球,按照下面的方法练习原地运球。

①原地单手运球,运球高度在胸腰间。

②原地单手低运球,运球高度在膝以下。

③原地单手高运球,立即变高频率的低运球。

④原地单手体侧向前后“前推后拉”运球。

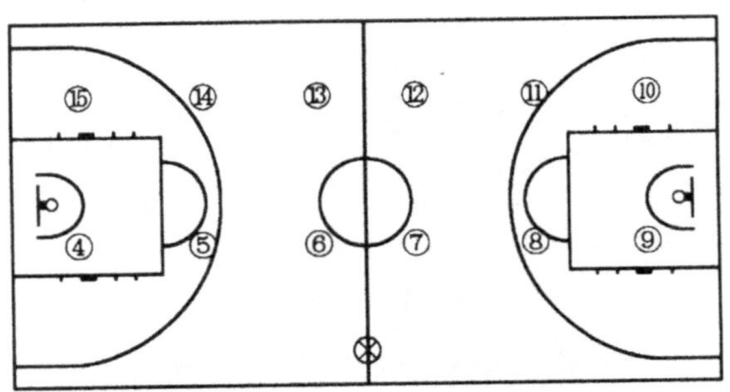

图 6-6 原地一人一球的练习

(2)原地同时运两个球的练习。二人一组,共用两个球,一人运球一人观看,练习 30 秒后互换,根据以下方法练习。

①双手高、低变换运球,即一手高运球一手低运球,来回交替。

②双手同时进行前推、后拉运球。

③双手同时进行左、右变向运球,不要换手。

④一只手体前运球,另一只手体侧运球,之后双手同时变向换手运球,体前运球由体前变向,体侧运球由身后变向。

2. 行进间运球练习

如图 6-7 所示,所有人分为两组,人手一球分别站在端线两侧,从一侧端线运球到另一侧端线;当一名队员接近中线时,下一名队员立即出发，直至最后一名队员运到对面的端线，之后再进行回程练习。运球的方式可以为高运球、快速运球、变速运球、体前变向换手运球等。

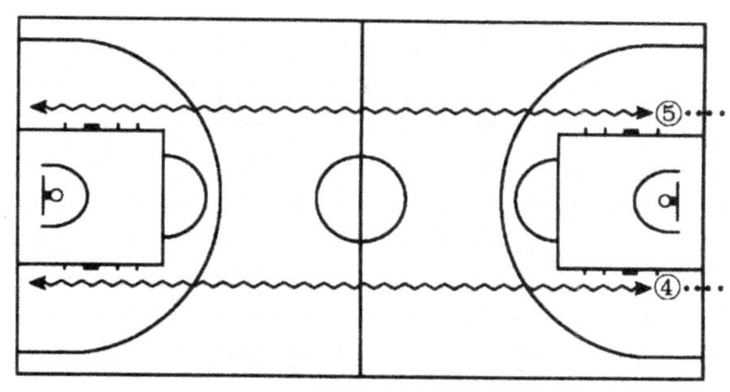

图 6-7　行进间运球练习

3. 快速弧线运球练习

如图 6-8 所示，所有人分成四组，分别站在两侧的端线；①组和②组的每个队员持球，开始由①和②运球，绕过三个圆圈到另一端线，把球传给③和④，传球方跑到接球方的队尾；③和④接球后按照①和②的相同线路折返过去，分别传给下一名队员，依次练习。

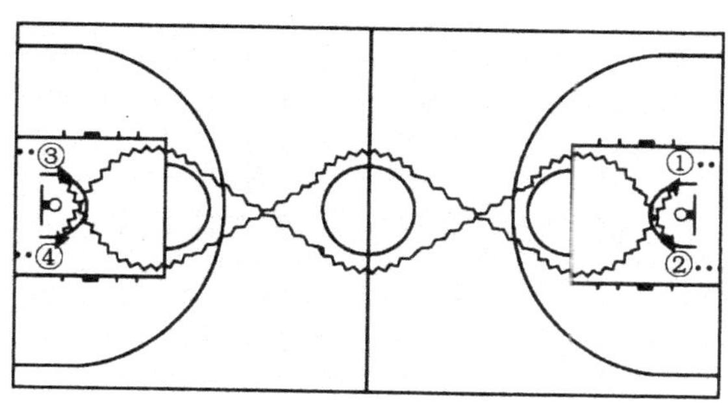

图 6-8　快速弧线运球练习

4. 全场曲线运球练习

如图 6-9 所示，所有人排在一排，人手一球，站在端线外；排头绕着三个圆圈运球到另一侧上篮，之后再直线运球回来上篮，排到队尾。当前一名队员回程接近中线后，后一名队员即可出发。

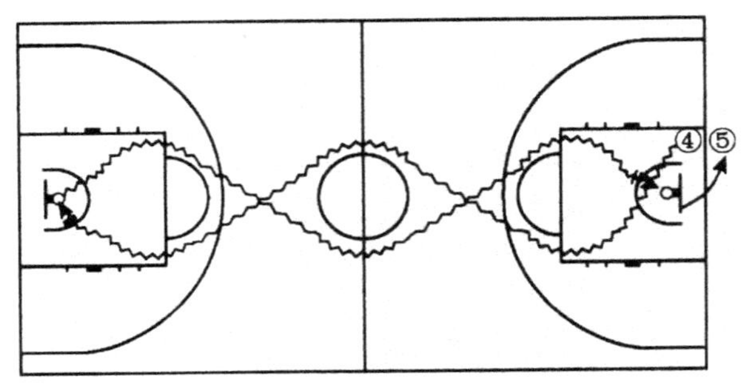

图 6-9 全场曲线运球练习

(三)持球技术训练方法

1. 原地做交叉步突破练习

所有人人手一球，前后间隔 5 米，左右距离 3 米，排两路横队站在场上。从基本站立姿势开始，按照下列方法进行练习，每只脚练习 3～5 次。

(1)分别以右脚和左脚为轴，进行交叉步突破。

(2)先以右脚为轴，左脚向左侧上方跨步做假动作，然后向右进行交叉步突破；之后再以左脚为轴进行练习，动作相同，方向相反。

(3)以右脚为轴，头和肩做投篮假动作，然后变交叉步突破；之后再以左脚为轴进行练习，动作相同，方向相反。

(4)以右脚为轴，双手持球上举假装投篮，之后变交叉步突破；再以左脚为轴进行练习，动作相同，方向相反。

2. 原地做同侧步突破练习

所有人人手一球，前后间隔 5 米，左右距离 3 米，排两路横队站立，按下列方法进行练习，每只脚练习 3～5 次。

(1)分别以左脚和右脚为轴，做同侧步突破。

(2)以左脚为轴,右脚向右侧前方跨一小步,同时躯干向前移动做突破的假动作,之后还原,立即进行同侧步突破;再以右脚为轴练习,动作相同,方向相反。

(3)以左脚为轴,躯干假装做投篮的动作,然后做同侧步突破;再以右脚为轴练习,动作相同,方向相反。

(4)以左脚为轴,双手持球上举假装投篮,然后变为同侧步突破;再以右脚为轴练习,动作相同,方向相反。

(四)投篮技术训练方法

1. 上篮练习

(1)运球单手高手上篮。如图 6-10 所示,所有人每人一球,排一路纵队,站在右侧中场与圈顶之间距边线约三米的位置上;排头右手运球,至罚球线附近跨出三步,进行右手高手上篮;上篮后待球穿过篮筐后接住,之后运到左侧中场;所有队员都上篮后,所有人再从左侧按照上述方法进行左手上篮。

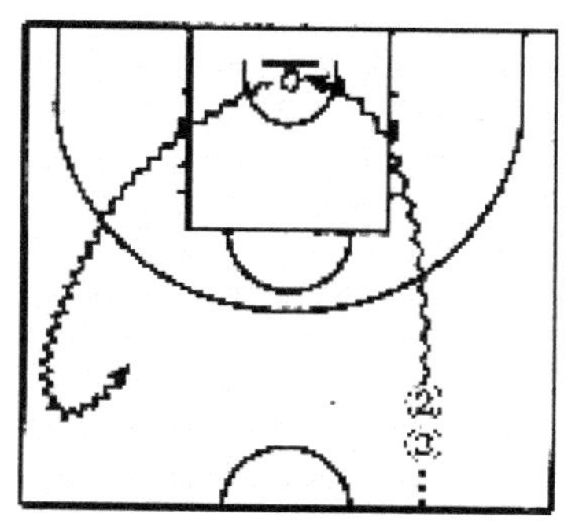

图 6-10　运球单手高手上篮

(2)接球上篮。如图 6-11 所示,所有人每人一球站在中线右侧,排一路纵队,⊗为传球者;①将球传给⊗后,向篮下快速启动空切,接到⊗的回传球后用右手上篮;上篮后待球落入篮筐后接球,向左侧运球;待所有人都完成上篮后,所有人再从左侧按上述方法进行左手上篮。

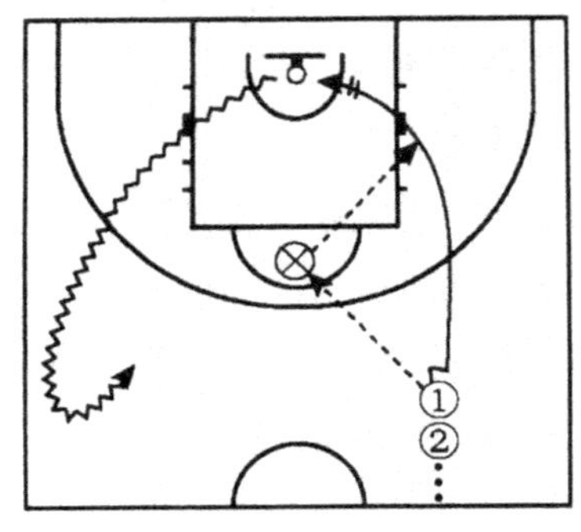

图 6-11　接球上篮

2. 原地投篮练习

(1)原地单手肩上投篮。如图 6-12 所示,所有人分为三组,人手一球,站在距篮框约 3 米的位置上;排头在原地进行单手肩上投篮,投完之后抢篮板,排到队尾;反复进行若干次后,各组交换位置继续练习。

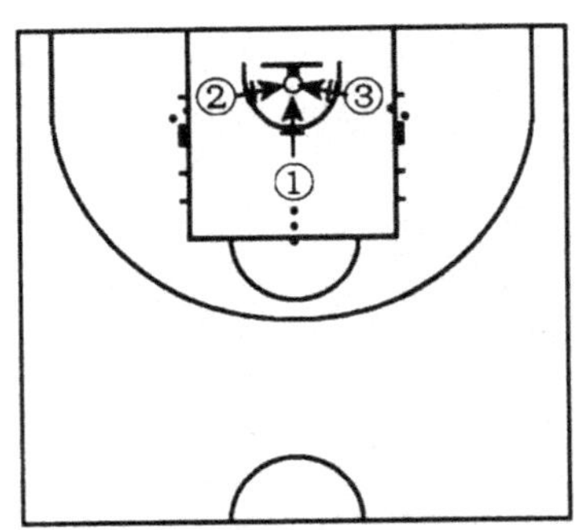

图 6-12　原地单手肩上投篮

(2)原地双手胸前投篮。如图 6-13 所示,所有人分为两组,人手一球,分别站在罚球线处;排头在原地进行双手胸前投篮,投完之后抢篮板,排到队尾,依次进行。根据球员的练习情况,投篮距离可以适当拉大。

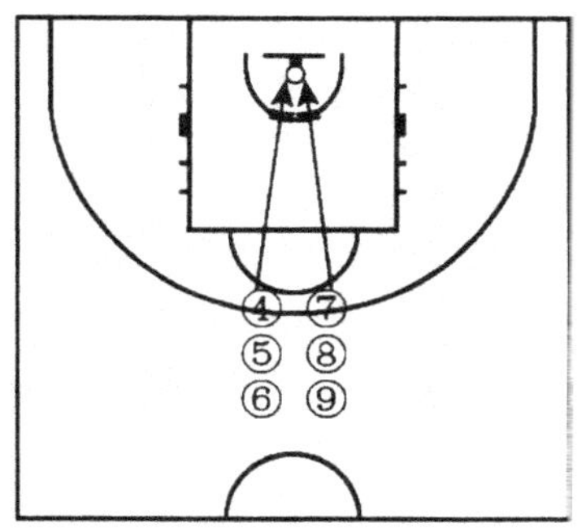

图 6-13　原地双手胸前投篮

(五)抢篮板技术训练方法

1. 多人连续托球碰篮板练习

如图 6-14 所示,在罚球线站一路纵队,排头①向篮板上抛球后,立刻跳起托球使球触碰篮板,后面的队员依次跟进,连续托球碰篮板后按顺序排到队尾。所有人一共完成 50～100 次为一组。

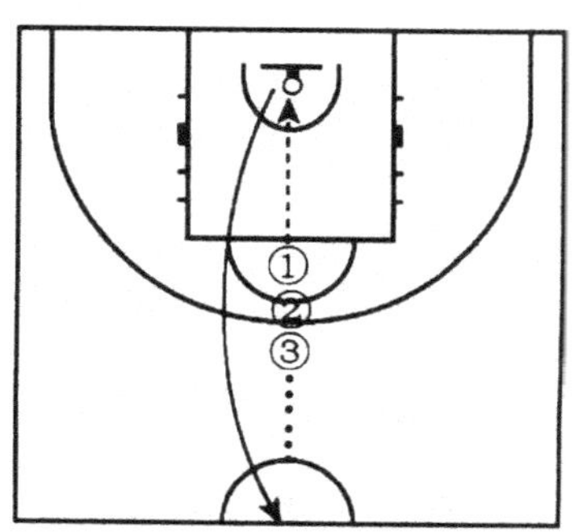

图 6-14　多人连续托球碰篮板练习

2. 结合投篮抢前场篮板球练习

如图 6-15 所示,两人一组,共用一个球;一名队员投篮,另一名队员在中距离的位置抢进攻篮板,拿到球后直接投篮;练习 10 次后两人互换角色。

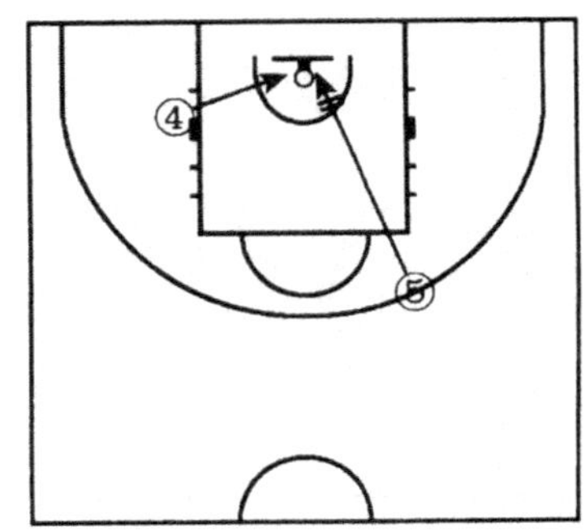

图 6-15　结合投篮抢前场篮板球练习

3．两人一组抛球跳起空中抢球练习

每组两人，共用一个球，一名队员轻抛球后用双手头上托球，高度为 3～3.5 米，另一名队员在身后上步起跳将球抢下，做 10 次后两人交换。每人完成若干组。

4．自抛自抢练习

所有人人手一球，排一路纵队，站在罚球线后；自己向篮板抛球后跟进抢篮板球，之后走向队尾。抢球方法是先用双手抢再用单手，然后再点拨抢球。

（六）防守技术训练方法

1．防守无球队员技术训练方法的设计

（1）防后卫队员纵切的练习。如图 6-16 所示，两人一组，共用一球，进攻队员①传球给站在前锋位置上的⊗后摆脱纵切，防守队员❶站在①纵切的路线上，进行卡位、封堵，逼迫①改变纵切路线。防守后，❶和①交换攻防角色，继续进行。

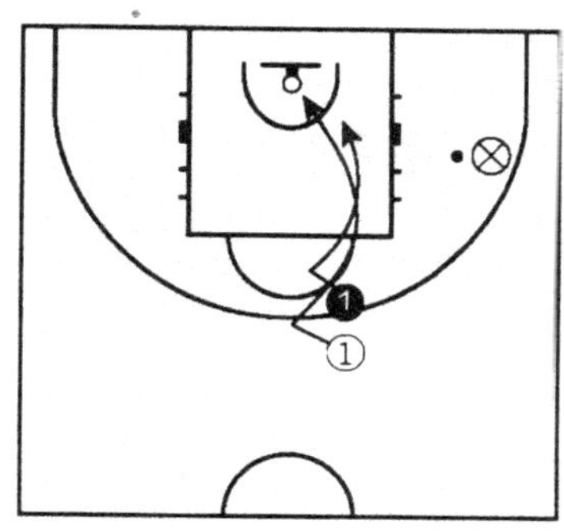

图 6-16　防后卫队员纵切的练习

(2)防后卫队员利用外中锋策应掩护空切的练习。如图 6-17 所示,②是给中锋策应的队员,⊗在前锋位置上,其他人两人一组,共用一个球,站在与⊗同侧的后卫位置上;当攻方后卫①传球给⊗时,防守队员❶除了要积极防①接回传球外,更要防止其纵切;当①利用②的策应空切后,❶及时地从②的右侧绕过后再去防守①。练习结束后,❶与①交换攻防角色,排到队尾。

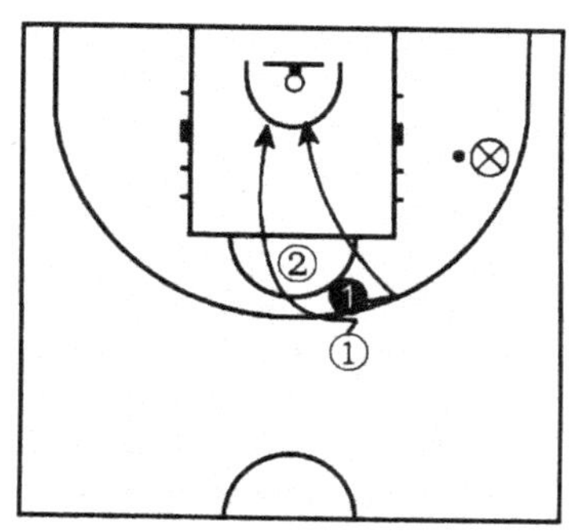

图 6-17　防后卫队员利用外中锋策应掩护空切的练习

(3)防前锋队员横切的练习。如图 6-18 所示,攻方后卫②持球,❶防前锋①横切,迫使①从自己的身后穿过限制区。防进攻队员从身后穿过限制区有两种方法。

①背向球,面向对方,高举双手,贴紧对方,阻止对方传、接球。该方法虽然一时看不到球,但由于面向对手,所以使对方很难接球。

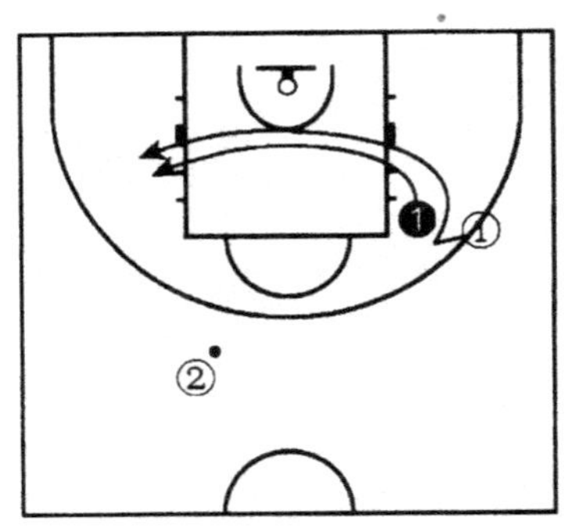

图 6-18 防前锋队员横切练习 1

②如图 6-19 所示，在对方横穿篮下溜底线时，防守者要后转身面向球，背向人，手贴着对方，跟随其移动。当对方出限制区后，立即前转身，面向对方采用内侧脚在前的防守方法。

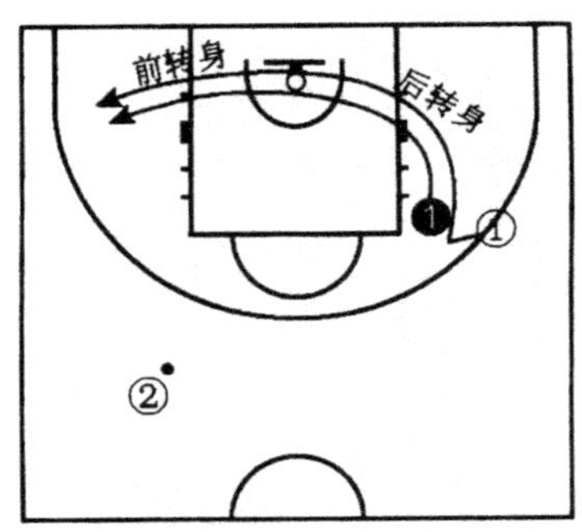

图 6-19 防前锋队员横切练习 2

(4)防内中锋横切的练习。练习要求与技术方法同防前锋横切的方法一样。区别在于中锋移动距离短，攻守要位的碰撞更加激烈，所以防守时要合理使用力量。

2. 防守有球队员技术训练方法的设计

(1)一对一原地抢打球的练习。如图 6-20 所示，进攻队员持球，防守寻找机会进行抢球、断球。进攻队员可以进行原地跨步、转身动作。进行若干次后，攻、守双方交换角色。

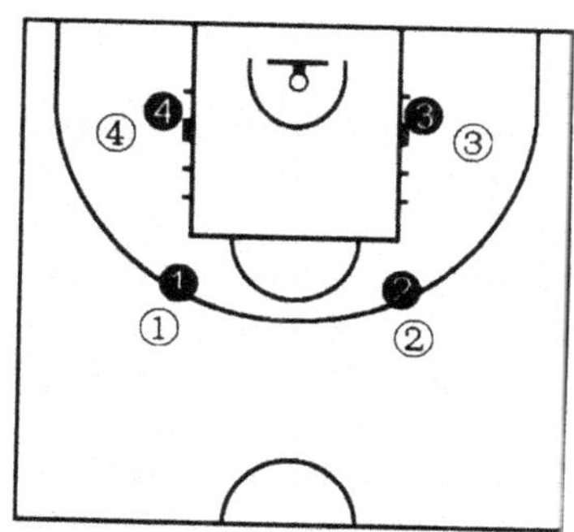

图 6-20　一对一原地抢打球的练习

(2)原地"盖帽"练习。如图 6-21 所示,二人一组,共用一球,在半场进行练习。进攻队员进行原地投篮或向左、右侧运球一次急停跳投,防守队员跳起盖帽。练习 3～5 次后,攻、守双方互换角色。

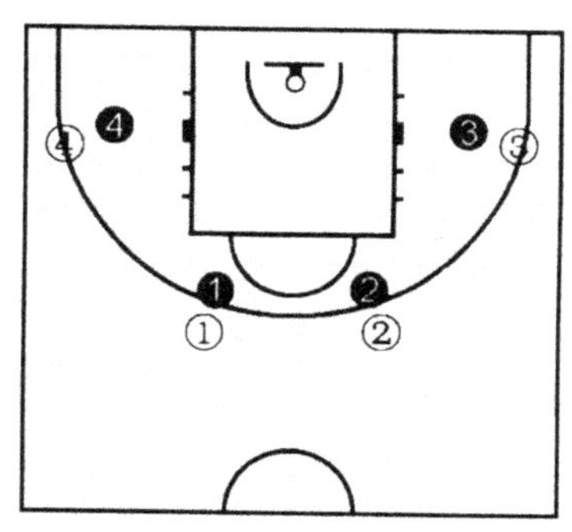

图 6-21　原地"盖帽"练习

(3)对运球队员断球的练习。如图 6-22 所示,每组两人,共用一个球,全队分为若干组,从篮的两侧同时向对侧进行练习。一人运球,一人防守,到另侧端线返回时,攻、守双方交换角色。具体练习方法主要有以下几种:

①进攻队员在身前运球时,防守队员突然断球。

②进攻队员运球变向过人时,防守队员后撤步时断球。如从防守队员左侧变向过人,防守队员撤左脚同时用左手断球;如果从防守队员右侧变向过人,则撤右脚同时用右手断球。

③进攻队员在体侧运球时,防守队员突然绕步断球。

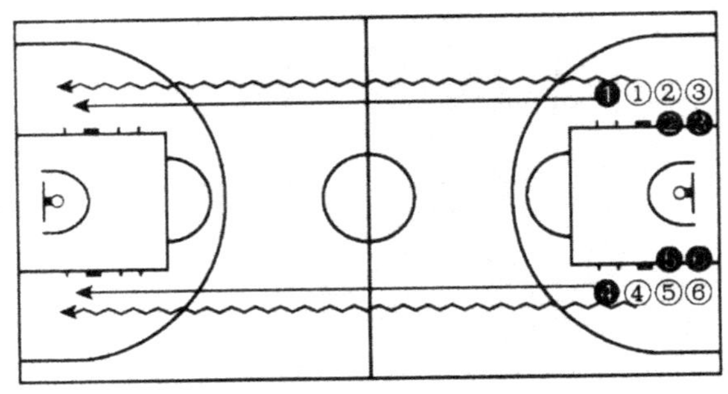

图 6-22 对运球队员断球的练习

(4)半场一对一练习。

①练习方法一

如图 6-23 示，二人一组，共用一球，进攻者可以原地投篮，也可运球突破上篮或急停跳投，防守者根据进攻者的意图采取相应的技术进行防守。防守成功后，攻、守双方互换角色。

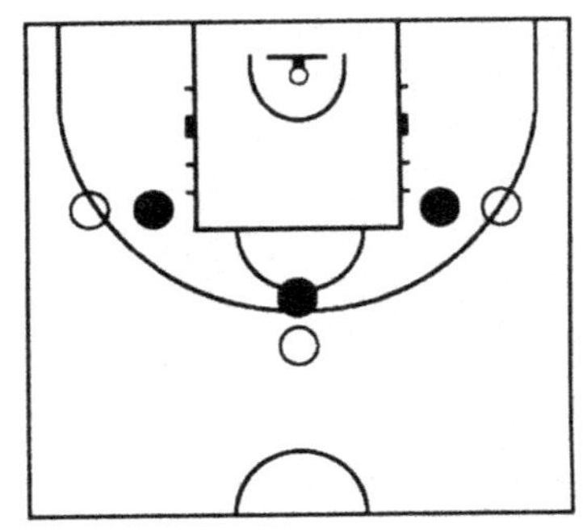

图 6-23 半场一对一练习 1

②练习方法二

如图 6-24 所示，二人一组，共用一球，防守方站在篮下，进攻方站在弧顶；防守队员❶在端线向弧顶队员传地滚球，然后快速上位防守，当接近①时进行碎步，以便调整与①之间的距离，保持正确的防守姿势；如果①运球，❶要逼迫对方向边角运球并形成“死球”；如果①急停跳投或上篮，❶应积极封盖干扰，直至抢到篮板球。当进攻方得分或失去球权后，攻、守双方互换角色并排到队尾。

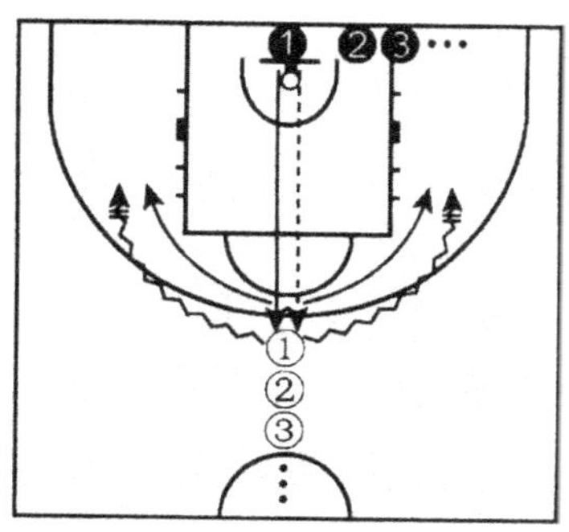

图 6-24　半场一对一练习 2

第三节　高校篮球课程技术学练中易犯错误与纠正

一、移动技术学练中的易犯错误与纠正

（一）易犯错误

（1）基本站立姿势或起动前身体重心偏高、步幅过大，不便于迅速蹬地。

（2）变向跑时前脚掌内侧不主动用力，腰胯动作未协调用力。

（3）侧身跑时上体转体不够，侧转时内倾不够，跑步时脚尖不是向前。

（4）急停时身体重心过高，腰胯用力不够或过于紧张，没有用力蹬地和控制身体重心的动作。

（5）转身时身体重心上下起伏，中枢脚未用前脚掌碾地和旋转。

（6）滑步时两脚并步，形成跳动移动，重心过高，滑步时上下起伏。

（7）撤步时后撤脚的角度过大，失去后撤步抢位堵截的作用。

（二）学练纠正

（1）教师用正确的示范动作引导学生练习，并在练习中反复用语言提示。

（2）为了使学生掌握规范的动作，在教学方法上可采用分解练习，由慢至快，由简入繁。

（3）在跑的练习中，反复强调前脚掌内侧用力的部位，以及腰胯用力带动重心迅速转移。

（4）强调两腿弯曲降重心，或采用限制高度的滑步练习。

二、传接球技术学练中的易犯错误与纠正

（一）易犯错误

1．单手肩上传球

（1）传球时上、下肢用力不协调。
（2）传球动作类似推铅球。
（3）传球方向掌握不好。

2．双手接球

（1）漏接球（球从两手之间穿过）。
（2）伸手迎球时手指向着来球的方向，造成手指挫伤。
（3）持球不稳（易漏接）。

3．双手胸前传球

（1）传球方向和落点不好。
（2）传球时两臂用力不一致，身体动作和传球动作不协调。
（3）传球动作不连贯，传球时将球推出手。

4. 双手头上传球

(1)传球目标不准确。
(2)传球没有速度和力量。

(二)学练纠正

1. 单手肩上传球

(1)反复讲解、示范,多做徒手和持球的引球与挥臂练习。
(2)强调手腕前屈时对准传球方向,最后由食、中、无名指的指尖将球拨出。
(3)强调传球前左肩对准传球方向。传球时,注意蹬地、转体动作。

2. 双手接球

(1)讲解、示范正确的手型,用徒手动作来解决手型的定型。
(2)多示范正确迎球的手型,手指向上,两拇指呈八字形。
(3)强调接球时伸手迎球,手指触及球时要随球后引,并反复练习。

3. 双手胸前传球

(1)从纠正持球动作开始,讲解、示范正确的持球手型和手法规格,并反复练习持球动作。
(2)强调传球时正确的站立姿势,反复练习,并加强弱手的力量训练。
(3)多示范正确的动作,着重徒手模仿练习。强调持球时拇指相对呈八字形,两肘自然下垂,放松,靠近身体,并让学生体会持球出手时食、中指指尖内侧拨球的部位(感觉)。

4. 双手头上传球

(1)注意讲清楚出手的时间,并做示范。

（2）传球时利用腰腹和摆臂以及向前抖腕和手指的力量，抖腕要快而短促。

三、投篮技术学练中的易犯错误与纠正

（一）易犯错误

1. 双手胸前投篮

（1）投篮时两手用力不一致，伸臂不够充分，出球时手指没有自然分开。

（2）持球手法不正确，肘外张，手臂僵硬，手腕动作紧张。

（3）投篮时用力不集中，由于用不上力量而形成推球的动作。

2. 原地跳起投篮

（1）起跳后身体重心控制不稳，失去平衡。

（2）起跳后髋关节弯曲，形成“后坐”和“挺腹”的动作。

（3）投球出手过晚，身体在空中下降时球才出手。

（4）起跳时的蹬地时间与举球、伸臂的动作配合不协调。

（二）学练纠正

1. 双手胸前投篮

（1）变换法。分解、组合练习。学生成体操队形，持球面对教师站立，根据教师口令做持球与伸臂练习；两手持球手臂伸直，做最后出球时手腕、手指外翻拨球的动作练习；完整动作练习（将球拨出）。矫枉过正练习。在学生在距离球篮 6 米左右的地方做远投练习，体会全身的协调用力。

（2）讲解示范法。讲解、分析双手胸前投篮技术的难点与关键，并通过不同的示范（侧面、正面、重点示范，结合持球动作、腿、腰腹、臂的协调用力和手腕、手指的最后用力动作），使学生在建

立正确技术动作概念的同时,加深对技术动作细节的理解。

(3)诱导法。徒手模仿练习。学生成体操队形,面对教师站立,根据教师的口令做向前上方伸臂及翻抖手腕的动作。纠正伸臂不充分、两臂用力不一致、动作僵硬的错误。持球模仿练习。让学生两人一组一球,相互进行对投练习。

2. 原地跳起投篮

(1)讲解示范法。讲解、分析跳起单手投篮技术的难点与关键(起跳—引球上举;空中保持身体平衡),并通过不同的示范(侧面、正面),使学生在建立正确技术动作概念的同时,加深对技术动作细节的理解。

(2)变换法。减小蹬地的力量,降低起跳高度和缩短投篮距离的投篮练习。学生在距离球篮 3 米左右处,做轻跳投篮,重点体会在跳起的最高点投球出手。纠正投篮出手过晚和身体下降时球出手形成“后坐”“挺腹”的错误动作。

(3)诱导法。起跳和空中平衡练习。学生成体操队形,根据教师的口令,连续做原地起跳、空中维持身体重心平衡的练习。此练习亦可持球进行模仿练习。纠正起跳与引球上举的配合不协调和跳起时身体重心不稳的错误。

四、运球技术学练中的易犯错误与纠正

(一)易犯错误

(1)带球跑。

(2)掌心触球(拍球时有声响)。

(3)原地或行进间运球时低头看球。

(4)两次运球。

(5)运球时用脚踢球。

(二)学练纠正

(1)运球教学要结合规则进行，讲清概念，并对易犯的几种违例现象进行示范、分析；练习中要严格要求，发现走步违例要及时纠正、重做，反复练习；运球时用力要适度。

(2)讲清正确动作概念，做正确示范，帮助分析原因；多做(体会)手指、手腕随球上引与柔和按拍的动作，如对墙连续拍球、坐在小凳子上拍球等。

(3)教师要强调大胆运球，鼓励学生不看球，在快速运球中培养学员手指的球感，这样才能解放视野，且要强调屈膝，降重心。

(4)结合规则讲清两次运球的概念，多做正、误示范和模仿，严格要求，及时纠正，养成好习惯。

(5)反复练习，提高控制球的能力，且强调落点在前脚的外侧前方。

第四节　高校篮球课程技术教学的创新与发展

一、创新篮球技术教学方法

(一)创新教学顺序

(1)准备部分以熟悉球性练习为主，以发展、提高与巩固学生的基本功。

(2)基本部分在适度控制内外负荷的原则下，大量安排攻防技术组合的对抗性练习。

(二)创新教学内容

(1)在篮球技术教学内容方面，应突出技术组合练习，使简单的组合练习占总课时的20%、较复杂的组合练习占总课时的

30%、复杂组合练习占总课时的40%。

(2)理论与实践充分结合，理论课时数占总课时的30%，实践课时数占70%。

(三)创新教学形式

以学生基础水平和心理相容性等基础条件为依据，遵循均衡、自愿的原则对学生进行分组，并在竞争与合作的动态过程中重新对学生进行分组，有针对性地进行教学。

(四)创新教学重点

在篮球技术教学中，应将技术运用能力培养、智能开发、竞争与合作能力培养、创新能力培养等作为教学重点来对待。

(五)创新教学方式

广泛运用比赛法，大量创设问题情境，在比赛过程中，促进学生智力与非智力因素的全面发展，对学生的创造力进行培养。

二、创新篮球技术训练方法

(一)起动技术训练方法的创新设计

(1)听信号，两脚技术原地蹬地跑。

(2)连续起动跑，一步急停。

(3)连续起动跑，两步急停。

(4)原地碎步跑后立刻起动跑，跑5米。重复上述练习，反复多次训练。

(5)在做完虚晃假动作后立刻起动跑，跑5米。重复上述练习，反复多次训练。

（二）移动技术训练方法的创新设计

1. 急停后转身跑

训练方法：如图 6-25 所示，从篮球场地一端的端线，跑向另一端的端线，在中途的几个标志点进行转身跑，要求后转身 75°～90°，提高步法变化的速度和灵活性。

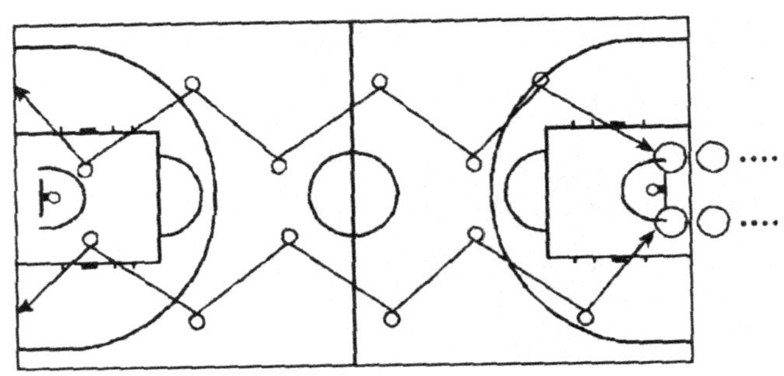

图 6-25　急停后转身跑线路图

2. 弧线跑

训练方法：如图 6-26 所示，全体学员分成两队，分别站在篮下两侧，听到信号，本队第一人从一端跑向另一端，依次进行弧线跑进，反复练习。

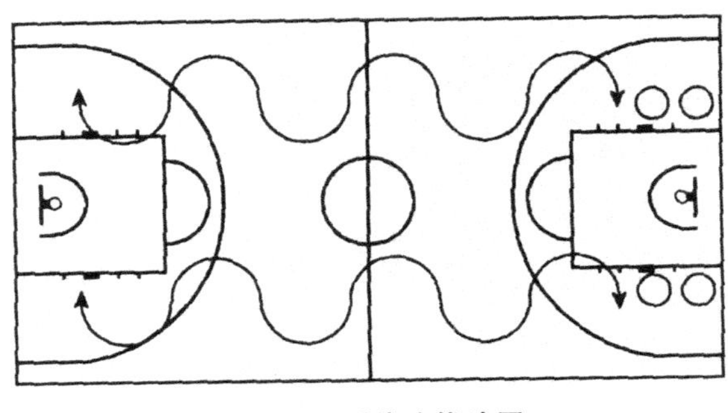

图 6-26　弧线跑线路图

3. 沿跳球圈追逐跑

训练方法：如图 6-27 所示，两人一组，沿跳球圈追逐跑，拍到对方背部后交换角色继续追逐跑。

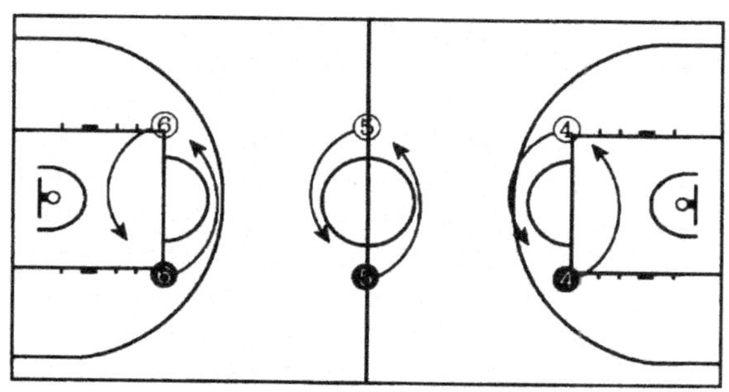

图 6-27　沿跳球圈追逐跑线路图

4. 3 米折返跑

训练方法：如图 6-28 所示，距中线 3 米处画一条平行线，双脚站在中线外，听信号后跑动，脚接触 3 米线后变换为交叉步折返跑，脚踩中线后再折返跑回。

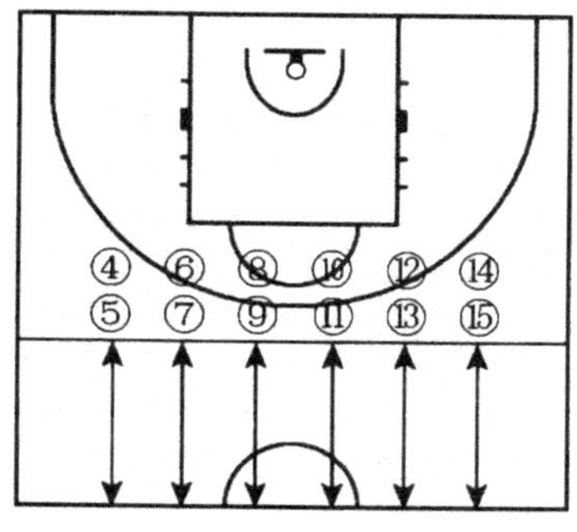

图 6-28　3 米折返跑线路图

5. 穿梭跑

训练方法：如图 6-29 所示，在场地中间设多个障碍物△，从场地端线一侧出发，绕障碍物穿梭跑，以提高脚步移动的灵活性。

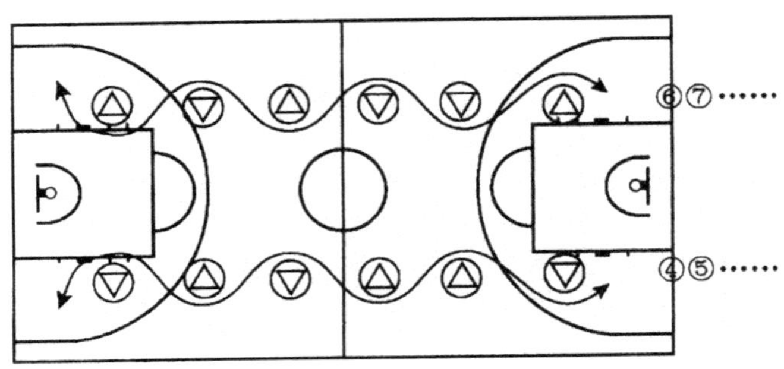

图 6-29 穿梭跑线路图

6. 8 字形跑

训练方法：如图 6-30 所示，在端线后站立，从限制区与端线的交点处起跑，绕三个跳球圈，向外做侧身弧线跑，掌握并提高侧身弧线跑时速度变化的能力。

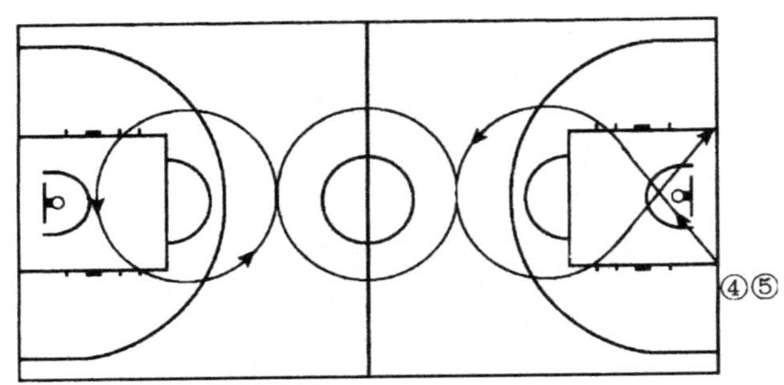

图 6-30 "8"字形跑线路图

7. 综合性脚步移动训练

训练方法：如图 6-31 所示，在场地中间设多个障碍物△，跑到障碍物前急停，做虚晃摆脱假动作后，变向起动跑到下一个障碍物，依次重复上述动作直到到达最后一个障碍物后，转身沿边线向内侧身跑返回，跑至前场罚球线延长线附近，再加速冲过篮下。

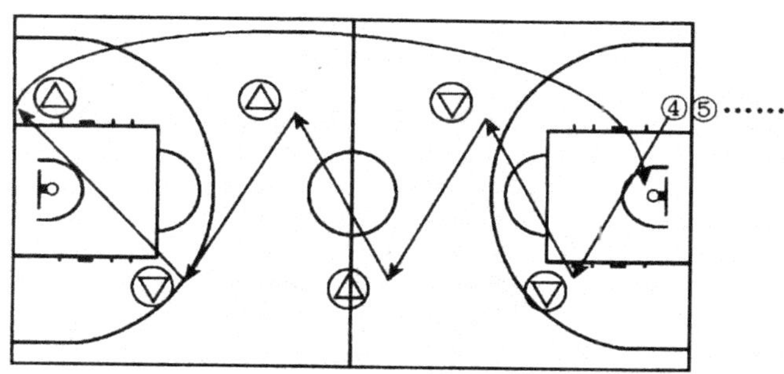

图 6-31　综合性脚步移动训练

（三）传接球术训练方法的创新设计

1. 原地传、接球训练

（1）原地徒手双手持球动作的模仿练习。

（2）距墙 3 米左右，向墙上做双手胸前传、接球练习。

（3）两人面对面地原地传、接球，两人一组一球，相距 4～6 米，由慢到快，由近到远进行各种传、接球练习。

（4）两人一组一球，相距 4～6 米，做规定动作的传、接球练习。如双手头上传、接球，左右手单手体侧传、接球，左右手勾手传、接球，单手肩上长传球等。

2. 行进间传、接球训练

（1）三角传、接球。训练方法：如图 6-32 所示，全体学员分成三组，分别成三角形纵向站立，各队排头相距 4～6 米。①传给②后跑到②队尾，②传给③后到③队尾，③传给①组后跑到①组队尾，依次进行。

（2）横向移动换位传、接球。训练方法：如图 6-33 所示，4 人一组，各相距 4～5 米，成“口”字形。④与⑤持球，分别将球传给⑥和⑦后，④与⑤横向移动交换位置，分别接⑥与⑦的回传球，⑥与⑦传球后同样横向移动换位接球，如此反复进行。

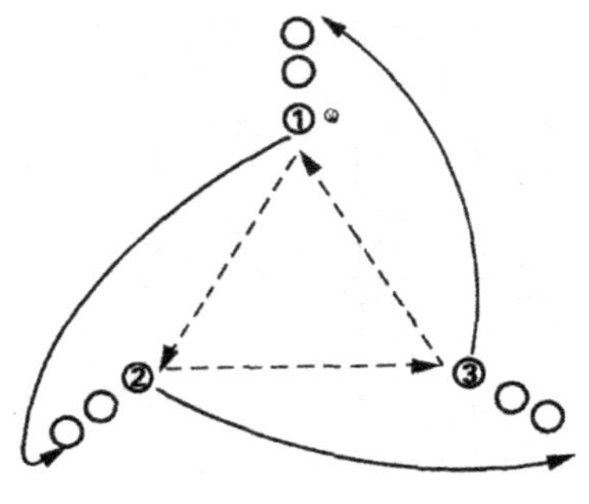

图 6-32 三角传、接球

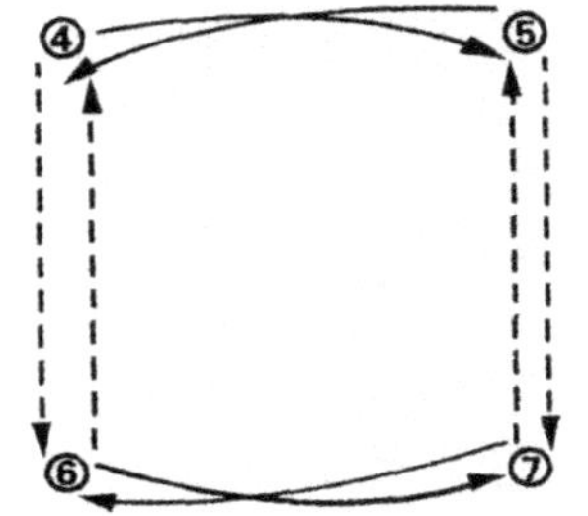

图 6-33 横向移动换位传、接球

(3)跑动换位传、接球。训练方法:如图 6-34 所示,全体学员分成两队,相对站立,①传球给③后,接③的传球,③传给①球后跑到①的侧面,接①的传球,③再传球给②,然后跑到②的队尾,①跑到④的队尾。

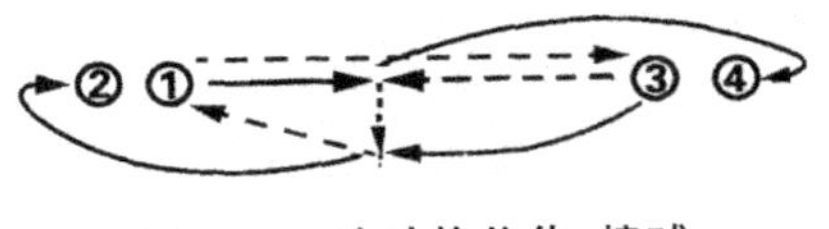

图 6-34 跑动换位传、接球

(4)面对面跑动中接球急停后的传球。训练方法:全体学员分两组面对面站立,在跑动中接球急停,把球传出,传球后跑到对方队尾(图 6-35)。

(四)运球技术训练方法的创新设计

1. 原地运球训练

(1)原地拍起静止不动的球。

(2)两手交替直臂对墙运球。

(3)原地体前变向换手运球。

(4)双手同时体侧或不同时依次交替运球。

(5)双手原地各自运球。

(6)原地环绕两腿做“8”字形运球。

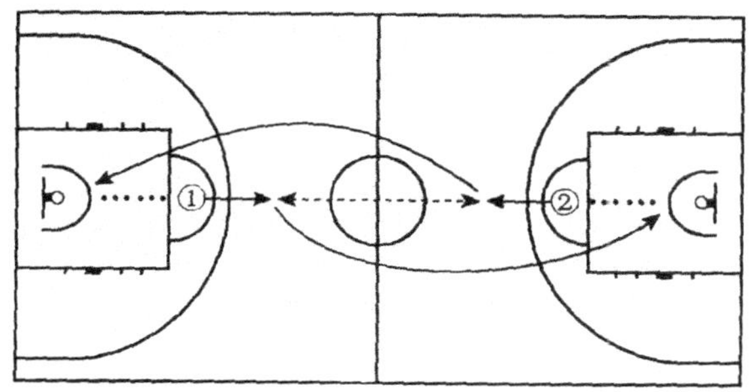

图 6-35　面对面跑动中接球急停后的传球

2. 行进间运球训练

(1)快速弧线运球。训练方法:如图 6-36 所示,全体学员分为四组,站在端线外,①和②组成员各持一球,运球绕过场地上的圆圈至另一端后,分别将球传给③和④。③和④按上述方法运球至另一端线交给下一组成员。

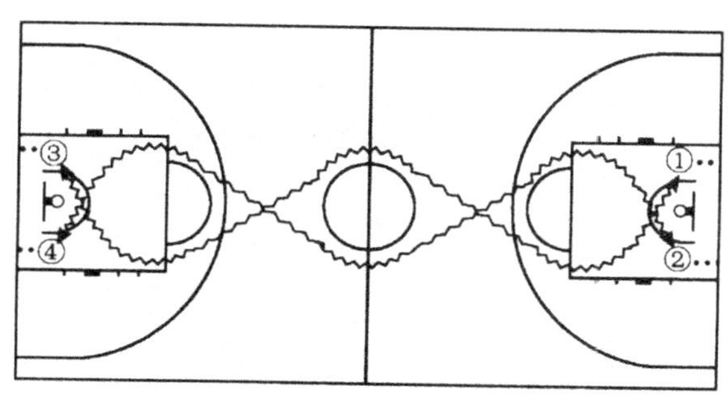

图 6-36　快速弧线运球

(2)绕圆运球。训练方法:如图 6-37 所示,全体学员分为六组,相对站在两侧边线后,排头在听到信号后启动运球,绕场内圆圈一周返回原位置交给本队的下一个成员,然后排至队尾。各组学员按此方法依次进行。

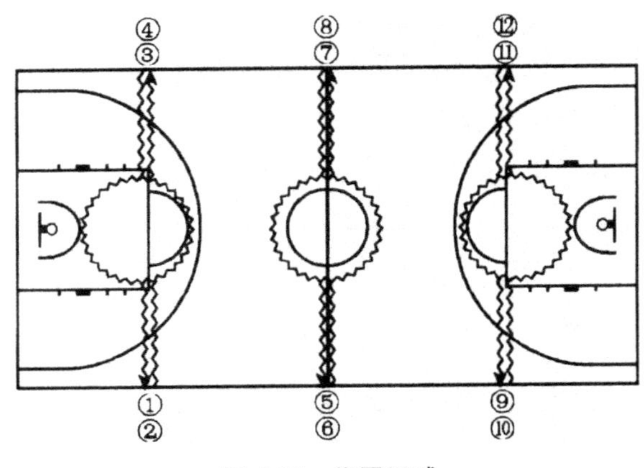

图 6-37 绕圆运球

(3)全场曲线运球。训练方法:如图 6-38 所示,人手一球,站在端线外,运球绕过场地上的三个圈至另一侧上篮,无论是否投中,都再运球返回。

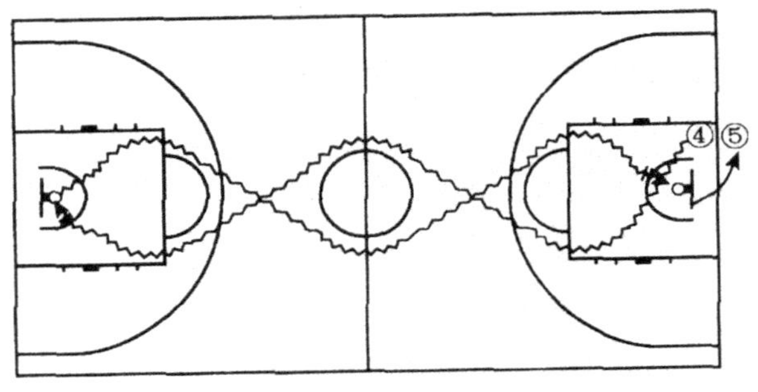

图 6-38 全场曲线运球

(五)突破技术训练方法的创新设计

1. 原地突破训练

(1)徒手摸仿突破技术训练,体会脚步动作。

(2)原地结合球做各种脚步的突破技术训练。

(3)两人一球,做交叉步突破练习,一人防守,一人突破。

(4)两人一球,在篮下做突破上篮练习。

2. 行进间突破训练

(1)移动中背对篮接球后撤步转身突破。训练方法:如图 6-39 所示,内线队员人手一球站在内中锋位置。①传球给⊗上插至外中锋位置,背对篮接⊗的回传球,后撤步转身突破上篮。

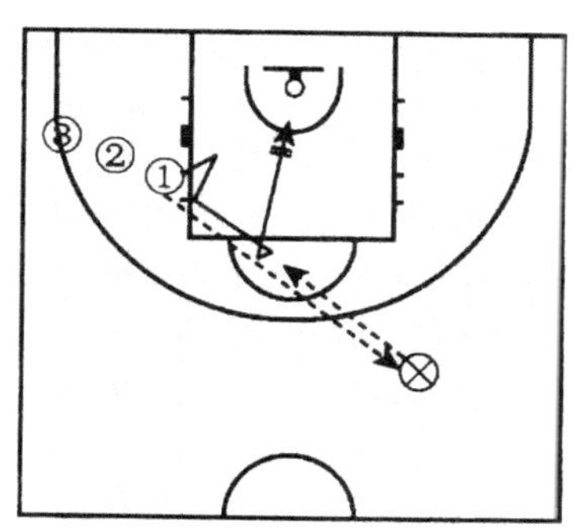

图 6-39　移动中背对篮接球后撤步转身突破

(2)背对篮后撤步转身运球突破。训练方法:如图 6-40 所示,①背对篮持球,后撤步,转身,用同侧手运球突破上篮。

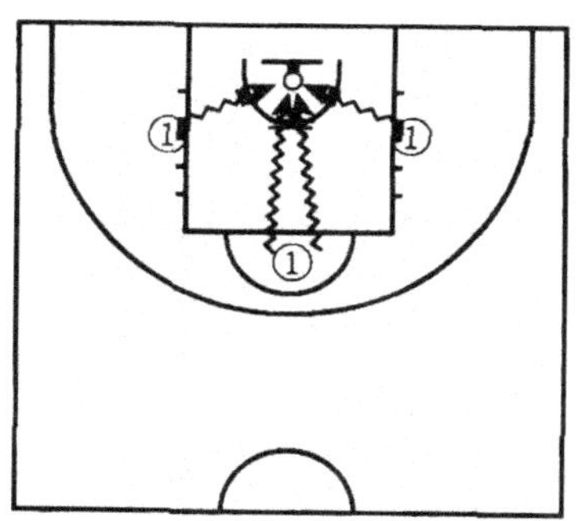

图 6-40　背对篮后撤步转身运球突破

(六)投篮技术训练方法的创新设计

1. 原地投篮技术训练

(1)原地徒手模仿投篮技术动作。

(2)原地模仿跳投。

(3)原地正面定点投篮。

(4)自抛自接球后急停跳投。

(5)运球急停单手肩上跳投。

2. 行进间投篮技术训练

训练方法:如图 6-41、图 6-42 所示,两人一组一球,②在罚球线附近持球,①在两底角处移动接②的传球投篮,并冲抢篮板球,再传球给②。投篮一定的次数后,两人交换继续练习。

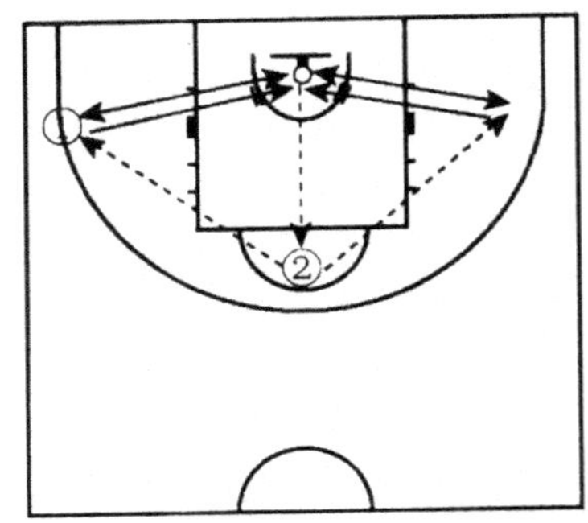

图 6-41 行进间投篮技术训练 1

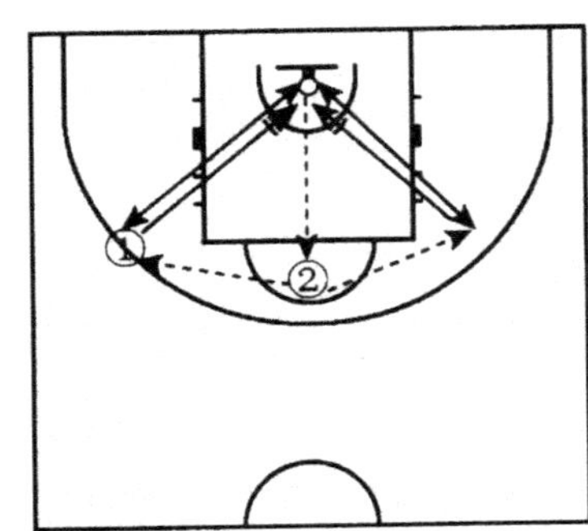

图 6-42 行进间投篮技术训练 2

3. 底线连续移动投篮技术训练

训练方法:如图 6-43 所示,四人一组两球,一人投篮,一人捡球,两人传球。①在底线接②的传球后投篮,并快速移动到另一侧底线接③的球投篮。投篮一定的次数后,四人轮换位置继续练习。

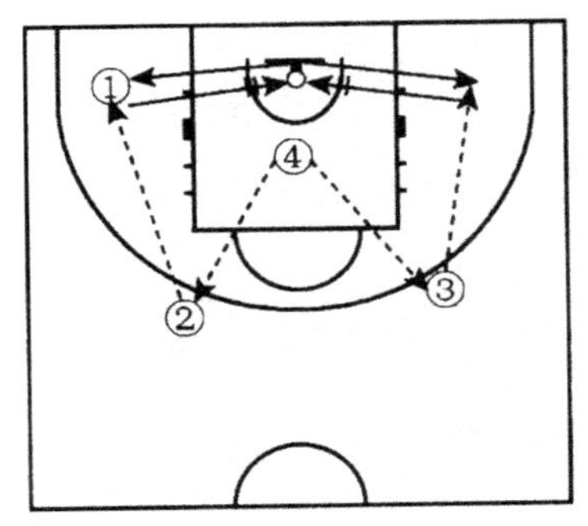

图 6-43 底线连续移动投篮技术训练

4. 两点移动投篮技术训练

训练方法：如图 6-44、图 6-45 所示，两人一组一球，一人投篮，一人传球，在中、远不同的距离进行投篮，连续投篮一定次数后，两人交换继续练习。

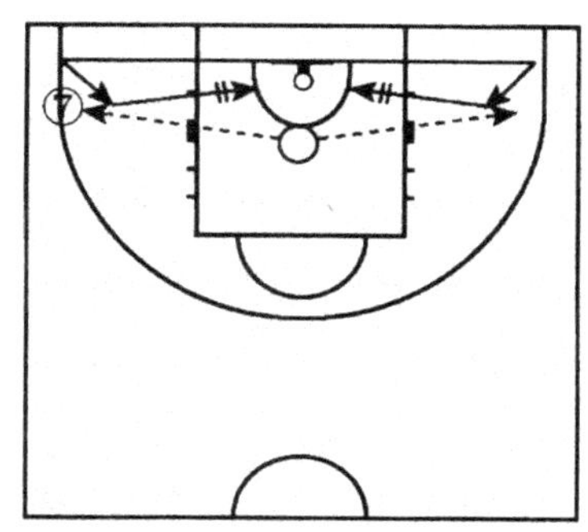

图 6-44　两点移动投篮技术训练 1

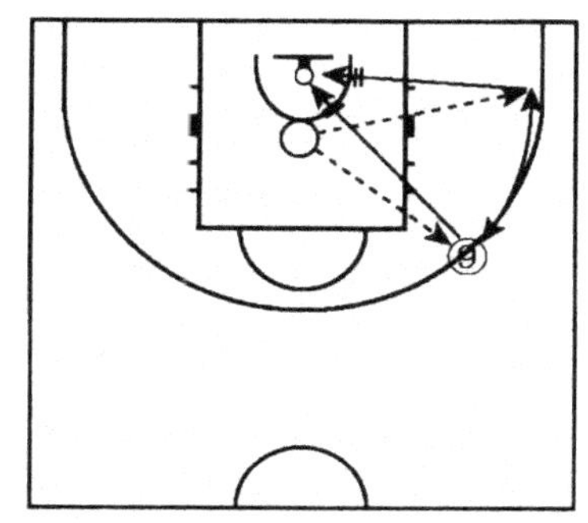

图 6-45　两点移动投篮技术训练 2

三、创新篮球技术教学原则

篮球技术教学原则准确反映了篮球技术教学规律。以篮球动作技能形成的基本规律、篮球运动技能教学过程中动作技术和攻守关系的认知规律、技术多样性以及现代篮球运动竞赛高强度、高速度攻防直接对抗的发展趋势为依据，可将篮球技术教学原则总结为以下几方面。

(1)注重基本功的教学原则。

(2)注重基本动作规范的教学原则。

(3)注重对抗中运用技术的原则。

(4)注重技术组合的教学原则。

(5)注重适度内部与外部负荷相结合的教学原则。

(6)注重弱手弱脚应用技术的教学原则。

(7)注重非智力因素培养的教学原则。

(8)注重智能开发的教学原则。

(9)注重创新能力培养的教学原则。

(10)注重竞争与合作的教学原则。

第七章　高校篮球课程战术教学与发展探索

篮球战术是篮球运动的重要组成部分，没有战术的篮球运动是不存在的。在高校篮球运动课程教学中，篮球运动战术教学是非常重要的教学内容之一，也是篮球课程教学的难点，需要系统的篮球理论课程教学和篮球实践课程教学组织和实施才能促进大学生的篮球运动战术的理解、掌握与提高，才能为大学生篮球运动实战能力的提高奠定战术基础。本章主要就高校篮球课程战术教学与发展进行分析与研究，以篮球课程战术理论知识为篮球理论课程教学内容进行深入分析，并就高校篮球课程战术教学与训练方法、教学的创新与发展进行系统研究，为当前高校篮球课程战术教学提供理论和实践指导。

第一节　篮球战术概论

一、篮球战术的概念

关于篮球战术的概念界定，学术界一般认为，篮球战术是指篮球运动员在篮球比赛中通过合理地、灵活地运用个人技术，来达到与个别队员之间以及整体队员之间的相互协调配合的组织形式和方法。

篮球战术是篮球运动的非常重要的一个运动能力构成部分，是篮球运动员必须要掌握的篮球运动能力。篮球运动是集体性的球类运动，在现代篮球比赛中，篮球运动队之间的较量更多的是篮球运动队之间的团体较量，也就是说，需要篮球运动员的集体配合才能真正实现篮球运动场上的实力对抗。在比赛过程中，运动员及其同伴之间的战术实施和配合非常重要，是篮球运动员各方面素质的综合运用，运动员及其同伴在教练员和整个运动队的统一战术指导思想的指导下，结合篮球赛场上的具体赛况，以比赛双方的具体情况为主要依据，科学组织和制定战术，并使全体队员形成一个极具战斗力的集体，充分发挥团队优势，使整个球队中每一个运动员都能最大限度地发挥自己的优势，并在运动场上形成同伴之间默契的配合，如此才能获得比赛主动权，才能获得预期的比赛成绩。

就当前篮球运动战术与篮球比赛过程中运动员的表现与配合的关系来看，篮球战术运用的目的是发挥篮球运动队的整体实力，并在赛场上形成有利于压制和制约对手的比赛控制力，掌握比赛主动权。篮球战术的具体实施，形式是行动的外部表现，方法是行动的内在要求，运动员的能力、素质、配合是基础。

二、篮球战术的分类

篮球战术体系内容丰富，从不同的分类角度可以将篮球运动战术分为不同类别，结合篮球运动的比赛对抗，通常按照进攻和防守对篮球战术进行分类。在篮球比赛中，比赛双方无时无刻不在进行着对控球权的时空争夺，攻与守之间频繁转换，由此形成了篮球运动中的进攻战术与防守战术。篮球战术体系是由相互联系、相互制约的攻守战术构成的整体。

具体来说，以对抗特征为依据，篮球战术分为进攻与防守两大系统，同时，结合篮球运动战术的参与人数，还可以对篮球运动进行组织和实施人数上的划分，也因此就形成了篮球战术的两个系统（进攻与防守）、三个层次（个人、配合、整体行动）的战术体系划分，具体如图 7-1 所示。

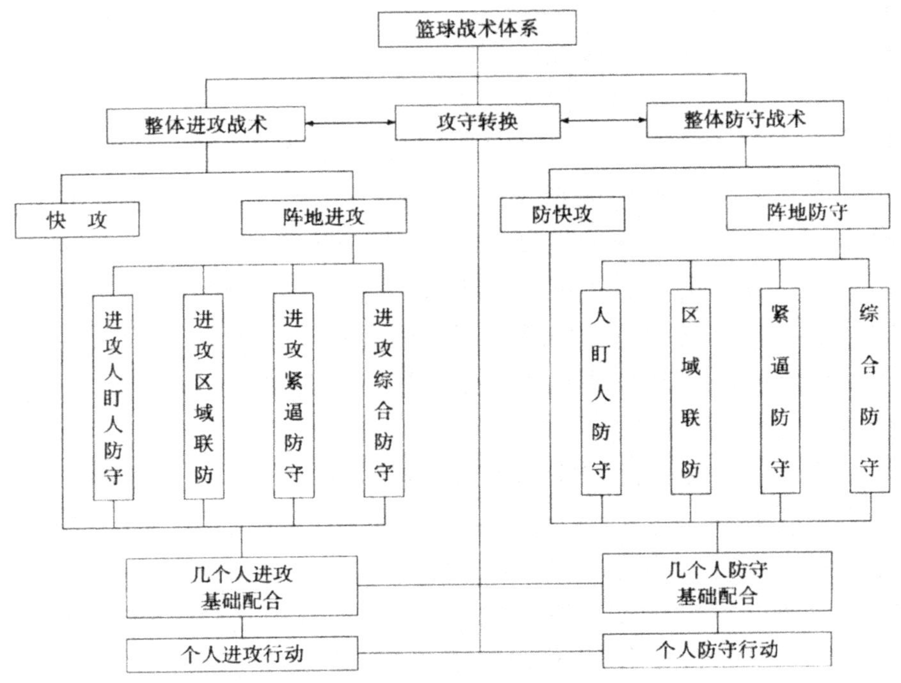

图 7-1　篮球战术体系图

在篮球战术体系中，进攻战术和防守战术是篮球运动最基本的战术形式，在篮球比赛过程中，对抗双方通过具体战术配合与组织实施，使得比赛场上始终出现一方的进攻和一方的防守对抗，对抗双方在攻守对抗中不断实现自我的控球权的争夺和场区的攻防，如此也不断推动篮球赛况的持续变化和发展，并在双方较量中通过战术来达到本方的攻守目的，以获得预期的比赛成绩和结果。

三、篮球战术的特点

（一）个体性与集体性

篮球运动是一项充满创造性的球类运动，既需要个人的努力，也需要集体的协作。篮球运动战术的实施，具有个体性与集体性。

就个体性来说，篮球战术的实施需要具体到个人，每一个运动员都是一个独立的个体，其对于篮球战术的实施都有自己的理解和具体操作过程，不同的篮球运动员构成的篮球战术配合也会因个体的不同而出现多样化的战术组合与配合。战术配合中，需要每一个运动员都要良好地发挥技战术，战术实施的过程中体现了每一个运动员的思想和技术实力，是个体的活动，反映了队员个性的技术运用能力和特长，个性化特征非常明显，这一点在篮球明星运动员身上表现尤为明显。

就集体性来说，篮球运动属于集体对抗性的球类运动，在篮球对抗过程中，并非一个单个的运动员在独立作战，同一个篮球队的运动员之间是需要相互配合的，篮球战术的实施更是需要同伴的配合与掩护才能完成，因此说，篮球战术的组织与实施表现出了集体性的特点。

篮球战术是个体性与集体性的有机结合。在篮球比赛中，篮球战术既是运动员的个人运动智慧体现，也是整个运动队的团队智慧和实力表现。篮球战术的实现，不仅依赖于队员个人活动的合理性和创造性的发挥，而且也必须依靠队员之间的协同配合才能实现。战术行动的整体协同的特征在个体活动中体现出来的篮球战术的实施过程，也是运动员正确处理整体与个体之间的辩证关系的过程，这个过程的科学把握和处理，能最大限度地发挥运动员的个人创造性和篮球运动队的整体实力。

（二）多样性与综合性

篮球运动发展到现在，已经形成了丰富的篮球运动战术体系，篮球战术表现出了鲜明的多样性与综合性。

篮球运动的多样性，表现在篮球运动战术内容丰富种类多样，不同战术又有不同战术组合。随着篮球比赛的日趋激烈，篮球战术的发展和更新也发生了很大的变化，篮球战术的内容与形式进一步得到了不断的丰富，丰富的、多样化的篮球战术组合能为篮球运动员和运动队在不同的比赛情况下为了完成比赛中的战术任务、对付对方不同形式的攻守、适应各种临场情况提供多样化的选择。

篮球运动战术的综合性表现在，篮球战术方法的实施是通过综合运用来实现的。具体来说，在篮球战术的实施过程中，一方面，一次篮球战术行为的完成，不仅是攻与守的有机结合，进攻与防守相辅相成，不可能在战术实施的过程中完全割裂开来；另一方面，篮球战术实施还是个人、同伴、集体的综合行为。此外，对于篮球战术的实施来说，往往要结合具体的比赛情况进行，单一目的的战术是非常少的，多种战术综合在一起运用非常多见。

现代篮球比赛对抗激烈，篮球战术运用是多样性与综合性的有机统一，篮球进攻战术和防守战术在比赛中随时相互转换，对于任何一方来讲，都会在比赛中追求进攻手段的多样和方式方法的综合运用以牵制对方，因此说，进攻战术手段的多样性和防守战术方法的综合运用是篮球战术的一个重要的特点。

（三）目的性与针对性

篮球战术的实施具有目的性与针对性，并且是二者的有机统一，具体分析如下。

首先，任何篮球战术的实施都是有目的的，没有目的的战术实施是不存在的。对于竞技体育比赛来讲，运动员（或团队）在比赛中的每一动作和行为都有其目的性，篮球运动也不例外。在篮球比赛中，运动员（和球队）战术的组织和运用的目的是取得比赛的最终胜利。没有目的的战术便不能称之为战术。

其次，篮球战术的实施并非个人或篮球队的随意行为，而是针对赛场上的赛况和对手的情况实施的有计划、有组织的行为。篮球的比赛对抗性，要求运动员和运动队在比赛中要争取主动权，进而夺取胜利还要求战术的运用做到有针对性，即采取针锋相对的方法去制约和限制对方，而且还要根据比赛情况的变化及时加以调整；此外，就运动员（运动队）自身来说，战术实施也要有针对性，即正确选择符合本队水平的攻守战术形式和方法是目的实现的条件，这就要求依据队员的身体、技术等条件，从本队的实际出发，只有这样，才能实现既定的战术目的。

篮球战术的目的性与针对性是有机统一的，篮球战术的针对性是实现篮球战术目的的基本要求，篮球战术目的的实现是篮球战术针对性实施的结果。

（四）原则性与灵活性

篮球战术的实施并非毫无章法，而是要遵循篮球运动的特点和规律，体现出篮球战术的原则性，并结合赛场情况灵活运用。

具体来说，篮球战术是一个科学严谨的过程，比赛中，每一种篮球战术行动的实施始终都伴随着与对手的限制和反限制、制约与反制约。这就要求运动员要在统一的战术思想支配下，进行相互协调配合的行动，只有这样，战术实施才有效。

此外，现代篮球比赛竞争激烈，比赛过程中场上情势瞬息万变，形势多样复杂，篮球运动员在行动上要有统一的原则和要求，同时每个运动员都要有机动灵活的变化，这样才能更好地把握战机，克敌制胜。

篮球战术原则性是篮球战术灵活性的基础，篮球战术的灵活性以篮球战术原则性为前提。二者有机统一。

四、篮球战术位置分工

在现代篮球正规比赛中，场上对抗双方各有五名队员，五名队员在场上负责的区域和位置不同，职责也各不相同，这就是篮球运动的位置分工。篮球比赛中的位置分工非常重要，只有每个队员做好自己的本职任务，才能保证全队有良好的发挥。

通常，结合篮球比赛中进攻队员在前场落位的区域和职责进行的划分，可以将所有篮球运动员分为中锋、前锋和后卫三种类型（图 7-2），其中，不同职责的篮球运动员还可以结合攻防需要、战术需要、本队特点等，对所负责的场地区域和战术位置进行适当调整,但总的战术位置要求不变,只是攻防区域和重心各有侧重。

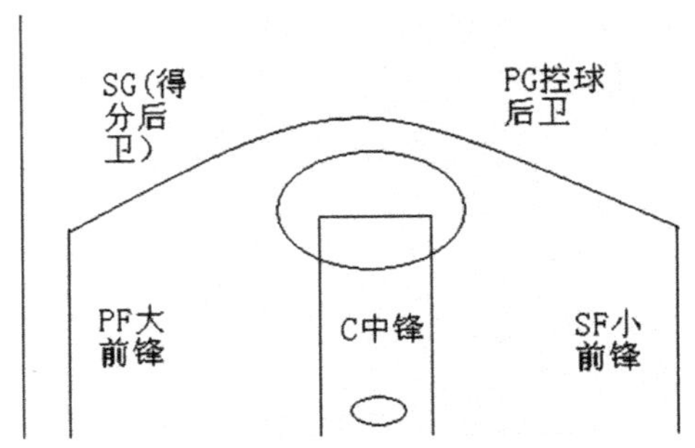

图 7-2 篮球运动员司职位置图解

篮球战术位置分工具体分析如下。

（一）前锋

篮球战术前锋位于攻防前沿,在各种篮球战术的实施过程中发挥着非常重要的作用。表现如下。

(1)由守转攻时,前锋经常处于冲锋陷阵的第一线,是快攻的突击手和主要得分手。

(2)在阵地进攻时,除一般选择罚球线两侧,底线两角或篮下的位置进行个人攻击外,还要和同伴组成各种进攻战术配合。

(3)防守时,前锋位于最前沿,在完成个人防守任务的基础上,还应与同伴进行各种防守战术配合。

结合篮球运动战术中前锋位置的重要任务,要求篮球运动中前锋队员应具备以下运动素质:有较高的身材、速度快、弹跳好,有良好的时空感,机智灵活、勇猛顽强,有良好的比赛自信,能及时地助攻及积极拼抢篮板球。

（二）中锋

在篮球运动中,中锋队员落位于内线,即近篮区,处于中枢位置上,是组织战术的中枢。

在现代篮球比赛中,中锋队员的水平代表球队的实力,对比赛的胜负起着举足轻重的作用。因此,篮球队对中锋运动员的要求也较高，对中锋运动员的要求具体包括：身高体壮，反应灵活，技术全面，有较好的战术意识和抢篮板球的能力，有较强的攻防和封盖能力，能把好全队的最后防守关。

（三）后卫

篮球运动的后卫，又称核心后卫，通常位于全队战术阵形后方，担负着临场全面组织和指挥的重任。后卫战术职责具体如下。

（1）快攻时，后卫应及时接应、推进，快速传球给锋线队员。

（2）阵地进攻时，在罚球圈顶外围两侧区域活动，负责球的转移和点面联系，要有准确的中远距离投篮和突破能力。

（3）由攻转守时，后卫处于退守一线，要善于堵截对方发动快攻，制约对方推进。

（4）后场防守时，除积极防守对手的外围投篮、传球和突破外，还应及时协助同伴夹击、围守、积极抢断球。

由于篮球后卫运动员的重要性，要求篮球运动员必须要具备较全面的运动素质，具体来说，应具有良好的身体素质、全面的技术技能、良好的战术意识，能投善突、妙传助攻及熟练地支配球和控制球的能力。同时，篮球后卫还应具备良好的心理素质，沉着冷静并能统筹全局，有条不紊地组织和指挥全队的战术。

五、篮球战术攻守转换

篮球运动是一项集体对抗运动，既然有对抗，就必然有防守。在篮球运动比赛中，一支球队总处于一定的攻守状态，球队的整体运动能力的提高，就是要重视进攻、防守、攻守转换能力的提高。现代篮球比赛竞争激烈，攻守转换频繁、快速，运动队的攻守转换能力如何，对之后的战术实施和比赛结果有重要的影响，所以一定要重视。

结合篮球比赛中运动员（运动队）的比赛状态，篮球战术攻守转换具体分析如下。

(一)进攻转防守

1. 主动转守

在篮球比赛中,由进攻状态主动转入防守状态,运动队仍然掌握着比赛的主动权,此时,无论是心理准备方面还是神经过程的转化方面都要处于最佳状态。投中得分能给运动员带来积极的比赛情绪,暂时转入防守,有利于调整节奏,在迎接即将来临的进攻挑战时信心十足。这种调整运动队比赛状态的情况在篮球比赛中经常出现。

进攻成功后的暂时转入防守,人数对等,位置相宜,转守时间较充裕,此时所处的攻守态势是非常有利的,瞬间转守时,要积极调动运动员的积极性并提前做好作战计划,展开先发制人的攻击性防守,抓住机会充分利用有利因素,只要妥善诱导,就可充分利用防守方积极紧逼的压力,5 秒违例时间限制,迫使对手失误。

2. 被动转守

被动转守,是指篮球运动队在比赛中暂时处于被动状态,被迫转入防守,如比赛中,投篮未中,篮板球被对方获得;跳球时球被对方获得;进攻时传、接、运球失误,对方抢断球等情况下转入防守。

篮球比赛中的被动防守,要处理好运动员的比赛心态,由进攻转入防守时,对方一定有自己预想的方案和节奏,因此,要快速克服被动的心理因素,加快视觉信号的知觉速度,迅速预测和判断,立即转守设防,采取针对性的措施全力遏制对方的进攻战术的推进速度,这样即使在战术转换的开始阶段处于被动,也能通过迅速的调整来牵制对方,并通过队员之间的协调和默契配合,实现严密防守,逼迫对方造成进攻的被动,进而出现失误,这时,就要抓住战机,伺机反攻。

被动状态下的由攻转守,由于时间短、心里有不良情绪,因此,这种攻守转换的状态调整难度比较大,对队员的要求也最高,不仅需要篮球运动员具备极好的身体素质(尤其是起动速度),高超的以少防多的技术,还要有顽强的意志品质、坚忍不拔的战斗作风。日常训练中,可加强这方面攻守转换的训练,从而在比赛中能做到临危不惧,高质量地快速、有效防守。

(二)防守转进攻

1. 主动转攻

篮球运动队主动转攻的情况就是指转攻时条件有利的情况,具体如在强守阻攻中抢、打、断掉进攻队员手中的球;抢到后场篮板球、抢获到跳球时的球等。

一般来说,主动转攻时,运动员的斗志较高,这时要迅速分散队形,发动快速反击,趁对方人数处于劣势、位置不当、转守时间紧张时,果断而快速地攻击得分。

2. 被动转攻

篮球运动战术实施过程中的由防守被动转入进攻的情况比较少见,具体是指篮球队不想在强守阻攻的转换中获得球,而因对方出现的失误、违例、进攻犯规或投中等自然进行的战术转换。

被动转攻后,要坚持快打、追着打,力求在衔接阶段发动迅猛的攻击并奏效。

第二节　高校篮球课程战术教学与训练方法

一、高校篮球课程进攻战术教学与训练

(一)进攻战术配合

1. 进攻战术配合教学内容解析

进攻战术基础配合是指篮球比赛中进攻队员两三人之间所组成的简单配合方法。常用的进攻配合战术主要有传切(空切)、

突分、掩护、策应等。

(1)传切配合。传切配合是传球和切入的简单配合，目的是利用传球和切入创造进攻机会，具体战术方法和教学内容包括以下几种。

①基础传切配合：基础传切配合包括两种，一种是一传一切配合，另一种是空切配合。空切配合时，无球队员掌握时机，摆脱对手，切向防守空隙区域接球投篮或做其他进攻配合。

②二人传切：二人传切配合，具体是指参与传球与切入的配合只有两人时，二者主要通过各种假动作来调动对方，并实现同伴之间的传球与其他的配合。

③三人传切：三人协作进行传球与切入的配合。

(2)突分配合。突分配合是指篮球比赛中的持球队员运球突破对手后，遇到对方换人、补防或“关门”时，及时将球传给无防守或进攻机会更好的同伴所采用的配合方法。

(3)掩护配合。掩护配合是进攻者选择正确位置，借用身体挡住同伴的防守者的移动路线，使同伴摆脱防守的战术方法，该战术方法是攻破紧逼人盯人防守的最有效的方法之一。

(4)策应配合。策应配合指内线队员背对或侧对球篮接球后，与同伴的空切或绕过相结合，借以摆脱防守，形成里应外合的进攻配合。目的是创造进攻机会，转入进攻。

2. 进攻战术配合的训练方法

(1)传切配合训练。一传一切配合训练：如图 7-3 所示，④传球给⑤，然后摆脱△4的防守，切入接⑤的回传球并运球上篮。

空切配合训练：如图 7-4 所示，⑤摆脱△5的防守空切篮下，接④的传球上篮。

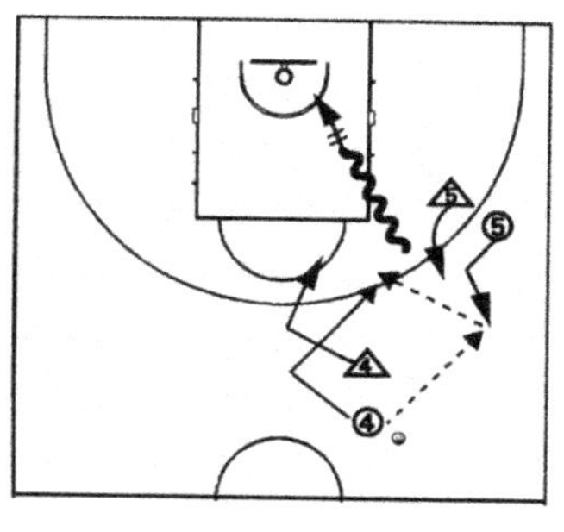

图 7-3　一传一切配合训练

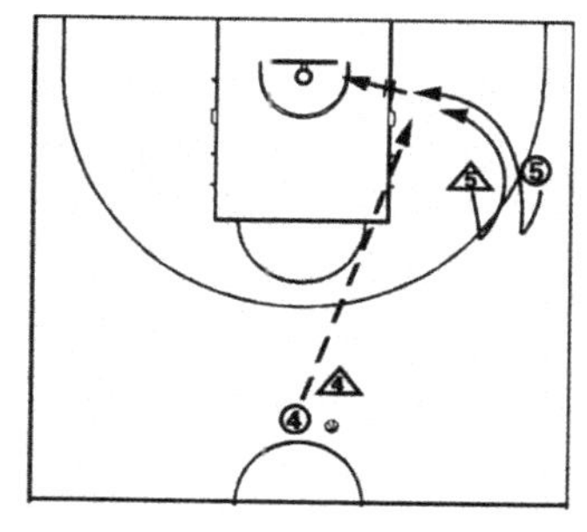

图 7-4　空切配合训练

二人传切配合训练：如图 7-5 所示，④传球给⑤后做向左切假动作，然后变向右切入，⑤接球回传给④的下一位队员，做向底线切的假动作，然后变向左侧横切。

三人传切配合训练：如图 7-6 所示，④与⑤各持一球，④传球给⑥后从右侧切入接⑤的传球投篮。⑤传球给④后，横切接⑥的传球投篮。④、⑤投篮后自抢篮板球。

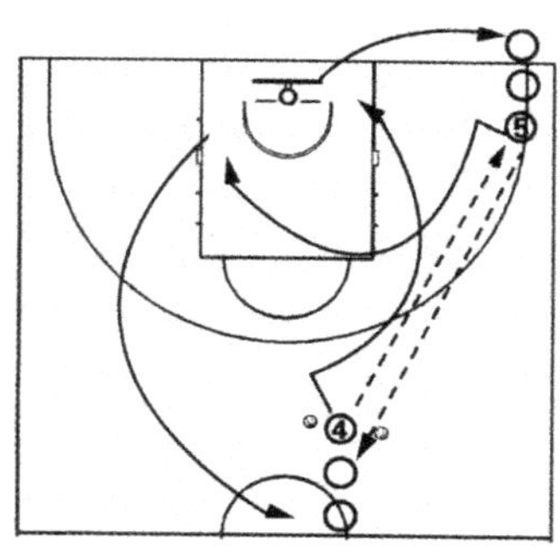

图 7-5　二人传切配合训练

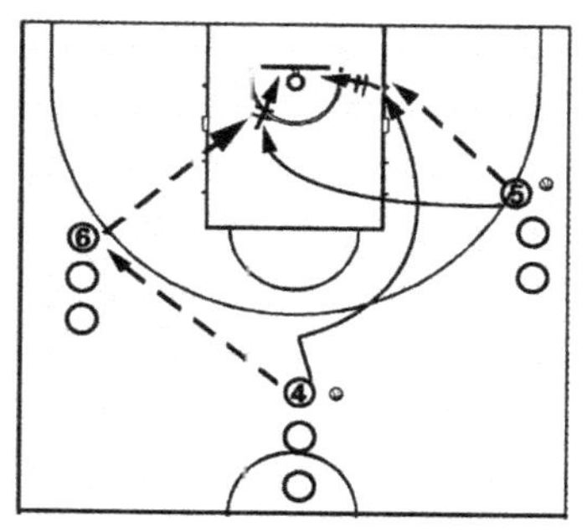

图 7-6　三人传切配合训练

(2)突分配合训练。如图 7-7 所示，④持球突破，突破中跳起分球给向两侧移动的⑦，⑦在接球后做投篮假动作并传球给⑤，⑤接球后从底线或内侧突破，跳起传球给接应的⑧。位置交换，④到⑦队尾，⑦到④队尾。

如图 7-8 所示，传球给④，④接传球后向篮下运球突破，遇到△5补防时，将球传给空位的⑤，⑤接球投篮。△4、△5抢篮板球回传给⊗。④接球前做摆脱动作，突破时保护好球，⑤及时地突然移动至空隙地区接应。

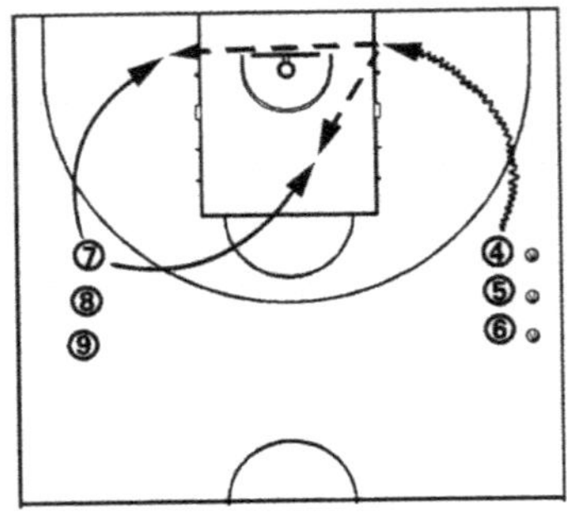

图 7-7 突分配合训练 1

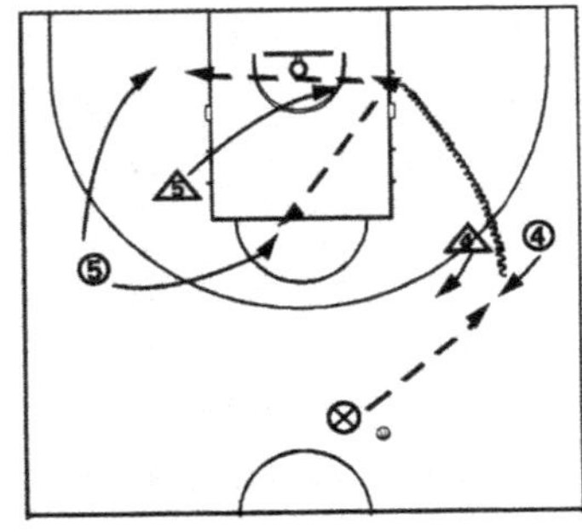

图 7-8 突分配合训练 2

(3)掩护配合训练。如图 7-9 所示,根据身体位置和方向的不同,可分为前掩护、侧掩护和后掩护三种。

(4)策应配合训练。如图 7-10 所示,④持球突破并传球给上提至罚球线的⑤,④纵切,⑥溜底线,⑤再传球给外围的④或底线的⑥。

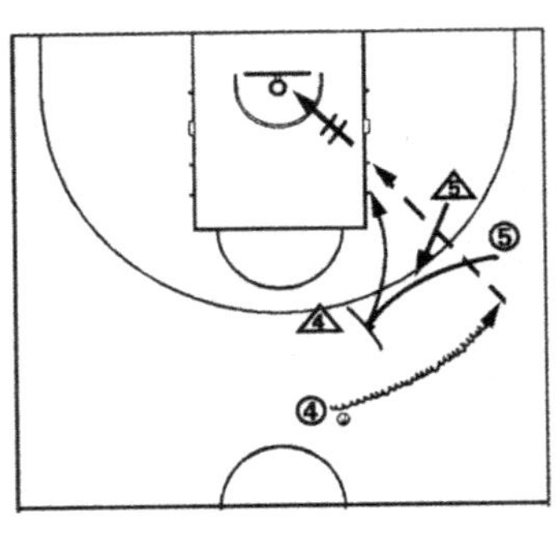

图 7-9 掩护配合训练

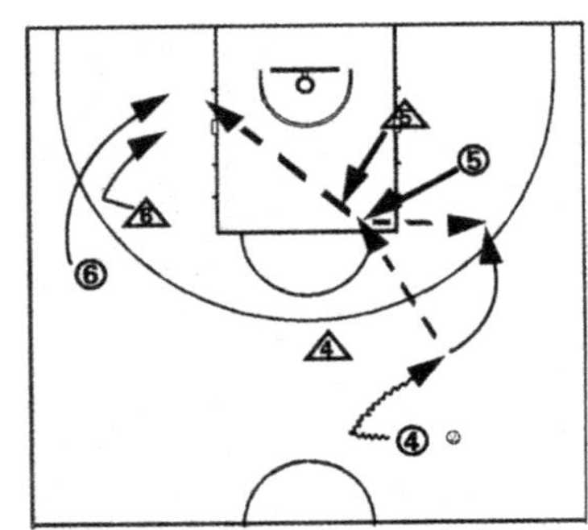

图 7-10 策应配合训练

策应配合的分解训练。策应人策应动作的练习。策应人变向起动急停接球的动作要规范扎实。每人做一定的次数后,换下一人练习。

策应后接球转身投篮练习,自投自抢篮板球。

(二)快攻战术

1. 快攻战术教学内容解析

快攻战术是由守转攻时,在对方还没有组织防守前以最快的速度将球推进进攻前场的战术方法,其特点是速战速决、攻其不备。快攻战术教学是高校篮球战术教学的一个重点和难点。

(1)长传快攻。长传快攻包括多种战术方法。目前,在高校篮球教学中,一般要求学生应掌握抢篮板球后长传快攻、抢篮板球后接应发动长传快攻、掷后场底线球长传快攻、断球长传快攻共四种战术应用。

(2)短传快攻。短传快攻是指防守队员在获球后快速短传,直逼对方篮下,以多打少,具有灵活、机动、多变的特点。

(3)运球突破快攻。在抢断球或获得篮板球后,抓住进攻时机,快速运球超越对手直攻篮下得分。

(4)快攻结束配合。快攻结束阶段,是快攻战术成败的关键,进攻方应快攻推进到前场最后完成攻击,以多打少结束快攻。根据战术实施人数的不同,分为以下几种战术方法。

二攻一配合:利用快速传、接球投篮或突破分球投篮。

三攻二配合:两边的队员要快速拉开向前,中间队员稍微拖后,从而形成三角纵深队形,从而扩大攻击面,根据情况选择合适的进攻路线,给对方防守施加压力。

2. 快攻战术训练方法

在高校篮球快攻战术教学中,长传快攻是教学重点,以长传快攻为例,具体训练方法如下。

抢篮板球后长传快攻训练:如图 7-11 所示,⑤抢到篮板球后,应仔细观察场上的人、球情况,掌握发动快攻的时机,⑦和⑧及时快攻超越防守。⑤根据情况,长传球给⑦或⑧进行投篮。④⑤⑥

随后插空跟进。

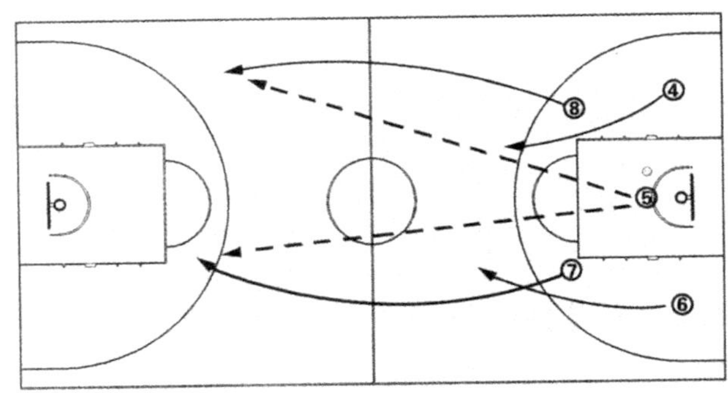

图 7-11 抢篮板球后长传快攻训练

抢篮板球后接应发动长传快攻训练：如图 7-12 所示，当⑤抢到篮板球后，⑦和⑧已经快下，但由于受到的严密防守，⑤不能及时长传，此时⑤可立即将球传给⑥，⑥接应后根据场上的情况，迅速将球长传给已经快下的队员⑦和⑧进行投篮。

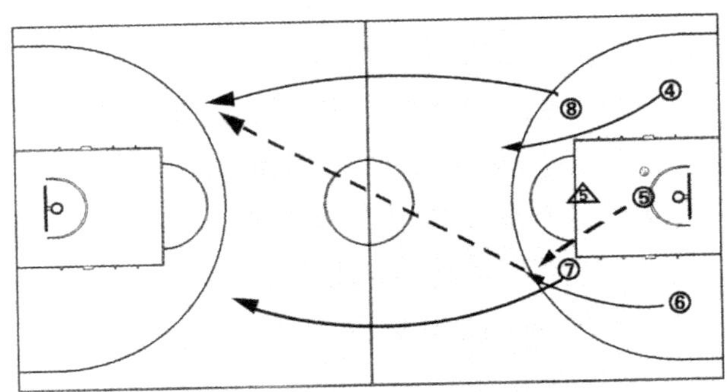

图 7-12 抢篮板球后接应发动长传快攻训练

掷后场底线球长传快攻训练：如图 7-13 所示，当对方投中篮后，离球近的⑥立即捡球跨出底线，迅速掷界外球，快速将球长传给快下的④或⑤进行投篮。

断球长传快攻训练：如图 7-14 所示，△抢断⑥的传球后立即将球传给快下的△5或△6进行投篮。

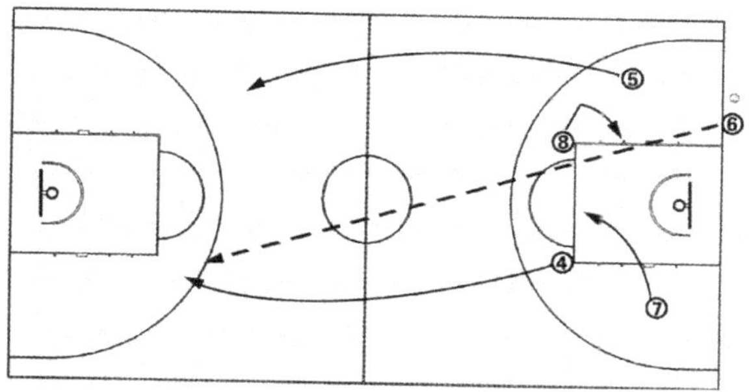

图 7-13　掷后场底线球长传快攻训练

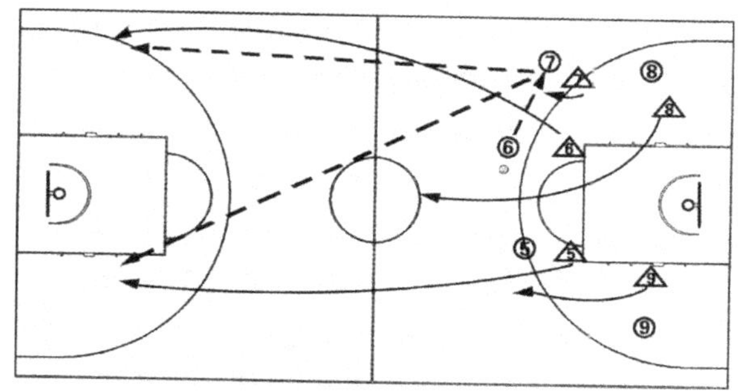

图 7-14　断球长传快攻训练

（三）进攻人盯人防守战术

1. 进攻人盯人防守战术教学内容解析

(1)进攻半场人盯人防守。高校篮球进攻半场人盯人防守战术教学包括防守阵型和防守方法的教学。

就防守阵型来说，包括“3—2”阵型（图 7-15)、“2—2—1”阵型、“1—3—1”阵型、“1—2—2”阵型（图 7-16)、“1—4”阵型等。

就防守方法来说，包括掩护突破与空切配合、掩护策应与传切配合。如图 7-17 所示，⑥传球给⑤，④提上给⑤做掩护，⑤借助④的掩护持球突破到篮下；同时⑧提上给⑦做掩护，然后转身插向篮下，准备接⑤的分球或抢篮板球，⑦借助⑧的掩护插向底线，准备接⑤突破分球，以便于⑤突破篮下时可以有自己上篮、分球给⑦或④或⑧投篮 4 个机会。再如图 7-18 所示，⑥传球给⑦，然后去给⑤做侧掩护，④做假动作后插到罚球线上要球，⑧去给⑦做侧掩护，⑦传球给④后，借⑧的掩护向篮下快下，⑤借助⑥的掩护插到圈顶准备策应跳投，④根据情况做策应跳投或传给⑦准备投篮。

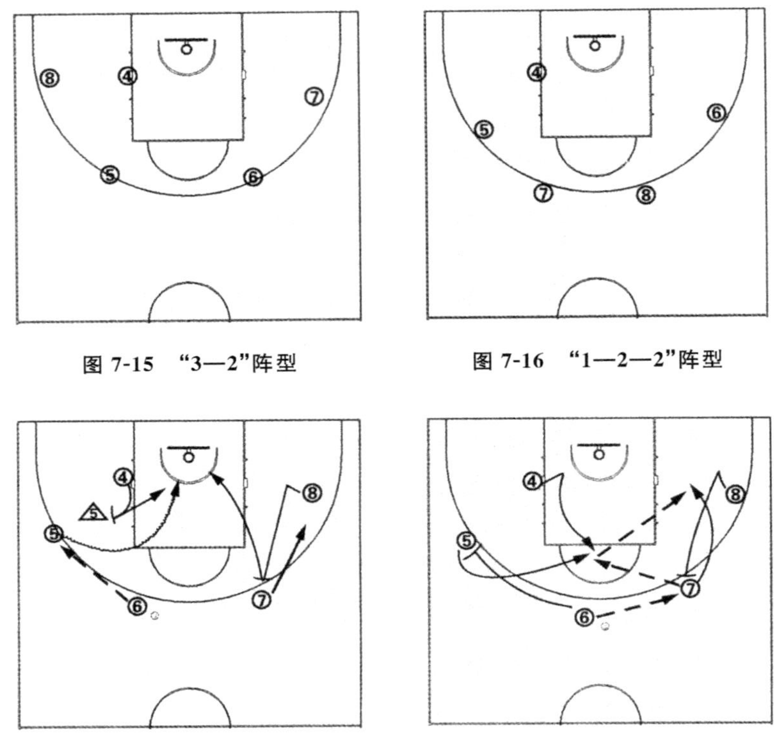

图 7-15 “3—2”阵型

图 7-16 “1—2—2”阵型

图 7-17 掩护战术 1

图 7-18 掩护战术 2

(2)进攻全场紧逼人盯人防守。在篮球比赛中，进攻全场紧逼人盯人防守的战术阵势主要有两种基本阵势。第一种是进攻时的全场紧逼人盯人防守：全员以最快速度分布到全场，扩大防守范围，抓对方防守的薄弱环节和空当，进行个人战术攻击和配合进攻；第二种是由守转攻时的全场紧逼人盯人防守：全员集中在后场，或扩大到中线区域，造成前场空虚，以偷袭快攻。

篮球进攻全场紧逼人盯人防守方法具体包括两种，即快速进攻和逐步进攻，后者又可细分为以下三种战术方法。

掩护配合：以三人掩护配合为例，如图 7-19 所示，对方全场紧逼掷端线界外球时，⑤⑥⑧迅速在罚球线附近面对④成掩护横队形，⑦在罚球区的另一侧。此时，④准确传、运球；⑦快速突破、准确投篮；⑤和⑥接应，⑧是中锋，及时跟进和注意强攻篮下。配合开始时，⑦向端线跑动，当遭遇对方阻拦时，迅速反跑，快下，接长传球快攻，⑥和⑤向边线移动接应第一传。如果④将球传给⑧，中锋⑧应该迅速沿右侧边线快下，⑤则迅速摆脱防守斜插中路进行接应，并运球突破，争取与⑧⑦在前场以多打少。

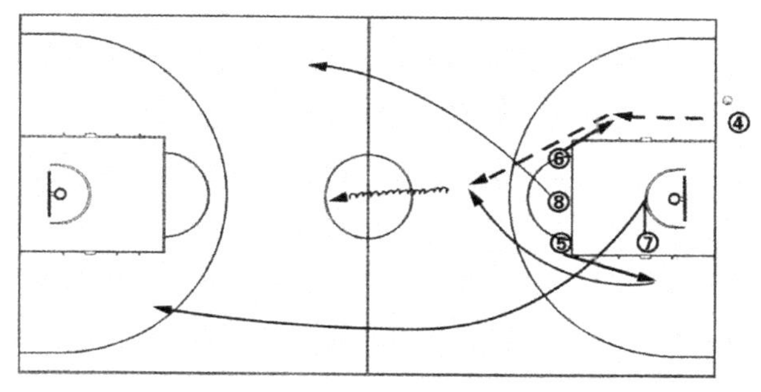

图 7-19 三人掩护配合

运球突破：以中路运球突破为例，如图 7-20 所示，当⑦掩护后去接应一传，④迅速从中路运球推进，⑤利用⑦的掩护从边路快下，⑧和⑥交叉跑动，若堵截则将球传给⑥或⑧，⑥或⑧接球后运球突破前场，直奔篮下上篮。

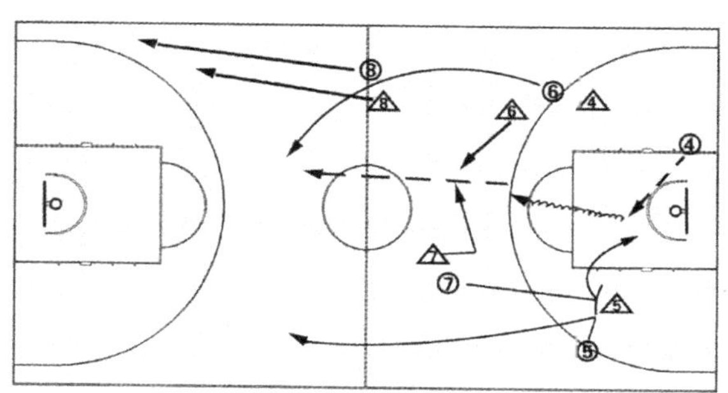

图 7-20 中路运球突破

策应配合：如图 7-21 所示，④掷端线球，⑥快速摆脱防守，接应第一传。④斜线跑动进场接回传球，⑦中场策应，⑤快速摆脱到篮下，⑧再摆脱防守策应要球，传球给⑤运球上篮，或等待同伴进入前场后进行阵地进攻。

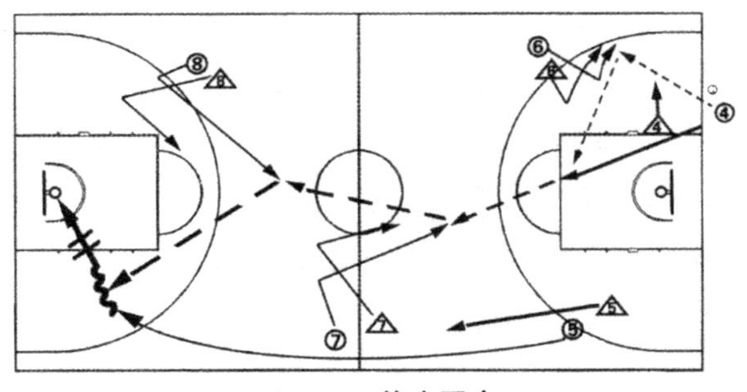

图 7-21　策应配合

2. 进攻人盯人防守战术训练方法

(1)传切训练。5 人一组,由每组排头开始,依次进行。

(2)二对二、三对三练习局部配合,如前锋与中锋,后卫与中锋,后卫与前锋,后卫、前锋与中锋等。

(3)5 人在无防守的情况下,熟悉进攻战术的路线和方法,明确主攻点、关键点和难点,以及战术的变化。

(4)半场一对一摆脱接球训练。两人一组,先由一组队员进行练习,练习一定的次数后,换一组进行训练。

(5)半场五对五攻守训练。5 人一组,进攻组按预定的配合方法进行练习,要熟悉进攻练习,了解不同的机会。防守组要人盯人,开始可以消极一些,但要跟着对手跑动。攻守交换要反复训练。

(6)全场五对五攻守训练。5 人一组,结合快攻反击,把全场进攻与半场进攻有机地结合起来,注意进攻的衔接训练,提高进攻的组织速度。

(四)进攻区域联防战术

1. 进攻区域联防战术教学内容解析

(1)“1—3—1”联防进攻。

①中锋策应进攻。外围队员持球时,将球传给中锋队员,中锋队员接球后,可个人进攻,或传给同伴(有三个传球点):横切的同伴;空切篮下的同伴;后卫同伴。

②背插、溜底线进攻。外线队员熟悉掌握配合的整体结构,

准确传球，并在传球过程中调动防守，组织中、远距离投篮，迫使对方扩大防区。如无机会，一旦本队的外线队员接球时，同为外线的同伴立即背插至右侧底角，接、传球后，远投或回传给组织进攻。

③三角穿插进攻。如图 7-22 所示，⑦接到⑧的传球后，左移球，⑥向左前方跳步接⑦的传球，由于⑥已进入投篮攻击点，△6出来防守⑥，此时内线④斜插篮下要球，△4必然去跟防守④，紧接着⑤向罚球线远端斜插要球，△5紧随其上，⑧同时空切篮下接⑥的传球上篮，这时△6是背对⑧的，所以不会去防守⑧。该战术先后出现 3 次战机，注意穿插要球逼真，连续穿插衔接紧凑到位，传球及时到位。

(2)“2—1—2”联防进攻。在篮球比赛中，“2—1—2”主要是针对“3—2”区域联防站位，以迫使对方改变防守队形，使本方队员通过中锋策应、外围穿插、溜底线投篮等，从而以多打少、压制对方。

以“2—1—2”中锋策应底线进攻为例，如图 7-23 所示，⑥接到⑦的传球，见⑧从右侧溜底到左侧，就向篮下持球突破，使△5和△6“关门”防守，⑤上提接⑥突破分回传球，再传给溜底线过来的⑧，④下移把△4挡在身后，所以⑧投篮是很好的机会，这时④⑤⑦准备去抢前场篮板球，⑥撤到安全区域。

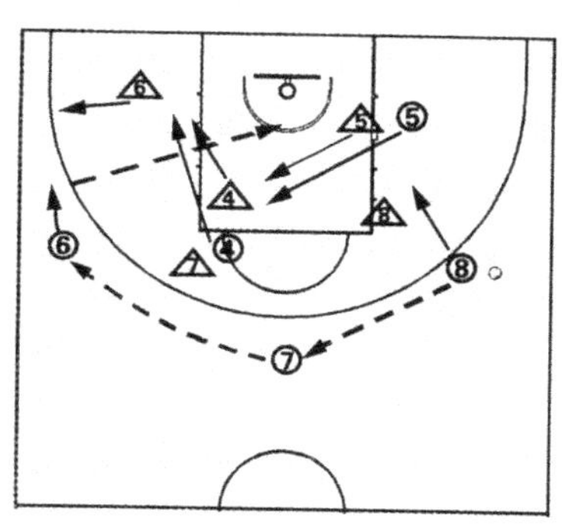

图 7-22　三角穿插进攻

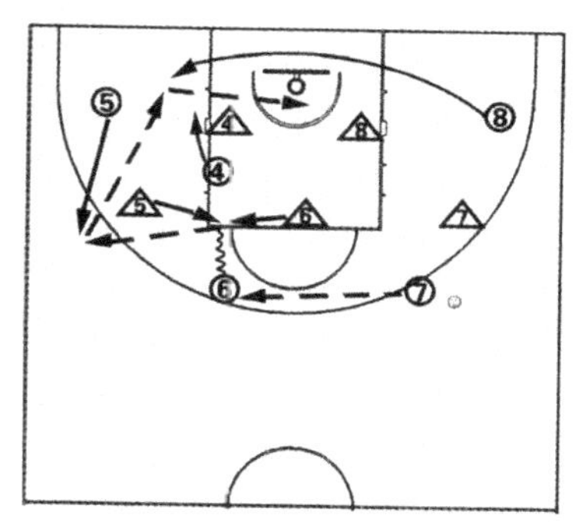

图 7-23　“2—1—2”联防进攻

2. 进攻区域联防训练方法

(1)溜底线、背插接球投篮训练,如图 7-23 所示,队员分成左、右两组,④溜底线接⑥的传球投篮,⑥传球后溜至左边接⑤的球投篮,如此进行练习,自投自抢篮板球,交换位置,反复练习。

(2)三人三球内外线配合训练。投篮后各自抢篮板球回到原位。练习数次后按顺时针方向交换位置,依次进行练习。

(3)五对五半场进攻区域联防完整配合训练。在消极防守下熟悉进攻配合连续,先不要求投篮,熟悉后进行积极防守情况下的全队练习。

二、篮球防守战术的学习与掌握

(一)防守战术配合

1. 防守战术配合教学内容解析

篮球防守战术配合与篮球进攻战术配合相对,只是战术攻防目的不同,防守配合是为了提高整体的防守实力。具体战术配合教学内容如下。

(1)挤过配合。对方进攻队员掩护时,当掩护者临近瞬间,被掩护者的防守队员主动靠近对手,并随其移动,从两个进攻者之间侧身挤过,继续防住对手。

(2)穿过配合。对方进攻队员掩护时,防守掩护者的队员主动后撤一步,让同伴及时从自己和掩护队员中间穿过去后,继续防守自己的对手。

(3)换防配合。换防,就是交换防守,是指在篮球比赛过程中,对方掩护或策应时,本方防守者及时交换防守对手,以继续遏制和破坏对方的掩护配合。

(4)“关门”配合。“关门”配合指邻近的两个防守者及时靠近,像两扇门一样“关闭”起来,协同防守持球突破的配合方法,具有较强的主动性、攻击性。

2. 防守基础配合训练方法

(1)挤过配合训练:如图 7-24 所示,④给⑤做掩护,④接近△5的一刹那,△5抢前横跨一步贴近⑤,并从④和⑤之间主动侧身挤过去继续防守⑤。

(2)穿过配合训练:如图 7-25 所示,④给⑤做掩护时,△5上前一步从△4和⑤之间穿过继续紧逼防守⑤。

图 7-24　挤过配合训练

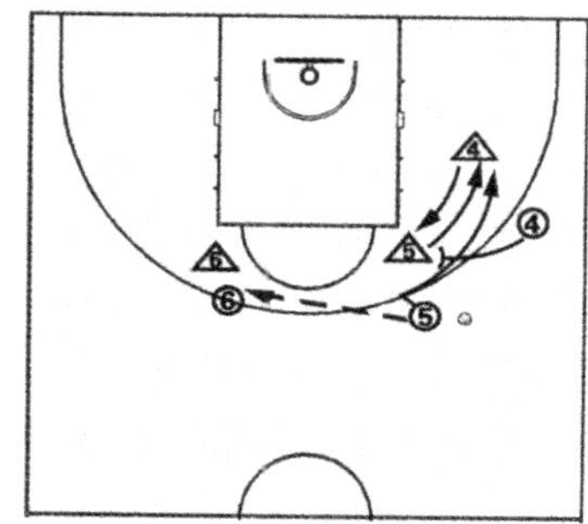

图 7-25　穿过配合训练

(3)防守配合训练:如图 7-26 所示,⑤给④掩护成功后,△4和△5要及时交换防守对象。

(4)关门配合训练:如图 7-27 所示,④持球向篮下突破,△5和△4采用"关门"配合,训练过程中注意快速移动和紧逼。

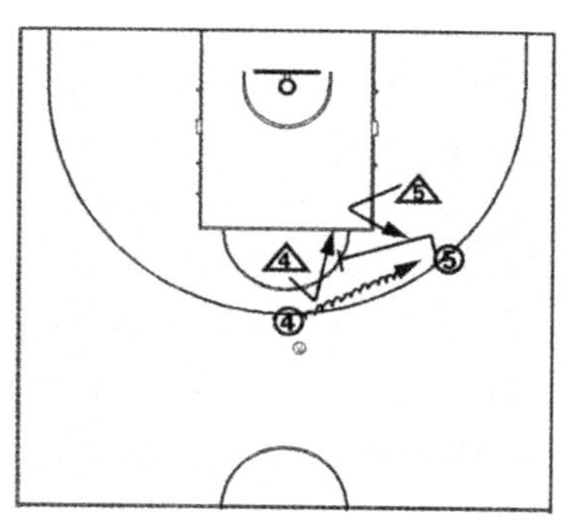

图 7-26　防守配合训练

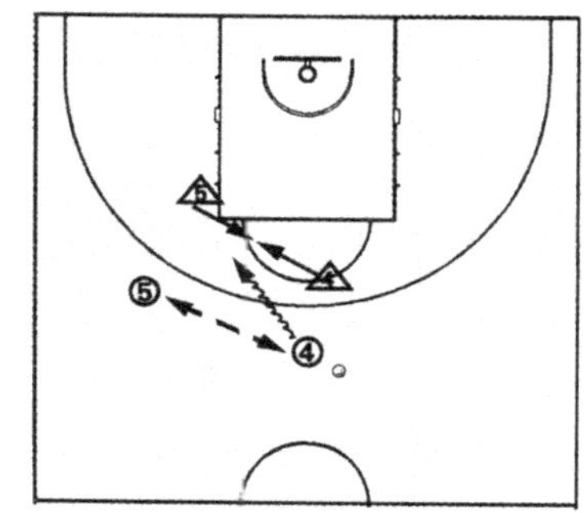

图 7-27　关门配合训练

(二)防守快攻战术

1. 防守快攻战术教学内容解析

防守快攻战术是由攻转守的瞬间组织的防守战术，主要用于对付对方的快攻。

在战术教学中，防守快攻要求运动员必须具备较强的战术意识和快速防守能力，通过战术教学，应使学生明确防守快攻战术的如下战术目的。

(1)快速组织进攻，通过提高投篮命中率、积极拼抢前场篮板球提高进攻成功率，遏制对方。

(2)堵截快攻的第一传和接应：堵截对方快攻的第一传和接应，延缓对方发动进攻的时间和进攻的速度，迫使对方快攻失败。

(3)在对方发动快攻时，与持球者保持适当距离，控制对手推进。

(4)由攻转守时，积极堵截中场，切断对方快下队员的接球和传球。

(5)当对方成功发动快攻、以少防多时，提高一防二、二防三的能力，再重点防篮下，为同伴回防赢得时间。

2. 防守快攻训练方法

(1)全场二对二训练。封死篮圈，先做半场二打二。进攻队员抢到篮板球继续投篮，防守队员抢到球立即一传组织反击。离球最近的原进攻队员封一传，另一队员堵截接应。

(2)全场三对三训练。训练同上，当原防守队员抢到后场篮板球后，近球队员封一传，另两名队员堵截接应队员。

(3)全场一防二训练。防守队员采用假扑真撤来迷惑对方，保护篮下，迫使进攻失误。当进攻结束后应立即封一传，堵接应，延缓快攻速度。

(4)全场二防三训练。防守队员不固定站位，不让进攻队员准确判断防守的阵形。如进攻结束立即分散封一传，堵截接应队员。

（三）人盯人防守战术

1. 人盯人防守战术教学内容解析

人盯人防守，顾名思义，就是每个防守者都有防守对象，对对方实施盯人的严加防守，具体包括半场人盯人防守和全场人盯人防守两种形式。

（1）半场人盯人防守战术。

①半场扩大人盯人防守。战术策略要有针对性，如果对方外围投篮准确，但突破能力及全队的整体进攻配合质量较差，可采用半场扩大人盯人防守战术扼制对方，达到“制外防内”的防守策略。

半场扩大人盯人防守战术具有防守目的明确和主动性、攻击性强的特点，但是对运动员的体能消耗较大，且不利于协防，容易漏人。防守中，应注意以下几点。

第一，以人防守为主，错位防守无球队员，人、球、区兼顾。

第二，攻转守时，迅速回防，在球进入 3 分线之前，明确防守对手，进入 3 分线时，紧逼防守，如果对方突破应追防。

第三，对方进入罚球线一带时，积极抢前防守干扰对方运动员的接球、配合、掩护。

第四，当球在两侧或场角进攻时，及时“关门”或补防，迫使底线突破者停球，确保篮下安全。

②半场缩小人盯人防守。半场缩小人盯人防守的基本控制防守区域是在半场的 1/2 区域内，目的在于加强内线防守、保护篮下。该战术多用于对方篮下攻击力较强、外围攻击力较弱的球队，它的防守区域较小，有利于协防，控制内线进攻、抢篮板球后组织快攻反击。

半场缩小人盯人防守包括球在正面时的防守、球在底角时的防守、中锋接到球时的防守。这里重点分析以下两种。

破掩护、交换防守或协防：如图 7-28 所示，进攻队员⑤将球传给⑦后，⑤去给④做掩护，防守队员△5和△4向后移动穿过去破坏对方的掩护；若对方掩护成功，△5和△4要及时交换防守，或△4随之移动，继续去防④，其他防守队员相应向篮下收缩，进行协防。

围守中锋防突破：如图 7-29 所示，进攻中锋⑥的威胁性较大，而其他外围队员⑦⑤④中、远距离投篮不准，但又善于切入时，特别是⑥接到外围⑧的传球，除△6全力防守之外，△4、△5、△7均应缩小防区。

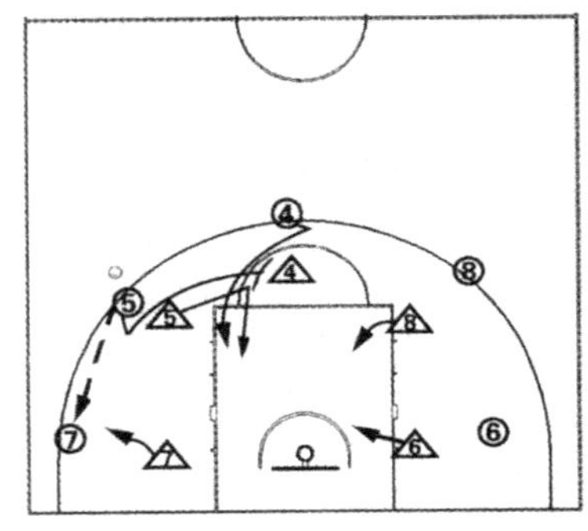

图 7-28　破掩护、交换防守或协防

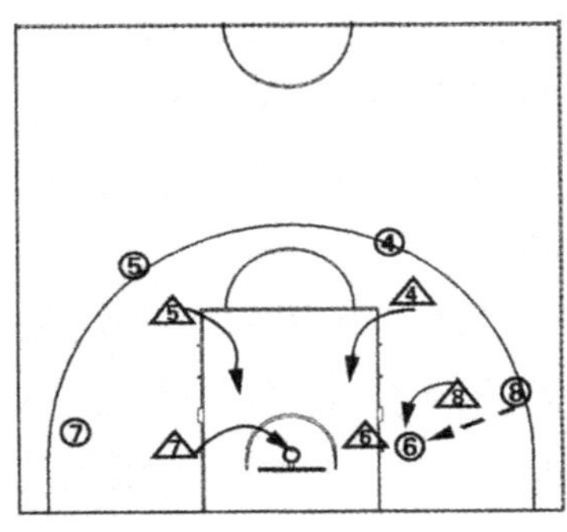

图 7-29　围守中锋防突破

(2)全场紧逼人盯人防守。篮球全场紧逼人盯人防守是全场范围内的盯人防守，防守范围达到场区的最大范围。根据场区位置，可分为前场、中场和后场三个区域的防守。

①前场防守。对方在后场外掷界外球时的紧逼：如图 7-30 所示，△4积极阻挠④掷界外球，其他前场的防守队员采用错位防守，卡断传球路线，积极抢断球。后场的防守队员应提上防守，与对手保持稍远的距离，随时准备抢断其长传球。

夹击接应的紧逼：在上述紧逼形式中，如果④控制球能力强，是主要接应者，△4可放弃对发球人的阻挠，转而对⑤进行夹击，阻止其接应球。

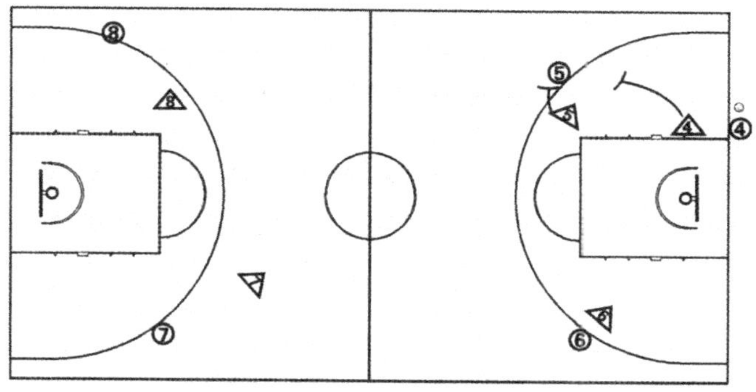

图 7-30　对方在后场外掷界外球时的紧逼

机动夹击接球者的紧逼：如图 7-31 所示，△5和△6分别站在对手的侧前方，阻止对手迎前接应。△4放弃防守发球者，退到△5和△6的后面，随时抢断传给⑤和⑥的高吊球，△7提上，准备抢断传给⑥的长传球，△6向⑦方向靠一点，准备抢断传给⑦的长传球。

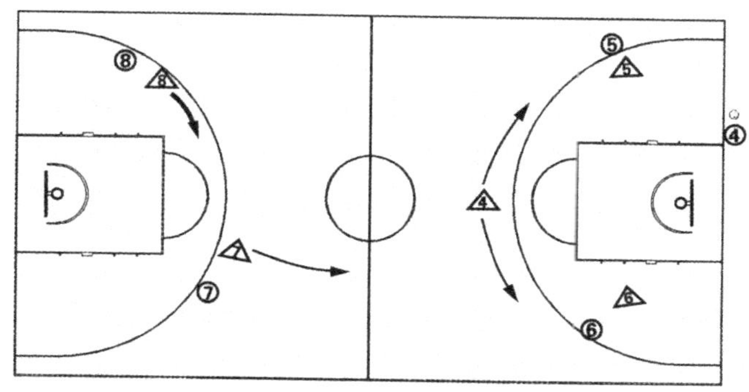

图 7-31　机动夹击接球者的紧逼

放弃防守发端线界外球队员：当对方球员与后场发边线球时，可不紧逼掷球者，而用夹击战术对付接球队员。如果本方投篮不中，对方抢到篮板球后进行全场紧逼，应在移动中就地找人，紧逼控球者和接应者。

②中场防守。中场夹击与轮转补防：以对固定对手的一对一紧逼为主，防守过程中应灵活机动地调整防守对象。

防中路策应：如果攻方的高大队员在第二防区中路策应进攻，当对方企图用中路策应攻破第二防区时，防守队员应积极封堵对方的中路传球。其他同伴错位防守，并切断对方的策应接球路线。如果对方接到球，应防止对方无球队员从第一防区向第二、第三防区空切，防守对方向篮下空切。

③后场防守。后场是防守过程中的一个重点防守区域，应扩大防守，对持球队员积极封堵，尤其要重视底线场角，给对方施加压力，严防对手投篮得分，促进其出现失误。

2. 人盯人防守战术训练方法

(1)脚步灵活性和个人防守技术训练。从各种脚步动作练习开始，在对抗中重点提高个人的脚步移动速度。

(2)个人防守技术训练。进行半场或全场的一对一攻守对抗练习，在对抗中提高一对一紧逼抢的能力。

(3)半场二对二训练。进攻者掷端线界外球，两名防守者紧逼自己的对手，不让其接(发)球；或两人夹击接应者，争取断球或使对方违例。

(4)半场五对五攻守对抗训练。进攻投篮命中后从中圈发球继续进攻，进攻队员抢到前场篮板球，可以补篮或二次进攻。防守队员抢到后场篮板球或抢断成功后，应从中圈开始发球进攻。

(5)全场运球一防一训练。要求堵中放边，防强手，放弱手，始终与对手保持不远于一臂的距离。

(6)全场二防二训练。要求封堵掷界外球队员，紧逼接应队员，提高攻守转换的速度。

(7)全场三防三训练。要求防守者积极抢断或造成对方 5 秒违例，如果对方传球，中途抢断后立即反击。

(8)全场四防四中场夹击训练。要求防守队员各自紧逼防守自己的对手，逼对手向边线运球，并注意夹击协防。

(9)全场五对五半场扩大紧逼防守训练。只要进攻队员投中后，应当立即进行全场紧逼。

（四）区域联防战术

1. 区域联防战术教学内容分析

区域联防是防守队员迅速后退到后场，分工负责一定的区域并结合球的移动调整防守的机动灵活的战术，战术兼具针对性、攻击性。

（1）区域联防战术的阵型。

①“2—1—2”联防：前边站两名队员，中间站一名队员，后边站两名队员（图 7-32），适用于阻截正面突破和篮下威胁较大而“两腰”较弱的队，该战术阵型人数分布均衡，便于协防，可很好地控制篮下。

②“1—3—1”联防：如图 7-33 所示，主要针对“1—3—1”阵型，该阵型可加强正面、罚球区和两侧的防守，有利于防止正面、罚球区和两侧的投篮和抢篮板球发动快攻，有利于分割进攻队员之间的传球。

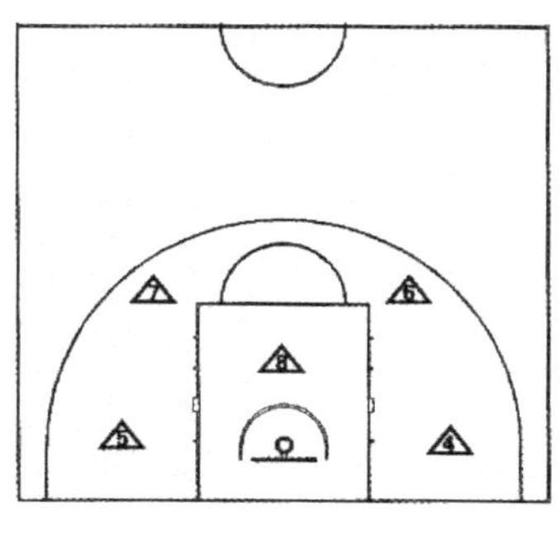

图 7-32　“2—1—2”联防

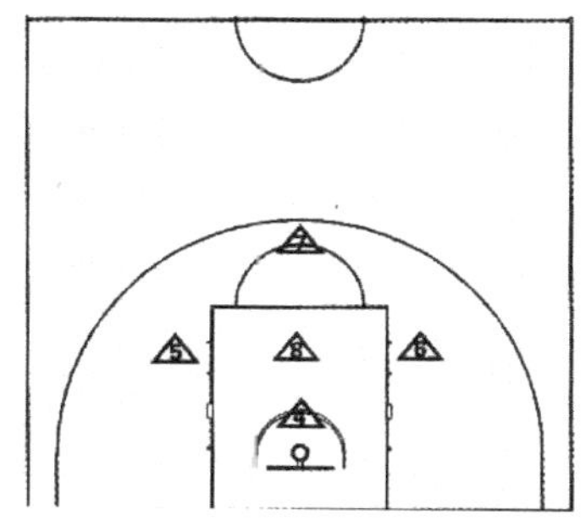

图 7-33　“1—3—1”联防

③“2—3”联防：前面站两名队员，后面站三名队员（见图 7-34），该战术阵型的篮下防守力量较强。

④“3—2”联防：前面站三名队员，后面站两名队员（见图 7-35），该战术阵型可有效防守外围投篮准的队，有利于防守外围中、远距离投篮和抢断球发动快攻。

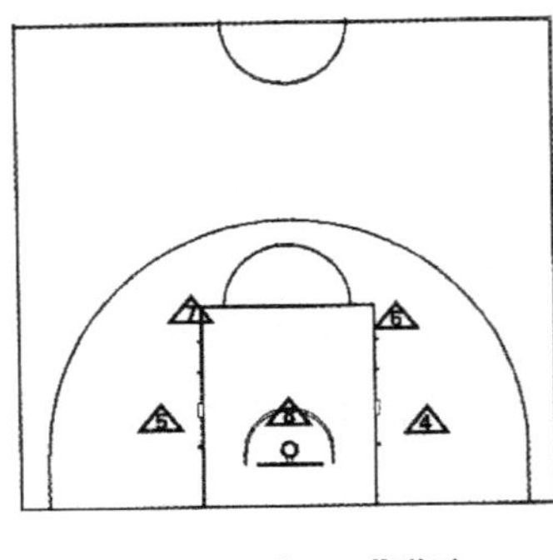

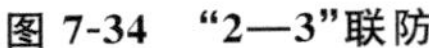
图 7-34 “2—3”联防

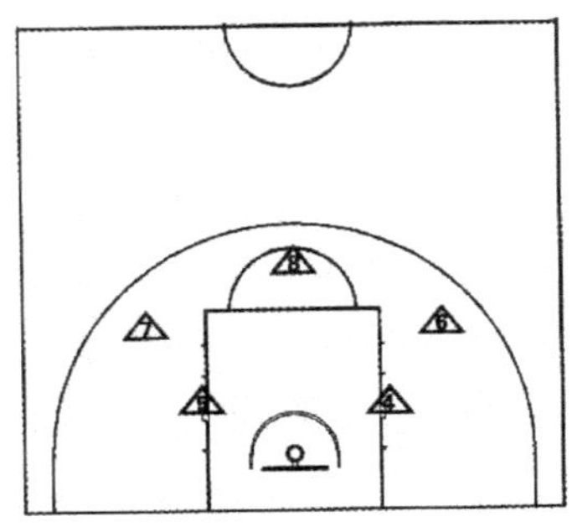

图 7-35 “3—2”联防

(2)区域联防战术。以“2—1—2”区域联防为例,其主要的防守方法有以下几种。

①球在正面弧顶时的防守配合。

②球在侧面两腰时的防守配合。

③球在底角时的防守配合。

④防守外中锋的配合及防守溜底线的配合。

2. 区域联防训练方法

(1)随外围球转移选位训练。五人按联防形式防守,外围四人传、接球进攻。防守队员根据球的不同位置进行移动,不断调整防守位置。传球由慢到快,当防守队员选好正确的位置后再传球。

(2)根据外围球的转移方向和内线队员的穿插进行移动选位训练。五人防守,五人进攻。防守队员要根据球的移动,根据内线队员的活动移动协同防守。

(3)一防二训练。二人在外围传球,一人左右来回移动防守有球队员。二人传球不要太快,待防守者到位后再传给另一队员。

(4)二对二训练。进攻队员二人在球场右侧或左侧的 3 分线附近相互传球。防守队员二人站位在同侧限制区线附近。当本区进攻队员接球时,要按人盯人方法防守,另一队员后撤进行保护。练习时,当对方球到底角时,要重点防对方底线的突破,当对方得球时，按先防突破再防投篮的原则移动。

(5)二对三训练。进攻队员三人沿3分线站位，进行外围传球。防守队的前锋二人在罚球线附近根据球的转移进行防守。练习时，离球近的队员先去防对方得球的队员。另一防守队员选择一防二的位置。

(6)三防四训练。外围四人传球，三人防守。三人防守应积极移动补位，一人防对方的持球队员，二人防对方的三名不持球队员，防守区域可机动变化，力求做到球到人到。

(7)堵截护送盯人训练。进攻队的两名队员在篮下来回溜底，两名防守队员用人盯人的方法来回跟踪防守。进攻队可结合内线活动及背插，提高防守移动速度与补防能力。

(8)交换防守中锋配合训练。进攻队员根据球的位置来回空插，防守队员连续进行交接配合，不让进攻队员接球。

(9)攻守转换训练。可采用二对二、二对三、四对四、五对五半场攻守练习，一队进攻，一队防守。练习时可往返进行，也可以提出特殊要求和规定。

(10)半场(或全场)五对五训练。可规定特殊任务或提出具体要求，如快攻投中后在前场继续进攻等。

第三节　高校篮球课程战术教学的创新与发展

一、创新教学意识和理念指导下的高校篮球课程战术教学侧重

(一)认知规律和思维过程指导下的大学生战术意识的教学

无论任何人的认知都具有一定的客观规律性，总是由简到繁、有具体到抽象的一个过程。就不同的个体来说，受多种因素(智力、教育程度、运动经验等)的影响，其思维模式和过程总会表

现出一定的个性差异。

个体的认知规律和思维过程充分体现了个体的观念和意识对行为指导的重要性，意识在认知和思维过程中发挥了重要作用，高校篮球教学应重视学生的篮球意识培养。

篮球战术意识与行动有密切的关系，意识支配行动，行动反应意识。战术意识是篮球战术活动中一种心理的呈现，是运动员人脑对战术活动的应答和反应，是根据赛场上的情况而产生的思维和反应，它体现了人的思维是否能与战术设定相符，是运动员根据时下情况对于战术的一种反映，从而在行动上体现出来。在篮球比赛中，科学的战术意识能够使运动员在比赛中自觉、能动地选择、组织、实施最佳战术，并达到战术实施效果的最大化。由此可见在篮球教学中，重视学生的战术意识培养的重要性。

（二）归因理论指导下的篮球战术教学中大学生的心理效应分析

对于个体的学习和运动参与者来说，通过对学习态度或运动参与的程度和积极性的归因分析，可以了解该个体的学习和运动行为的积极诱导因素和消极诱导因素，从而可以有针对性地提高该个体的积极因素的作用发挥，同时，抑制消极因素的作用的发挥。

在篮球运动教学中，通过对学生的篮球运动学习和运动参与效果和积极性分析，可以充分了解影响学生篮球运动学习和运动参与的各种因素，以通过教学干预，来促进学生的篮球学习与参与，并进一步提高大学生的篮球运动战术能力。

一般来说，在篮球教学中，通常会出现这种现象，即之前掌握的篮球战术要领在这次课中会“丢三落四”，通过归因训练，在教师的引导下，可使学生主动从自身寻找原因并解决问题，促使学生顺利进入教学训练情境，起到促进学生篮球学习和训练情绪情感的积极作用，形成良好的教学情景氛围，更容易把学习内容相互贯通，形成良性循环，提高战术教学效果。[1] 因此，在篮球战术教学中，教师应重视学生的归因分析的教学引导。

（三）终身体育教学理念指导下大学生战术运用和应变能力的提高教学

高校篮球课程教学的重要目的和任务之一就在于通过篮球教学，提高学生的篮球运动能力，并培养和提高学生终身参与篮球运动的能力。篮球战术教学应为实现这一教学目的和任务服务。

在篮球战术教学中，教师应重视大学生的篮球战术理论和实践的掌握，要求大学生真正理解和掌握篮球战术的特点、规律，训练和提高方法，使学生能根据篮球技术、战术的发展和比赛规律，灵活机动地运用战术，正确执行战略与战术，又能把握比赛的实际。同时，还要传授给学生篮球战术的训练和提高方法、训练过程中的运动营养和医务监督方法，如此在学生毕业后也能在参与篮球运动中，结合自身情况明确战术发展和提高的方法，并重视篮球实战能力提高过程中的自我保护、发展与提高。

二、新教学技术指导下的高校篮球课程战术教学发展

（一）计算机辅助教学

计算机技术的发展在现代体育教学中的广泛应用可有效提高教学效率、效果，使体育教学更加生动、形象和便捷。多媒体教学和计算机网络教学在篮球教学中的应用，大大提高了篮球教学效果，是篮球教学的未来发展趋势。

新教学技术在篮球教学实践中的科学应用有助于促进篮球教学效果的实现。在篮球教学与训练过程中，重视多媒体教学技

---

[1] 朱长征．归因理论在篮球战术教学中的应用研究[D]．山东师范大学，2007.

术在篮球战术教学过程中的应用，通过播放速度的控制，图片、影像、动画的交替运用，让学生观察、理解、记忆动作以及运动规律，根据教学内容，布置场上队员的位置、移动路线、配合时机，利用动画技术使画面更简洁、清楚地对战术配合进行演示，帮助学生理解战术配合和战术的实践运用。[1]

以篮球战术教学中的视频（影片、动画）播放辅助教学为例，教师对视频内容的选择很重要，要充分考虑视频内容是否能真正引起学生共鸣、是否有新意、是否满足学生的期待。同时，对于教学视频的播放方式和技术处理也要重视，播放方式和技术处理的不同可能会影响学生对教学视频内容的理解，如连续播放或间歇播放，是否需要添加字幕、绘制传球路线和球员移动路线等，都需要教师结合学生实际对教学视频进行合理的处理。[2]

（二）网络课程教学

网络教学是对计算机技术的充分应用，是对传统的课堂教学的时间和空间的拓展，能最大限度地实现教师与学生之间的交互。

目前，网络教学在我国高校篮球教学中的应用并不多，但高校校园网中篮球运动论坛或者板块可以看作是对传统篮球课程教学的一种拓展和丰富，只是没有形成系统的管理，教师与学生之间的超时空交互还不够频繁。

现阶段，篮球教学作为高校体育教学的传统教学项目和教学内容，已经有了计算机网络课程教学课件的制作，未来，还需要进一步对篮球网络教学的课件制作进行精心设计和推广普及，高校篮球校园学习网络和网络课程体系的建设还有很大的发展空间，需要进一步的完善。

---

[1] 罗刚．多媒体技术在篮球战术基础配合教学中的应用[D]．西北师范大学，2010.

[2] 陈强．篮球战术计算机辅助教学软件的初步设计与实现[D]．湖南师范大学，2011.

第八章　新时期高校篮球信息化教学的新思考

在现代教育改革与发展的背景下，现代信息化技术的应用越来越广泛，极大地提高了教学质量和水平。作为一名篮球教师，必须要与时俱进，紧跟时代发展的步伐，熟练掌握现代信息化技术，提高科学运用信息技术的能力，以有效地组织与开展篮球教学活动。

第一节　现代信息技术与信息化教学概述

一、现代信息技术

（一）现代信息技术的概念

现代信息技术是以计算机和远距离通讯工具为手段，对以文本、图像、视频等数据所承载的信息进行采集、加工、处理、传输、变换、存取直至应用的一系列技术。其核心技术主要包括计算机技术、现代信息技术、通信技术等，它可以延伸人的感觉器官采集信息功能、神经传导信息功能、思维器官处理信息功能及效应器官使用信息功能，对人与社会的发展都起着重要的作用。

在当今的社会背景下，以计算机技术、网络通信技术、数字化技术等为代表的信息技术得到了广泛的普及与发展，这些技术被应用到社会各个领域，推动着整个社会经济、文化的迅速发展。发展至今，信息化已成为世界经济和社会发展的共同趋势。

现代信息技术的快速发展在教育领域也产生了巨大的效应

和轰动，目前，计算机、现代信息技术以及网络技术在学校教学中得到了广泛的应用，这为教育资源的整合、教学内容的优化、教育方式的更新等带来了巨大的机遇，对学校教育的发展具有极为深远的影响和意义。

（二）现代信息技术的功能

1. 再现功能

与传统教育技术不同，现代信息技术不受时间、空间、微观、宏观等方面的限制，根据教育、教学的需要，将所讲对象在大与小、远与近、快与慢，虚与实之间相互转化，从而使教育、教学内容中所涉及的事物、现象、过程全部再现于课堂，从远古到现在、从自然到社会、从异国到本土，都可以通过现代化的教学手段表现出来，从而让学生有一个直观的印象，对于学习水平的提高是非常有利的。

2. 扩充功能

现代信息技术的扩充功能主要表现在两个方面：一方面，现代信息技术可以进行高密度的知识传授，丰富学生的知识体系；另一方面，教师能根据自己的需求获取互联网上的各种信息和知识，加强自己的知识储备，以更好地指导教学活动。

3. 集成功能

现代信息技术能把图像的、声音的和文字的教学材料充分融合在一起，向学生提供多种感官刺激，使学生获得视听等多种感觉通道的信息。

4. 交互功能

现代信息技术可以实现人与机之间的双向沟通，实现人与人之间近距离以及人与人之间远距离的交互学习，这对于教学质量的提高是非常有利的。

5. 虚拟功能

在现代信息技术条件下，利用信息技术仿真生成的虚拟现实世界，可能创造一种身临其境的真实感觉，使学习都不仅能感知而且能操作虚拟世界的各种对象。

（三）现代信息技术在教学中的作用

发展到现在，现代信息技术在体育教学中得到了广泛的利用，其在整个教学过程中的作用主要表现在以下几点。

1. 能节省师资，扩大教学规模

在现代体育教学中，采用现代信息技术进行教学，可以有效地扩大教学信息的传递范围和增殖率。过去个别教学的方式传授知识、信息只能一比一地增殖；传统的班级授课的方式，信息的增殖率可增加到几十倍速，上百倍速；用现代信息技术进行教学，信息的增殖率可扩大到几万倍速，甚至几十万倍速。

利用现代信息技术，如广播电视、卫星电视、计算机网络等，向学校、社会、家庭传输课程，凡是有电视或计算机终端的地方，都可成为课堂。通过现代信息技术的利用，一个教师可以同时为成千上万个学生上课，大大节省了师资成本，扩大了教学规模，促进了学生学习水平的提高。

2. 能有效提高教学效率

在体育教学的过程中，学生对运动知识与技能的掌握，是通过多种感官把外界信息传递给大脑中枢而形成的。这些感官的功能各异，其中以眼最灵，耳次之。在学习过程中，眼、耳、脑的功能发挥得越好，学习效率就越高。而通过现代信息技术的应用，可以大大延伸人体，特别是眼、耳、脑的学习功能，学生通过各种感官的分析可以有效提高学习效率。

3. 能有效提高教学质量

采用现代信息技术进行教学,可以视听结合,形式多样,可以有效激发学生学习的兴趣,促进学生积极主动地参与到体育教学活动中,从而提高教学质量。

二、信息化教学

(一)信息化教学的概念

在当今的社会背景下,信息技术在社会各领域中都得到了广泛的应用,在体育教学中,信息化技术也运用得越来越多。信息化教学指的是,在现代教学理念的指导下,充分利用现代信息技术,包括网络技术、计算机及多媒体技术等在教学中的应用,调动多种教学媒体和信息资源,构建出非常好的教学与学习环境,并且在教师的组织和引导下,积极发挥学生的主观能动性,使学生真正成为知识和信息的主动建构者,从而实现良好的教学效果。

(二)信息化教学的要素

教师、学生、教学内容三者被看作是整个教学系统的主要构成要素,被称为传统教学系统的"三要素"。其结构如图8-1所示。

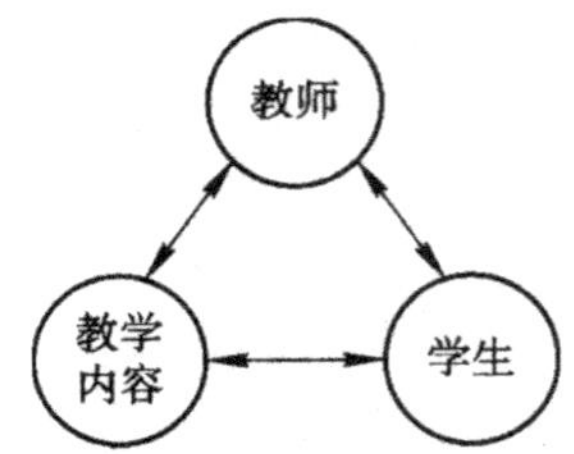

图8-1　传统教学系统的"三要素"

随着现代信息技术的不断发展,媒体的作用越来越突出。正是由于媒体要素的介入,使得教学内容在传递方式和表达形式方面发生了很大的变化,使得教学方式产生了革命性的改变。在信息化教学系统中，媒体成为其重要的构成要素。

在现代信息化教学中，教师、学生、教学内容和媒体是其四个核心要素。这四个方面的要素相互影响，相互作用，进而产生了良好的教学效果（图 8-2）。

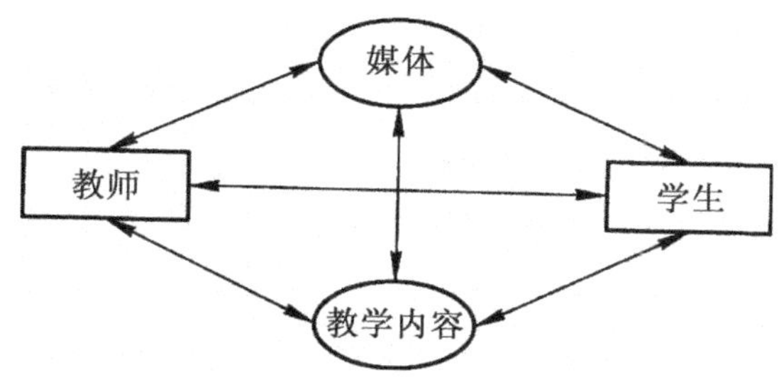

图 8-2　现代信息化教学四要素

1．现代教学媒体

发展到现在，现代化的教学媒体在体育教学中得到了广泛的利用，运用到教学领域的电子传播媒体，主要有录音、投影、幻灯、电视、录像、计算机等教学媒体以及这些教学媒体相互组合而成的教学媒体系统，如微格教学、语言实验室、校园计算机网络系统、多媒体综合教室等。通过这些媒体的综合利用，能有效提高教学效率，提高教学质量。

2．教师

在现代教育背景下，随着现代教学媒体的广泛应用，教师的角色发生了较大的转变，教师的任务也变得越来越重要。作为一名体育教师，必须要在信息化教学环境中具备相应的开展教学的能力。作为一名体育教师，必须要做到以下几点。

（1）掌握现代教学理念。信息化教学中的教师要明确现代教学理念，掌握信息化教学的基本理论和方法，以更好地改善教学活动，提高教学效率。

（2）具备信息化教学能力。信息化教学能力是指教师在现代教学理念的指导下，利用现代信息技术和丰富的教育资源，运用多种信息化教学方法开展教学活动，解决教学问题，优化教学过程的能力。信息化教学是体育教师必须具备的重要能力，一般来说，主要包括以下几点。

①信息素养。教师的信息素养主要包括信息意识、信息知识、信息能力和信息道德。

第一，教师要具有敏锐的信息意识，能够正确理解“信息”“教育信息化”等的概念、内涵及意义。

第二，要掌握信息方面的知识，了解信息技术、信息化教学相关的知识、方法和理论。

第三，教师要具有相应的信息能力，也就是说，要具备对信息技术进行利用来开展教学的能力。

第四，教师要具有良好的信息道德和一定的信息安全意识。

②信息化教学设计能力。在体育教学过程中，教师应当明确信息化教学设计的内涵，知道信息化教学设计的特点，理解信息化教学设计的原则，掌握信息化教学设计的方法，以设计出科学的、有效的教学方案。

③集多种角色、多重身份于一体。在信息化教学过程中，教师是教学活动的指导者，是教学内容的设计者。另外，教师还可以成为学生学习生活中的亲密伙伴，共同得到发展。

3. 学生

信息技术在教学中的应用，为学生的学习提供了很多便利，同时也对学生提出了更高的要求。

(1)学习方式多样化。信息技术的出现，使得学生的学习方式发生了较大的变化，学生既能够通过课堂来接受教师的指导，同时还能够通过利用现代教育媒体来获得更多的教学信息资源。在现代信息技术的支持下，学生的学习方式从过去的被动接受转变为合作学习、自主学习、探究学习等信息化学习方式。

(2)较高的信息素养。在信息化教学中，学生要具备较高的信息素养，能够从大量的信息资源中找寻所需的信息，并对信息进行加工、整理、保存;能够使用常用的软件进行学习并与他人交流;学会有效地反省、评价和监督自己的学习过程。

(3)集多种能力于一身。在信息化时代,学生要具备良好的自主学习能力。

①确定学习内容的能力。

②获取相关资料和信息的能力。

③分析与评价学习资料和信息的能力。

4. 教学内容

在现代信息技术的广泛利用下,体育教学内容呈现出以下特征。

(1)表现形态多媒体化。可以用文本、图形、图表、声音、动画、视频以及模拟三维景象等形式来呈现教学内容,利用多媒体方式呈现的教学内容能够将抽象的知识形象生动地表现出来,从而帮助学生提高教学效率和水平。

(2)处理数字化。将文本、声音、图形、图像、动画、视频等教学内容信息由模拟信号转换成数字信号,其可靠性更高,更容易存储与处理。

(3)传输网络化。信息化的教学内容可以通过网络实现远距离传输,学习者可以在任何一台能够上网的计算机上获取自己所需的信息。

(4)超媒体线性组织。信息化教学内容采用超媒体技术构建,支持文本、音频、视频、图形、图像、动画等多媒体信息,并采用网状结构非线性地组织、管理信息的超文本方式,对教学信息进行有效的组织,适合人脑的认知思维方式,也有利于有效地组织教学信息,促进知识的迁移。

(5)综合化。在信息化时代,在体育教学中,需要具备各方面知识的“全才”。学生学习的内容不仅仅局限于某一门独立的学科,特别是随着网络时代的到来,学生的学习和生活中出现了许多新的课题,这些课题不是仅靠某一门或几门学科的知识就能够完成的，而是需要学生把所有学科的知识整合起来并运用到学习中，才能够很好地解决问题。这与信息化社会要求人才具有多方面的知识这一特征是紧密联系的。

信息化教学系统的四要素之间存在着错综复杂的关系，各个要素之间不同的结合方式会产生不同类型的教学系统。

（三）信息化教学的特征

一般来说，信息化教学主要呈现出以下基本特征。

1. 技术层面

一般来说，信息化教学的基本特点是数字化、网络化、智能化和多媒体化。数字化使得信息化教学系统的设备简单、性能可靠、标准统一；网络化使得信息资源可共享、活动时空少限制、人际合作易实现；智能化使得系统能够做到教学行为人性化、人机通讯自然化、繁杂任务代理化；多媒体化使得教学媒体设备一体化、信息表征多元化、复杂现象虚拟化。

2. 教育层面

信息化教学的特征是开放性、共享性、交互性与协作性。

（1）开放性。信息化教学的开放性使得教育社会化、终身化，学习生活化、自主化。可以预见在未来的若干年内，教育将从学校走向家庭、社区、乡村，走向信息技术普及的任何地方。学习将不再受时空和地域的限制，学习者可以在任何时间通过互联网，根据自己的需求、知识背景、个人喜好、学习风格来选择学习内容、学习方式等，从而促进学习水平的提高。

（2）共享性。信息化教学的共享性是信息化的本质特征，它为体育教学提供了丰富的教学资源，大量的数据文件、档案资料、软件程序等形成了一个高度综合、集成的资源库，便于教育在教学过程中充分利用。

（3）交互性。信息化教学的交互性使得学习者可以向教师提问，可以与其他学习者交流，可以围绕当前或当时的学习主题相互讨论，形成各自的判断，表达自己对问题的理解，交流各自解决问题的不同思路，相互分享解决问题的过程和成果，甚至于相互答疑、分析和评价。

（4）协作性。信息化教学的协作性使教育者有更多的与他人协作和研讨的时间和空间，使学习者通过网上合作、小组合作与计算机合作等多种合作方式，来增加与他人合作的机会。

（四）信息化教学的理念

现代信息化教学的基本理念是“以人为本”的教学理念，这主要体现在以下几个方面。

1. 信息化教学注重学生主体作用的发挥

在以往的传统教学中，主要强调的是教师的“教”，随着教学理论的不断发展，学生的地位越来越重要。在现代教学中，学生是个性丰富、鲜活的、具体的、不断发展的认识主体，是独立的群体和个体，具有较强的主观能动性。在教学过程中，应该充分发挥学生的主体地位，不断促进学生自主性、主动性和创造性的发展。

2. 信息化教学注重学生自主建构知识

近些年来，教学理论受到了建构主义学习理论的影响，强调学生通过自己主动建构学习知识，当然这是在教师和同学等的帮助下，通过学习资料的协助来不断实现的。

3. 信息化教学注重自主、探究、合作式地学习

在课程实施方面，新课改明确指出要改变过去机械学习和训练的状况，积极培养学生乐于探究、主动参与、勤于动手的能力。

这就要求体育教师要改变过去的教学方式，采用信息化教学的方式来对学生的探究学习能力、自主学习能力和合作学习能力进行培养。此外，还要培养学生的合作学习、主动探究的意

识，让学生意识到只有积极主动地学习才能够适应信息化社会的需求。

4. 侧重教学活动的启发性

过去传统的教学活动主要侧重于知识的“授—受”活动。而现代教学活动的主要观念是要求在教学中，要对活动的多样性和重要性有一个充分的认识，教师要向学生设计一些具有多种性质的活动，在活动中组织学习参与各种形式的学习，使学生的自觉性和主动性能够在活动中得以充分发挥出来，对学生的创新精神、创新意识、创新能力进行培养，以更好地促进学生的能力、知识和个性得以全面发展。

5. 侧重学生的主观能动性

在具体的教学过程中，要使学生的探究激情和学习兴趣得以激发出来，对学生的个性和特长予以充分的尊重，促使学生积极参与学习，使学生的潜能可以得到最大限度的发挥。通过采用多媒体技术，教师可以使学生的学习兴趣得到很好的激发，同时采用多样化的教学方式来更好地促使学生能够更加主动积极地对知识进行自主探究。

6. 侧重师生交流的互动性

师生之间的多样化交流，能有效增强学生学习的兴趣，使学生在学习的过程中进行生活经验的共享，对学生的知识结构进行完善，促进学生的社会性学习，发展学生的社会性素质。对于教师来说，通过师生之间的相互交流，教师可以与学生进行平等的交往，获得共同发展。

（五）信息化教学的原则

一般来说，信息化教学需要教师遵循以下基本原则，以保障教学活动的顺利进行。

1．资源整合性原则

在现代信息技术背景下，信息化教学是将信息技术、信息资源、人力资源、课程内容等一系列要素整合在一个系统中，有机地将各种要素结合起来共同完成教学任务的一种教学方式。因此，资源整合性原则是信息化教学的首要原则。

在信息化教学过程中，应当将信息技术有效地融入到各类教学中，将教学系统中的各个要素和各类教学资源有效地整合在一起，协调教学过程中各要素之间的关系，充分发挥系统的整体优势，提高教学效率。

2．主动参与性原则

在信息化教学中，要求改变学生改变以往被动接受知识的学习方式，转变为主动探究式、合作式的学习方式，从而使得信息化教学具有主动参与性的特征。主动参与性原则是指，学生在教师的指导下积极参与教学活动，通过激发学生的主体意识，发挥学生的主体作用，发掘学生的学习潜能，培养学生的学习能力，增强学生学习的责任感与合作精神，从而能够有效地提高教学质量，更好地完成教学任务。

因此，在信息化教学中，应当借助现代化的教学手段充分激发学生学习的积极性，提高学生学习的自主性。

3．直观形象原则

学生的学习主要以学习间接经验为主，在教学过程中，要使信息化教学符合学生的心理特征，充分激发学生学习的兴趣和积极性，因此，在信息化教学过程中，就应当遵循直观形象的原则。

直观形象原则是指在信息化教学环境中为学习者创设一定的情境，并提供丰富的多媒体资源，同时通过教师给予指导、形象描述知识等教学活动来促使学生积极观察、主动探究，使学生对所学事物、过程形成清晰的表象，从而丰富自己的知识结构，提高运动技能。

信息化教学环境集多种媒体资源、各类教学设备、各种支持系统于一体，可以为直观形象原则的贯彻提供多样化的教学资源，帮助学生更好地学习运动知识，提高运动技能。

4. 启发创造原则

启发创造原则是指教师在信息化教学过程中，要采取多样化的方式来支持学生的学习，最大限度地调动学生的积极性和自觉性。激发他们的创造性思维，从而使学生在融会贯通地掌握知识的同时，充分发展自己的创造能力与人格。

启发创造原则，是在现代教育理念指导下教学与发展相互影响和相互促进规律的反映。信息化教学不仅要求教师向学生传授知识、技能和技巧，而且要求教学能够促进学生主动对知识进行意义建构，同时促进学生情感、态度、价值观的发展。教学与发展是相互依赖、相互促进的。教师在教学中要将学生视为学习的主体，设计多样化的教学活动，利用多媒体手段启发学生积极思考，促使他们自己提出问题、分析问题和解决问题。

启发创造原则，还是信息化教学受制于信息化社会需要这一规律的具体体现。信息化社会发展的趋势，要求学校教育教学必须培养学生的信息素养、革新精神和创造能力。只有这样，学校所培养的人才才能适应未来瞬息万变的社会要求，才能以新的思维方式去捕获新的有价值的信息，也才能在未来的工作中敢想、敢干，为社会创造财富。目前，通过信息化教学发展学生的创造性思维，培养创造型人才已经成为世界各国教学改革的重心。

5. 教师主导性与学生主体性相结合的原则

教师主导性与学生主体性相结合的原则，主要是指在信息化教学过程中教师既要充分发挥自身的主导作用，又要充分调动学生的积极性与主动性，正确处理教与学的关系，把教师与学生的积极性都调动起来。

教师主导性与学生主体性相结合的原则应充分体现在强调学生是学习的主体，强调学生主体在教学中的积极作用上。这是因为，学生的学习是一种自觉的、能动的活动。即学生要把教师提供的一切认识材料转化为自己的东西，就必须通过积极、自觉的思维去接受、理解、消化和运用。教师的主导作用和学生的主体作用，是相互联系、相互促进的两个方面。二者只有紧密联系起来才能促进教学效益的发展和提高。

6. 教学最优化原则

教学最优化原则，主要是指在现代教育理念的指导下，在信息化教学过程中，通过对教学系统中的各个要素进行系统化的设计，使得各要素优化组合，能够进行最优的教学，取得最优的教学效果。在信息化教学中，教师要设计多样化的教学方案，将教学过程中的各要素优化组合起来，充分激发学生学习的积极性，提高教学水平。

第二节 信息化教学设计研究

信息化教学是一种充分利用现代化教学媒体、现代教育技术而开展的双边活动。在体育教学中，体育教师利用信息化技术进行教学设计是一种提高教学质量和效果的有效手段。

一、体育信息化教学设计的概念与内容

（一）体育信息化教学设计的概念

体育信息化教学就是指在信息化环境中，教育者与学习者借助现代教育媒体、教育信息资源和教育技术方法所进行的双边活

动。体育信息化教学的基本特点是：以信息技术为支撑；以现代教育教学理论为指导；强调新型教学模式的构建；教学内容具有更强的时代性和丰富性；教学更适合学生的学习需要和特点。在现代社会背景下，体育信息化教学是以现代信息技术为基础所引起的一系列改变，主要包括教学理念、教学手段与方法、教学模式等。

在体育教学中，信息化教学设计就是运用系统的方法，以学生为中心，充分利用现代化的信息技术和信息资源，科学地安排教学过程的各个要素，以实现体育教学过程的最优化效果。在体育信息化教学设计中，设计者应用信息技术构建信息化环境，能充分利用先进的信息化技术，为学生创设良好的学习环境和条件，促进学习水平的发展和提高。

（二）体育信息化教学设计的内容

一般来说，体育信息化教学设计的内容主要包括以下几个方面。

（1）学生身心特征与学习水平分析。

（2）体育教学目标分析。

（3）体育教学模式与教学策略的设计。

（4）体育学习情境与体育学习任务的设计。

（5）体育教学媒体设计。

（6）体育教学资源的挖掘与开发。

（7）体育教学评价的设计。

（8）体育教学管理过程的设计。

（9）体育教学过程与结构设计。

二、体育信息化教学设计的基本模式

（一）分析体育教学目标

在体育教学体系中，教学目标至关重要，因此在体育教学设计的过程中，首先就要确定好体育教学目标。确定体育教学目标的目的是为了确定学生学习的主题，即与基本概念、基本原理、基本方法或基本过程有关的知识内容，对教学活动展开后需要达到的目标做出一个整体性的描述，主要包括学生所要掌握的运动知识与技能，具备的身心素质，创新的能力等。

（二）学习问题与学习情境设计

学生在体育学习的过程中会遇到各种各样的问题，学生需要通过解决具体情境中的真实问题来达到学习的目标，从而提高自己的学习能力和水平。因此，学习问题与学习情境的设计就显得非常重要，学习问题与学习情境的设计能为学生学习能力的提高提供良好的基础和保障。

（三）学习环境与学习资源的设计

在体育教学中，学习环境是学习资源和学习工具的组合，这种组合实际上旨在实现某种目标的有机整合。学习环境的设计主要表现为学习资源和学习工具的整合活动。在具体的设计过程中，设计者要考虑人际支持的实施方案，但需要注意的是，人际支持通常表现为一种观念而不是相关的法规制度。由于学习环境对学习活动起一种支撑作用，学习环境的设计必须在学习活动设计的基础上进行。不同的学习活动可能需要不同的学习资源和学习工具。设计者必须清醒地认识到这一点，在进行教学设计的过程中要综合各方面因素的考虑。

（四）体育教学活动过程的设计

相关调查与研究发现，学生学习的动力主要来源于其与学习环境的相互作用。在具体的学习活动中，学生认知与情感态度等的变化都应归因于这种相互作用。因此，学习活动的设计必须作为教学设计的核心设计内容来看待。学习活动可以是个体的，也可以是群体协作的。群体协作的学习活动表现为协作个体之间的学习活动的相互作用。学习活动的设计最终表现为学习任务的设计，通过规定学习者所要完成的任务目标、活动内容、活动策略和方法来引起学生认知和情感的变化，从而达到促进学生学习水平发展和提高的目的。

（五）体育信息化教学设计成果的形式

在体育信息化教学过程中，教学设计的具体成果形式不仅仅是一篇传统意义上的教案，而且还包括各种各样的教学内容，如教学情境问题、教学活动设计规划、教学课件设计等。在具体的教学过程中，体育教师一定要规划和设计好这些内容，以促进教学效果的实现。

（六）体育教学设计单元包的内容

通常情况下，体育教学设计单元包主要包括以下内容。

(1)体育教学设计方案。

(2)多媒体体育教学课件。

(3)学生作品范式。

(4)体育教学参考资源。

(5)体育教学活动过程模板。

三、体育信息化教学设计应用的原则

在体育信息化教学中，决定教学质量的因素有很多，因此设计一个良好的教学过程是非常重要的，体育教师在进行体育教学设计时必须要遵循以下基本原则。

（一）培养学生的创造能力

在传统的体育教学活动中，学生是被动的学习接收者，受到的是灌输式的教育，体育信息化教学设计要改变这种传统教学模式，将教学的重心从教师的“教”转向学生的“学”，将关注教师教学行为的设计转向关注学生学习活动的设计。在体育信息化教学中，教师是学生学习的促进者与帮助者，在整个教学活动中起着重要的指导作用；而学生则是学习的主体，在学习活动中能充分发挥自己的主动性，提高自我学习的意识与能力，因此这种教学方法有利于培养学生的创造能力，从而促进学生综合素质的发展和提高。

（二）加强体育学习环境的设计

学习环境是学习者利用资源生成意义并且解决问题的场所。在体育信息化教学设计中，必须要强调通过提供丰富的资源和学习工具，创设学习情境，构建学习共同体等环境因素，为学生有效地获取知识和技能、发展个性提供有效的支持。

在体育信息化教学环境中，学生通过资源工具的支持进行学习，不但能获得教师的帮助，而且还能与其他同学做好沟通与交流，提高与人交往的能力，这对于促进学生学习水平的发展和提高是非常有利的。

（三）注重体育教学情境的建设

学生的学习活动都是在一定的教学情境中进行的，因为只有在真实的学习环境中获得知识才能在现实生活中加以运用。为此在体育教学中学生通过创设真实的教学情境，不仅可以激发联想，提供记忆的线索，而且还能激发学生学习的积极性，获得知识和技能，这对于学生认识与实践水平的提高是非常有利的。

（四）注重协作学习，共同提高

在整个体育教学过程中，协作学习始终贯彻整个过程。通过协商交流，学生与学生之间可以共享自己的思想与观点，全面地认识和理解各种问题。在具体的协作学习中，要想使他人理解自己的想法，就必须要有一个清晰的思路并且恰当地表达出自己的想法，这可以有效培养学生的语言表达能力，在这一学习过程中，提高自己的人际交往能力。

信息化教学中通常以小组或其他协作形式展开学习，小组中的每个成员均承担一定的任务，在学习的过程中，学生不仅要对自己的学习负责，还要关心和帮助他人，达到共同学习、共同提高的目的。

(五)注重体育学习过程的评价，建立多元化评价体系

传统体育教学活动的主要目的是实现教学目标，通过考试测验等手段来检验体育教学的成果。而在现代体育信息化教学中，教学结果评价只是其中的一个方面，学生学习过程的评价成为重要的内容，一般是将结果评价与过程评价充分结合起来进行。

通常情况下，体育信息化教学非常强调知识的建构，与传统教学中学生对知识的复制、回忆和再认的表现形式相比，信息化教学更加注重系统的整体性，主张建立一个多元化的评价体，这对于教学质量的提高具有重要的意义和作用。

第三节　现代信息技术在篮球教学中的应用

一、现代信息技术在篮球教学中应用的对策

(一)创设教学情境，激发学生学习的兴趣

大量的事实表明，兴趣能充分激发学生学习的欲望。在学习过程中，学生对某种事物的兴趣越浓厚，其注意力就越高度集中，思维非常活跃，学习的热情高，能够充分发挥出潜在的学习和练习的积极性、主动性，从而呈现出最佳的学习状态。现代信息技术是集文字、图形、图像、声音、动画、影视等各种信息传输手段为一体，通过语言的描绘、图像的演示、动画的模拟、音乐的渲染等声画并茂的教学环境，为学生创设生动形象的教学气氛，能大大地激发学生的学习兴趣和学习热情。[1]

---

[1] 左庆生，张海民，邱勇．现代篮球运动教学训练实用指导[M]．北京：北京师范大学出版社，2013.

例如:在篮球教学过程中,教师可以播放“跟我学打篮球”的教学光盘,可以选择一些NBA篮球赛或经典投篮集锦光盘让学生欣赏,在欣赏高水平运动员篮球技能的同时提高学习的兴趣;在课件的制作过程中,能导入一些优秀运动员如乔丹、姚明、科比、麦蒂在比赛场上的精彩动作图片;把学生自己在篮球比赛中的情况拍成录像,剪辑,导入到课件里,通过屏幕的播放,学生一边观看画面一边听教师的讲解,寻找差距等。这样就能充分激发学生学习篮球的兴趣,提高篮球学习的水平。

(二)扩大课堂教学的容量,提高教学的效率

在信息化教学中,教师可以利用多媒体技术,进行高密度的知识传授、大信息量的优化处理,可以大大提高课堂效率。图形不是语言,但比语言更直观形象,包容的信息量更大。动画又比图形更形象和生动,更容易激发学生学习的兴趣,提高教学质量。

例如,在讲解篮球运动的起源时,通过图片展示、纪录片播放,让学生对篮球运动的发展历程有了一个全面的认识;讲解篮球局部进攻战术时,通过动画演示、视频剪辑等手段,直观地展现几种局部进攻战术的演练过程。在篮球裁判教学中,教师为了能让学生更加清晰地明白犯规的判罚,可以将一些犯规的视频剪辑下来,或将学生在比赛中的犯规行为拍录下来,在课堂上一边进行播放,一边进行讲解,这样学生通过观看和听讲解,马上就一目了然了。这样就避免了重复劳动,节省了教师讲解、示范的时间,加快了教学的节奏,从而提高教学效率。

(三)利用信息化技术的直观教学手段

现代信息技术教学具有非常重要的直观性特点,在运用这一技术进行教学的过程中,可以将文字、图像、声音、形象逼真的动画、网络等综合在一起,能做到图文并茂、动静结合、视听并用,可以将一些难度大或较复杂的动作通过播放慢动作和正常动作让学生看清楚、听清楚,有利于创设良好的教学情境,帮助学生建立

直观而清晰的动作表象,从而掌握运动技能。

例如,在讲解篮球技术分析时,通过多媒体技术教学将篮球技术动作结构、动作要领通过图片、视频等方式直观地展现给学生,并结合优秀运动员有关篮球技术动作的录像和学生在学习过程中被拍摄的技术动作的录像,通过对比分析有利于学生更加直观地理解动作概念,加快对技术动作的掌握;在讲解竞赛规则与裁判法分析时,裁判员的各种执法手势以图片形式通过大屏幕展现给学生,给学生以直观的印象,学生可进行模仿学习,掌握知识与技能。

(四)突出重点,突破教学难点

现代信息技术具有分层展示的功能,运用音频、视频分层等展示篮球技术,使学生学习重点、要点更加突出,掌握技术也就更快。例如,把 NBA、CBA、CUBA 等比赛视频下载下来,进行技术处理,将技术和战术分类处理,分层展示,就更有针对性;也可以根据物理学原理,对技术动作进行直观形象地分析,如对运球、传球和投篮间的相互关系的分析,可集中对运球技术进行分析,也可对某一个动作的一个用力现象进行力学分析,了解动作结构,纠正学生不会用力或用力不正确的现象;如讲解投篮时,力度的大小、出手角度等用图表等形式在课件中体现出来,结合抛物线的知识,使学生看清楚动作细节,更加深刻地认识动作的要领和运动规律,更快地完成学习任务。

此外,由于受年龄、教学条件等因素的影响,教师往往会回避那些难以示范(如扣篮、空接等)的动作,这样就影响了学生的全面发展。因此,运用现代信息技术可以解决这一难题,可以帮助学生建立难度动作的概念,提高运动技能。

二、常用软件在篮球教学中的运用

目前,在篮球教学训练过程中,篮球软件较多,并且各有各的优缺点。其中较常用的软件有:Basketball Playbook 软件,篮球技战术 Gif 动画软件，Basketball Blueprint Version 软件，Sports Code 软件等。受篇幅所限，下面主要讲解前两种软件在篮球教学中的应用。

（一）Basketball Playbook

Basketball Playbook 是一个非常实用、便捷的篮球战术软件，可以让你在一两分钟内完成一副战术图的绘制，战术图可以存为 .ebp 格式，也可以存储为 .jpg 格式或者 .bmp 格式，并且它支持动画模拟，可以用动画的方式形象地展示出队员的配合路线、行动顺序等，是目前比较常用的一种软件。

1. 界面介绍

球员项（Player）的第一排圆形图标代表进攻球员，可以用左键将图标拖到需要的位置。第二排三角形图标代表防守球员，1 到 5 号位分别为 PG、SG、SF、PF、C。第三排为器材，比如球（黑色圆点为球），训练用的路障、篮框等。第四排画线工具同画图板。其中，实线代表球员空手跑位，虚线代表传球路线，曲线代表运球走的路线。阴影大部分是标注联防强侧弱侧时用的，黑体大写的 T 是在图上添注释用的，比如火箭的战术图里，5 号位可以标注姚明。

场地项（Court）里包括半场的图形、全场的图形、进攻的图形、防守的图形等，教师或教练员可以根据需要选择适当的场地图。

2. 制作过程

画线后的修改，如果需要改线条颜色，右键单击需要修改的线条，从弹出的对话框中选择所需的颜色。删除的话有 Delete 和 Remove all，分别是删除所选和全部删除。如果注释写错了需要修改，则点击右键，在对话框内重新输入正确的内容（输入空白就是删除了）。画好图之后若需要配有文字说明，则点开 Edit Text 就可以编辑你的说明，界面一目了然。每个战术都会有相当多的变化，需要多幅图来说明不同的变化，那么点击 Add Sequence 就可以换一页继续画，画出的不同场景会自动生成动画。

（二）篮球技战术 GIF 动画

1. GIF 动画概述

GIF 动画的形成是由连续显示数张图片所造的视觉效果，其原理与卡通影片是一样的。GIF 动画能增加网页的动态效果，吸引学生的目光，提高学生学习的积极性和兴趣。

在国外，世界篮球协会的教练员网络图书馆、NBA 等篮球知名网站都利用网络动画的形式，来介绍相关的篮球战术。其采用 Flash 动画或其他相关软件来制作篮球动画，这对提高教练员理解与运用战术，篮球爱好者提高战术素养，篮球水平的全球传播等方面都能起到积极的作用。

从制作方式来说，GIF 的制作大致分为两种：一种是通过视频转化的 GIF 图片。如一张图显示科比突破的全过程。它突破了图片都是静态的范畴，适合于 Web 传播。另一种是通过相关软件制作的。制作软件大致分两种：图片制作软件和专门的 GIF 动画制作软件。目前来说制作 GIF 动画的软件很多，比较典型常用的有 U lead 的 GIF Animator，Micro Media 的 Fireworks，Adobe 的 Image Ready。GIF 格式动画的制作需要注意图片、帧速、效果三个要素。下面以 U lead 的 GIF Animator 为例，讲解制作篮球技战术的 GIF 动画过程。

2. 制作过程

(1)获取录像。大部分的比赛，赛后在网上都可以找到下载的资源，但有时比赛较为生僻或者自己需要更快的拿到视频时，便可以尝试下自己来录制比赛。可以通过“UU see 网络电视”及“百宝录像机”等相关软件进行相关视频的录制。

(2)制作 GIF。

①截图。KMP 播放器设置：右键点击播放器，把选项里的高

级菜单选项勾上；打开视频文件，右键点击播放器的“捕获”中的“画面：高级捕获”选项。视频在播放的同时，按开始捕捉截图，按结束停止捕捉，捕捉的图片放置在自己所设置的位置。

②使用 U lead Gif 制作 GIF。点击新建，建立新的 GIF；再点击添加文件中的“添加图像”选项，找到之前截取图片的存储目录，选定所需要的图片，打开；现在将所添加的图像分配到帧，点击所添加图片的最上面的第一张图片，然后按住 shift 键，下拉至图片最下面，再点击最下面的图片，松开 shift 键，选定所有的图片，右键点击，选择“分配到帧”；所有的制作工作准备就绪后，可以按“预览”来预览 GIF 动画，如果没有问题，按文件中的“另存为”存为 GIF 动画格式。

③GIF 的优化。如果想把一次完整的阵地进攻或阵地防守清晰地展现给大家，通常制作出来的 GIF 会比较大。所以，很多时候进行必要的精简也是非常重要的。除了减少帧数和每帧的尺寸之外，U lead GIF 还提供了一个“优化”功能。将图片导入以后，点击红色的“优化”选项，根据需要选取下拉菜单中的选项，就可以对 GIF 进行优化。需要说明的是选择压缩后文件的数值越小，生成的 GIF 也就越小，图像就越不清晰。因此，在选取数值大小的时候，还应综合考虑。

第四节 信息技术支持下高校篮球课程教学探究学习研究

一、探究学习概述

(一)探究学习的环节

1. 探究问题的生成与确定

在体育教学过程中，教师通过引导、启发等方式，利用多种教学手段创设特定的问题情境，激发学生学习的兴趣，发现问题并提出探究的问题。探究的问题应该是与学生息息相关的，学生感兴趣的，或亟待解决的事件。

2. 探究方案的设计

教师指导学生进行人员分工，说明探究过程和规则，并提供必要的探究工具。学生可以根据已有的知识、经验做出比较合理的猜想、假设，并设计探究思路和方案。

3. 探究方案的实施与开展

学生根据所设计的探究方案，进行分析、调查、实验、访问、考察等各种探究活动，获取、整理、分析数据和资料，解释探究得到的结果，验证假设。

4. 探究结论的交流与评价

将得到的探究结果通过分析、综合得出自己的探究结论，探究结论可以通过实验报告、访谈报告、调查报告、电子作品等各种形式展示，学生对自己的探究结论进行小结、陈述和评价反思，并提出意见，然后教师做总结性发言。

(二)探究学习的类型与特征

1. 探究学习的类型

一般情况下，根据不同的分类依据可将探究学习分为以下几种不同的类型。

(1)理论探究与实验探究。根据探究内容的不同，可将探究学习分为理论探究与实验探究两种形式。理论探究是从低级的概念发展到高级的概念，从已知的理论发展到未知的理论，是通过观察“观念性客体”的特征，再经过思维加工，而获得新的认识。精心设计特例是成功的关键，所谓特例就是体现“观念性客体”的典型事例，或者说是隐含着客观事物新的本质特征的典型事例。

要求教师认真研究新旧知识的内在联系，帮助学生在自己的认知结构上，为新知识找准适当的固定点。

实验探究是指在体育教师的指导下，学生通过实验观测，在丰富的感性材料的基础上归纳出新的要领或规律。

总之，理论探究和实验探究之间是相辅相成的关系，在实验探究中有理论思辨的成分和理论探究的要素；而在理论探究中也有实验操作的成分和实验探究的要素，因此不能将二者割裂开来。

(2)传统教学环境的探究和信息技术支持的探究。根据探究环境的不同，可将探究学习分为传统教学环境的探究与信息技术支持的探究。传统教学环境的探究学习是指借助传统教学媒体和传统教学资源进行的探究活动。

我们所说的信息技术支持的探究学习是相对于传统教学环境下的探究学习而言的，是指借助现代教学媒体和信息化教学资源进行的探究活动。当然，信息技术支持的探究学习在借助现代教学媒体和信息化教学资源的同时，并不完全排斥传统教学媒体的利用，实际上，二者结合起来进行运用，能收到意想不到的教学效果。

(3)接受式探究和发现式探究。一般情况下，根据自主获取信息的现成程度的不同，可将探究学习分为接受式探究和发现式探究。

接受式探究是学生通过各种途径搜集现成的信息资料，通过整理获得问题的答案。其中的信息资料由学生主动从现有资料或现有资源(如图书馆、互联网、科技场馆等)中直接搜集或向有关人士直接询问，所搜集到的信息是现成的，只需略加整理即可。

发现式探究是学生在探究问题答案的过程中，不能直接获得现成的信息资料，需要通过观察、分析、调查、研讨等活动，得到相关的资料和数据，经过科学的处理和加工，从而获得问题的答案。

(4)部分探究和全部探究。一般来说，根据探究活动中探究成分所占的比例，可将探究学习分为部分探究和全部探究。

周所周知，探究学习的基本特征分别是从问题、证据、解释、评价和交流等方面归纳体现的。如果学生的探究活动在这几个方面都是独立自主地完成的，我们就说是全部探究；如果只是参与了其中某一部分或某几部分，我们就说是部分探究。

例如，当体育教师没有使学生投入对问题的思考中，而是给学生一个特定的问题，那么探究学习的第一个基本特征就缺失了，这种探究就是部分探究。同样，如果教师选择演示某些物质在化学反应中的作用，而不是让学生探究它的作用以及形成他们自己的解释，那么就缺少了探究学习的第三个基本特征，也是部分探究。只有具备探究学习所有的五个基本特征才能称为全部探究。当然，全部探究是探究学习的最理想水平，学生只有通过多次的、循序渐进的部分探究才有可能达到全部探究的水平。

2. 探究学习的特征

(1)学习者围绕科学性问题展开探究活动。所谓科学性问题是针对客观世界中的物体、生物体和事件提出的，问题要与学生必学的科学概念相联系，并且能够引发他们进行科学研究，促使他们收集数据和利用数据对科学现象作出解释。在课堂上，对学生提出的有意义的、有针对性的问题，能够丰富学生的探究活动，但是这些问题不能是深不可测的，必须是能够通过学生的观察和从可靠的渠道获得的科学知识来解决。

(2)学习者获取可以帮助他们解释和评价科学性问题的证据。科学家在实验中通过观察测量获得实验证据。在课堂探究活动中，学生也需要运用证据对科学现象做出解释。例如，学生对动植物、岩石进行观察并详细记录它们的特征；对温度、距离、时间进行测量并仔细记录数据；对化学反应和月相进行观测并绘制图表说明它们的变化情况。同时，学生也可以从教师、教材、网络等众多途径对探究活动进行有益的补充。

(3)学习者要根据事实证据形成解释，科学回答问题。科学解释是借助于推理提出现象或结果产生的原因，并在证据和逻辑论证的基础上建立各种各样的联系。解释是将所观察到的与已有知识联系起来学习新知识的方法。因此，解释要超越现有的知识，提出新的见解。

(4)学习者通过比较推出其他可能的解释。特别是那些体现出科学性理解的解释，来评价他们自己的解释，并且对解释进行修正，甚至是抛弃，是科学探究有别于其他探究形式及其解释的一个特征。评价解释时，可以提出这样的问题：有关的证据是否支持提出的解释？这个解释是否足以回答提出的问题？从证据到解释的推理过程是否明显存在某些偏见或缺陷？从相关的证据中是否还能推论出其他合理的解释？

核查不同的解释就要求学生参与讨论，比较各自的结果，或者与教师、教材提供的结论相比较以检查自己提出的结论是否正确。最终应使学生在自己的结论与适合他们发展水平的科学知识之间建立联系，也就是说，学生的解释最后应与当前广泛为人们所承认的科学知识相一致。

二、信息技术支持下篮球探究学习的原则

(一)以学生为主体的主体性原则

在篮球教学中，体育教师要根据学生的身心特点和个性正确处理教学主体与客体的关系，促进学生主体的发展。同时，要以学生为中心来设计学习活动，设计适合学生身心特点的学习活动，以此打破教学客体中心(如教材中心、课堂中心、教师中心、考试中心等)，使教学中心由客体向学生主体转移，把教学从“选拔适合教育的学生”转变到“造就适合学生的教育”上来。教师要为学生创设自由讨论的气氛，设置听取意见的场合，调动学生的学习积极性和主动性，保证学生自主探究活动的顺利进行。

(二)以教师为主导的指导性原则

探究学习活动的的一个重要特征就是创设一个特定的学习

情境，让学生经过探索后亲自去发现和领悟它们。这就要求教师改变传统的教学方式，把重点放在创设情境、引起和激励学生的探究和发现上。但这绝不意味着教师的指导作用因此而有所降低，甚至无足轻重，而完全任由学生去独自探究。应该特别强调教师适时地、必要地、谨慎地、有效地指导，以追求真正从探究中有所收获，包括增进学生对世界的认识和提升学生的探究素质，从而使学生的探究能力得到不断的提高和完善。虽然在探究过程中学生会遇到挫折、走弯路甚至失败，但是具有重要的教育价值，所以教师要适时给予适当的帮助、引导，以帮助学生建立探究学习的信心。

事实上，学生探究能力的形成是一个循序渐进的过程，从自发的行为到采取有条理的态度，从漫无目的地发问到有选择性地提出问题，从单一地依赖感官到使用多种工具，从毫无规则的观察到更为合理、井然有序的研究，从单纯迷恋到精确严谨，从无意吸引到快乐地学习知识。无论哪个阶段或水平的探究，学生都不可能一开始就能独立从事探究性学习，都需要在教师的指导下进行。

（三）问题来源的求实性原则

求实性原则是指用来开展探究学习的问题必须反映学生的现实生活和社会实际，是发生在学生身边的问题和社会现象中的问题，而不是脱离学生生活实际的纯学术上的问题。体育教师可以在设计课程时，对学生感兴趣的问题进行调查统计和分析，以此作为选择探究主题和安排主题顺序的基础之一；也可以留出一些“自由探究时间”，供学生探究他们自主提出的问题；也可以根据学生的即时兴趣做出适当的调整。那种脱离学生实际进行抽象技能训练的做法只会压抑学生的探索精神，脱离学生的问题和社会环境的探究学习，实则是枯燥无味的“智力游戏”，使许多学生望而生畏，丧失探究学习的兴趣和热情，根本谈不上科学探究精神的培养。

（四）科学素养的侧重性原则

教师在指导学生探究时，不必追求科学家探究的水平，不能向研究生导师指导学生时所强调和所关注的方面看齐，在探究学习的操作方法及操作技能上不必要求过高，况且这不是教师指导学生开展探究活动的重点，当然也不能满足于学生自发探究的水平，而应当着眼于学生“基本科学素养”的提高。在具体的信息化教学过程中，体育教师应把重点应放在以下四个方面：

第一，通过探究满足学生的求知欲。

第二，通过探究获得对大千世界的理解。

第三，通过探究培养科学思维能力，锻炼解决问题的能力、合作与交流能力，培养科学精神与态度，初步习得科学探究方法。

第四，通过探究逐步获得对科学探究本身及科学本质的理解。

这里尤其要注意引导学生通过直接参与探究过程，并通过自己的反省与思考，从亲身体验中获得对探究活动的深刻认识，以及深刻理解探究是怎样促进科学发现的、人类已有的知识是如何获得的、人类是如何一步步加深对这个世界的认识的等一系列与科学的本质有关的问题。

（五）因材施教的差异性原则

探究活动应该在尊重学生个性差异的基础上注重因材施教，培养学生的创新能力。并非只有成绩优秀的学生才有能力开展探究，应该给每一个学生参与探究的机会。尤其是那些在班级或小组中较少发言的学生，应给予他们特别的关照和积极的鼓励，使他们有机会、有信心参与到探究中来。

在具体的教学过程中，教师要注意观察学生的行为，防止部分优秀学生控制和把持局面，要注意引导每一个学生都对探究活动有所贡献，让每一个学生都分享和承担探究的权利和义务。

（六）相互倾听的协作性原则

探究过程中学生需要相互协作，这些协作与交流的实践和经验,可以帮助学生学会与他人交流、向别人解释自己的想法、倾听别人的想法、善待批评,以审视自己的观点获得更正确的认识,学会相互接纳、赞赏、分享、互助等。

在整个探究过程中,由于经验背景的差异,探究者对问题的理解常常各异,这种差异本身便构成了一种宝贵的学习资源。这是因为:

(1)在相互倾听中,学生可以明白对同一问题别人会有其他的不同解释,有利于他们摆脱自我中心的思维倾向。

(2)在协作、相互表达与倾听中,学生各自的想法、思路被明晰化、外显化,可以更好地对自己的理解和思维过程进行审视和监控。

(3)在讨论中,学生之间相互质疑,其观点的对立及相互指出对方的逻辑矛盾,可以更好地引发探究者的认知冲突和自我反思,深化各自的认识。

(4)学生之间的交流、争议、意见等有助于激起彼此的灵感,促进彼此建构出新的假设和更深层的理解。

(5)探究中的协作、分享与交流,可以使学生贡献自己的经验和发挥自己的优势,完成独立探究难以完成的复杂任务。

因此,研讨、交流、彼此表达与相互倾听是探究学习中非常重要的活动。

(七)评价方式的多元化原则

在信息化教学中,探究性学习提倡多元、全面的评价体系,客观、准确地评价学生的学习效果,培养学生的反省能力和自我调控能力,提高学生的探究水平。

从评价方法来看,学生的探究水平往往难以通过纸笔测验来加以评价,而宜采用档案袋评价、量规评价、契约评价等不同方法,自评和互评相结合,或根据学生在探究任务完成中的实际表现来加以评价。

从评价的内容来看,重点应放在学生探究过程中表现出来的对探究过程和方法的理解、对探究本质的把握，不能把是否探究出结论或结论是否正确作为唯一或最主要的评价指标。

（八）综合运用的多样化原则

在体育信息化教学中，探究学习不是唯一的学习方式，还有各种方式和途径应综合运用多种学习方式。每种学习方式各有优劣，运用得好都会发挥其他学习方式不能代替的特殊功效。探究学习活动不仅可以和传统的讲授法、讨论法相结合，也可以和新型的自主学习、协作学习、基于问题的学习相结合，取长补短，相互促进。那种认为探究学习高于一切，是最完备或最完美的，而与其他方法、方式对立起来，则是片面的、极端的、有害的，也有悖于探究学习的精神实质。

参考文献

[1] 吴秀莲.高校篮球教学改革影响因素及发展趋势探索[J].改革与开放,2011(8).
[2] 程培朋.高校篮球教学改革影响因素及发展趋势分析[J].体育科技文献通报,2016(1).
[3] 李华伟.高校篮球教学中的问题与对策[J].成功(教育),2012(3).
[4] 李明达.新中国以来体育院校系篮球课程建设历程探析[J].广州体育学院学报,2012(3).
[5] 徐大宁.普通高校篮球课教学的现状与调查分析[J].辽宁体育科技,2010(3).
[6] 张传骏.高中数学课堂中的“掌握学习”教学模式研究[D].南京师范大学,2007.
[7] 刘强.基于多维视角的高校篮球教学研究[M].北京:人民日报出版社,2017.
[8] 刘敏.山西省普通高校拓展训练课程开展现状及对策研究[D].临汾:山西师范大学,2014.
[9] 胡剑.基于阳光体育运动背景下的高校篮球课程教学改革思考[J].体育科技文献通报,2014(12).
[10] 董伦红,饶英.基于项目课程理论的高校篮球课程改革[J].体育学刊,2013(6).
[11] 孙民治.篮球运动教程[M].北京:人民体育出版社,2006.
[12] 刘子青.篮球俱乐部教学模式探索[J].佳木斯教育学院学报,2011(4).
[13] 戴东胜.普通高校篮球俱乐部教学模式的构建研究[J].浙江

体育科学，2017(2).
[14] 黄钲尹. 案例教学法在高校篮球专项教学中的运用刍议[J]. 体育世界，2017(3).
[15] 刘军. 篮球运动理论与训练[M]. 北京：中国农业大学出版社，2014.
[16] 王峰. 现代篮球运动的理论研究[M]. 北京：人民日报出版社，2014.
[17] 王小安，张培峰. 现代篮球运动教程[M]. 北京：北京体育大学出版社，2016.
[18] 黄滨，翁荔. 篮球运动[M]. 杭州：浙江大学出版社，2014.
[19] 杨杰. 高校篮球教学改革的研究——对篮球课堂教学与篮球社团活动相结合教学形式的探讨[J]. 现代交际，2012(1).
[20] 于振峰. 现代篮球技术学练设计[M]. 北京：高等教育出版社，2013.
[21] 王峰. 篮球运动规律与技术原理分析[M]. 北京：科学出版社，2015.
[22] 姬旺勤. 论篮球技术训练与篮球意识培养[J]. 才智，2011(14).
[23] 唐建倦. 现代篮球运动教程 理论 方法 实践[M]. 广州：华南理工大学出版社，2014.
[24] 刘振廷. 开放式运动技能理论下篮球技能学习认知评价体系构建[D]. 长春：东北师范大学，2013.
[25] 芦军志，宋君毅，董利民. 篮球运动实用教程[M]. 北京：北京体育大学出版社，2014.
[26] 毛振明. 体育教学论(第 2 版)[M]. 北京：高等教育出版社，2011.
[27] 张永辉. 篮球选项课教学环境优化研究[D]. 兰州：西北师范大学，2010.
[28] 张惠. 谈合理安排运动负荷的必要性及其实施策略[J]. 运动，2011(32).

[29] 张庆忠.浅谈高职体育课的准备活动和整理活动重要性[J].体育世界,2011(7).

[30] 褚立希.运动医学[M].北京:人民卫生出版社,2012.

[31] 谭朕斌.篮球战术教学与训练[M].北京:北京体育大学出版社,2017.

[32] 刘青松.高校篮球运动教程[M].北京:中国水利水电出版社,2015.

[33] 袁鹏宇.多元视域下高校篮球专修课的教学创新探析[J].商,2015(9).

[34] 应一帆.新时期背景下高校篮球教学模式的优化与创新研究[J].吉林农业科技学院学报,2017(3).

[35] 汤小勇,高岚.大学公共篮球课教学评价体系改革初探[J].中华女子学院山东分院学报,2009(3).

[36] 陈群.新时期大学篮球教学模式的优化与调整探析[J].当代体育科技,2016(22).

[37] 刘晓华.对首都体育学院篮球主修课教学内容改革的研究[J].首都体育学院学报,2004(1).

[38] 赵坤.篮球教学中教学方法的选择与优化组合[J].体育世界(学术版),2016(12).